全国教育科学"十三五"规划教育部重点课题（DCA190331）

"互联网+"
教育生态建构的实践研究

曾　杰　赵冬冬 等／著

THE CONSTRUCTION OF EDUCATIONAL ECOLOGY
ASSISTED BY INFORMATION TECHNOLOGY

科学出版社

北 京

内 容 简 介

建设高质量教育体系是我国教育现代化发展的重要目标。随着信息技术与教育的深度融合，教育改革不断深入，重构教育生态的教育变革不断呈现。

本书围绕"重构教育生态"这一主题，从理论层面阐述了"重构教育生态"在信息科技革命快速发展的时代背景下的适时性、适需性及可能性；从实践层面介绍了"重构教育生态"的探索研究，展现了"跨区域同步教学应用试点项目"的教学与教研活动，具象呈现了"重构教育生态"的实践模式，总结凝练了名师团队、试点县、试点校等主体在参与教育生态重构中的表现和思考。

本书适合中小学教师、校长，以及教师培训者、教育管理者和教育研究者阅读。

图书在版编目（CIP）数据

"互联网+"教育生态建构的实践研究/曾杰等著. —北京：科学出版社，2022.12

ISBN 978-7-03-074215-5

Ⅰ.①互… Ⅱ.①曾… Ⅲ.①网络教育-研究-中国 Ⅳ.①G434

中国版本图书馆 CIP 数据核字（2022）第 235654 号

责任编辑：付 艳 / 责任校对：王晓茜
责任印制：李 彤 / 封面设计：有道文化

科学出版社 出版
北京东黄城根北街 16 号
邮政编码：100717
http://www.sciencep.com
北京建宏印刷有限公司 印刷
科学出版社发行 各地新华书店经销
*
2022 年 12 月第 一 版 开本：720×1000 1/16
2022 年 12 月第一次印刷 印张：13 1/4
字数：250 000
定价：99.00 元
（如有印装质量问题，我社负责调换）

前　言

　　进入新时代，我国的教育在党和国家的领导下，进行了有序且有效的系统化改革，现已产生了翻天覆地的重大变化。尤其是在信息技术与教育深度融合的大背景下，教育改革的速率在提高、步调在迈进，呈现出重构教育生态的教育景观。正如习近平总书记所说："当今世界，科技进步日新月异，互联网、云计算、大数据等现代信息技术深刻改变着人类的思维、生产、生活、学习方式，深刻展示了世界发展的前景。"①这预示着人类进入了智能时代。教育作为社会大系统中最主要的子系统之一，受到了智能科技进步的显著影响。2018年4月，教育部印发《教育信息化 2.0 行动计划》强调："以人工智能、大数据、物联网等新兴技术为基础，依托各类智能设备及网络，积极开展智慧教育创新研究和示范，推动新技术支持下教育的模式变革和生态重构。"②智能技术与教育深度融合已经使教育发生根本性变化，单靠任一领域的小修小补或者局域性创变都无法真正重构教育生态，唯有从方法论层面，寻求一种适应时需与时势的发展方式的创新，才有可能创造出与时代同频共振的教育生态。在这样的背景下，"重构教育生态"附随智能时代来临，由教育研究与实践的"幕后"被推至"前台"，成为必须被重点关注的重要教育课题。

　　"教育生态"是决定教育改革与发展质量的重要因素，是教育活动构成的

---

① 习近平. 习近平致国际教育信息化大会的贺信[N]. 人民日报，2015-05-24（002）.
② 教育部关于印发《教育信息化 2.0 行动计划》的通知[EB/OL]. 2018-04-18. http://www.moe.gov.cn/srcsite/A16/s3342/201804/t20180425_334188.html.

核心要素,是主体之间交互关系存在、维系与调整产生的样态与空间,建构与时代同步的教育离不开教育生态建设。面对百年未有之大变局,尤其是信息科技革命的到来,传统教育的发展模式与存在型态已经不能适应这个时代的发展及其需要,"重构教育生态"是必须要审视与反思的重大命题。其中,教育大变局与世界大变局相伴而生,现时期国际与国内形势纷繁复杂,充满不确定性,尤其是疫情的持续性存在,新技术革命加速发展,对于我国各行各业生产与人民群众生活都产生了显著的影响。教育作为"国之大计,党之大计",是最大的民生工程,在统筹中华民族伟大复兴战略全局和世界百年未有之大变局中,必须顺势而变,主动做出调整,充分利用信息技术发展为教育变革与创新提供的巨大可能和空间,遵循新发展观,为加快建设中国特色社会主义教育体系与全面推进教育高质量发展新格局,重构教育发展新生态。

从根本上讲,教育生态是教育发展的决定性力量,智能技术与教育深度融合加速了教育系统的变革,技术介入教育并打破教育生态是必然结局。这使得"重构教育生态"是一项事关教育现场实践性改革的重大教育事项,无法仅通过理论推演得到可复制、可推广、可操作、可延续的创造性实践模式,以"项目试点"的方式探索"如何重构教育生态"就成为颇具现实意义的教育选择。2017 年 5 月,财政部、教育部联合立项,中央电化教育馆(以下简称中央电教馆)领衔的"跨区域同步教学应用试点项目"分别在浙江桐乡、山东青州召开项目启动会;2017 年 8 月,中央电教馆与北京国发天元信息技术有限公司签订平台技术服务合同;2017 年 9 月,中央电教馆与上海嘉定区教师进修学院签订教学资源支持服务合同,与华东师范大学签订项目调研工作合同,与三地(浙江桐乡、山东青州、山东滨州)的学校签订教学资源支持服务合同;2017 年 10 月,第一堂同步教学试课开展,并取得良好效果。由此,"跨区域同步教学应用试点项目"正式迈入项目实践的"常态化轨道"。2019 年 5 月,财政部、教育部联合立项,中央电教馆组织启动"教研共同体协同提升项目",其作为"跨区域同步教学应用试点项目"的二期项目,广域覆盖全国老少边穷资源短缺地区。截止到 2022 年 6 月,全国至少有 27 个省份的县(区、市)(以下简称"试点县")的部分中小学校推行跨区域同步教学,且实践规模还在继续扩增。这样的背景下,"跨区域同步教学应用试点项目"立足"跨区域教学共同体"与"跨区域教研共同体"建设,遵循我国现当代教育发展的政策引导,植根教育发展的现实需要与基础,通过"共同体建设"重构教育生态,推进"互联网+"教育生态建构。

"建设高质量教育体系"是"十四五"期间我国教育改革的战略目标,教育作为国家高质量发展战略的构成主体,在教育信息化创变的时代,须超越传统的教育模式,走与时代同频共振的发展道路,建设与时代同频共振的教育生态,是必要选择和必然道路。本书始终围绕"重构教育生态"的主题,主要从理论上论证"重构教育生态"在信息科技革命勃兴的时代大背景下的适时性、适需性以及可能性,同时也从实践上呈现"重构教育生态"的实践探索,围绕"跨区域同步教学应用试点项目"涉及的教学与教研活动,具象呈现重构教育生态的实践道路,并且还从模式凝练、经验总结的角度,呈现名师团队、试点县、试点校等主体在参与项目进行教育生态重构过程中的具体化实践,并做相应反思性建构。因此,本书从"理论分析—实践调查—模式凝练"三个部分展开,遵循理论与实践相结合、实践探索与经验总结相融通的原则,由八章架构本书的行文布局。

概言之:第一章聚焦"教育现代化的教育生态观",主要在我国教育现代化建设大背景下,系统论述教育现代化建设对于重构教育生态的政策布局与现实诉求,并且呈现重构教育生态建设面临的信息化挑战;第二章聚焦"互联网+教育的生态观",主要从理论上论析"互联网+"教育的现实意义以及"互联网+"教育与教育生态建设的关系,探寻二者内在耦合之处的同时具象展现"互联网+"教育的生态建构;第三章聚焦"跨区域同步教学生态建构",主要围绕"跨区域同步教学应用试点项目"的实践探索,在分析其对重构教育生态价值意义的基础上,从"跨区域教学共同体"与"教研共同体"两个维度建构重构教育生态的实践之路;第四章聚焦"跨区域同步教学的前期试点",从实践调查的角度,对于项目本身的三年探索成绩、挑战以及带来的启示进行系统阐

述；第五章聚焦"跨区域教学共同体建设"，全面阐述跨区域教学共同体建设
如何重构教育生态；第六章聚焦"跨区域教研共同体建设"，全面阐述跨区
域教研共同体建设如何重构教育生态；第七章聚焦"国家级名师跨区域教研
教学"，主要从"跨区域教学共同体"与"教研共同体"担当任务输出的名
师团队的角度，论述名师团队的基本情况，并且呈现在"小学"和"初中"两
个学段，不同的名师团队和学科存在的不同的实践模式；第八章聚焦"跨区域
教研共同体县域模式"，主要从试点县及其试点校的角度，呈现贵州省紫云苗
族布依族自治县、湖北省竹溪县、湖北省麻城市、云南省楚雄市参与项目凝练
的县域模式。

本书是全国教育科学"十三五"规划 2019 年度教育部重点课题"互联网+
教育背景下跨区域同步教学对教育生态的重构研究"（DCA190331）的研究
成果。围绕项目立项、推进研究以及成果总结，本书聚焦"重构教育生态"主
题，与"信息时代"教育改革融通，既扎根相关研究基础，又结合时下教育实
践，立足"本体论""价值论""方法论""实践论"等维度。行文设计的八
个章节既有宏观的理论审思，也有中观的实践调查，还有微观的经验总结，全
景式呈现了跨区域同步教学重构教育生态的理论基础与实践空间。要强调的是，
本书涉及的调查数据，均由"跨区域同步教学应用试点项目"的项目组根据项
目的实时推进情况进行的问卷调查和访谈所得，目前暂未公开发表。同时，涉
及项目试点县的数据，均由试点县负责项目管理的教育局职能部门提供，且在
文中已经明示数据来源及截止日期。本书涉及的访谈内容均由受访人亲口所言，
而涉及的试点县、试点校以及名师实践案例，均由所涉及的主体提供，不存在
项目组杜撰的可能。这些数据、案例以及反思性的建构，一定程度上贴地式反
映了"跨区域同步教学重构教育生态如何理解以及何以必要与可能"。

进入"互联网+"教育繁兴的智能时代，教育系统正在发生结构性改变，
传统教育系统迎来了转型升级、内涵发展的"战略拐点"，而教育生态建设是
其中的关键一环。"重构教育生态"是内容丰富、结构复杂的教育范畴，在本
书中，笔者无意于以全域的视角重构教育生态各个要素，而是以智能时代为背

景，与教育发展形势相融通，立足大教育生态观，以"跨区域同步教学应用试点项目"为论析"圆点"与"原点"，立足"共同体建设"，强调并推动传统教育系统顺应时需与时势做出调整。当然，教育共同体既可能是抽象的教育理念存在，又可能是具象的教育实践图景；既可能是微观的涉及少数人与人之间的教育共同体，又可能是宏观的跨越国别、区域、学校或班级的教育共同体。本书并非意在为教育共同体分类，而是以教育共同体建设重构教育生态，为这个时代重构教育生态提供一种方法论参照。

　　总之，"互联网+"教育生态建构不是一种技术狂想，而是一场教育革命，本书秉持理论自觉指向宏观理论层面的审视与反思，具象实践层面的试点探索与调查取证以及试点经验与模式总结，仅是对这一话题的初步探索，意在抛砖引玉，希冀引起学界更多同仁关注并投身于对这一话题的研究。当然，由于学识所限，本书中涉及的诸多观点以及具体的行文论述，可能存在尚未被察觉的问题，恳请学界同仁及广大读者批评指正。

目　录

第一章

教育现代化的教育生态观

1983 年，邓小平同志为北京景山学校题词"教育要面向现代化、面向世界、面向未来"，为中国教育发展确定了思想基础、指明了基本方向。1993 年，中共中央、国务院印发《中国教育改革和发展纲要》，明确提出我国教育改革发展的目标是经过几十年努力，建立起比较成熟和完善的社会主义教育体系，实现教育的现代化。自此，实现教育现代化成为国家教育改革与发展的指引。在教育现代化进程中，随着教育现代性的增长，教育信息化程度加深，尤其是随着互联网、人工智能、区块链、5G 等技术逐渐应用到教育领域，重构教育生态成为一个重要议题。

一、教育现代化与教育生态之关系

国家教育现代化发展战略深深地影响着教育生态的变革，充分、安全地发挥技术的促进作用，促进教育系统性改进，而教育现代化的要求对教育生态的调整与重构提出了新的要求。在分析教育现代化与教育生态之间的关系之前，有必要厘清国家教育现代化的内涵及其对教育生态变革的要求。

（一）教育现代化的理论解读

教育现代化是传统教育向现代教育转化的动态发展过程，是伴随教育形态变迁的教育现代性增长的过程。教育现代化的内容包括教育观念、教育制度、教育内容、教育设备与手段、教育管理制度及人的现代化等，具有民主性、平等性、差异性、终身性、多样性、开放性、国际化、创新性、信息化等特征。针对教育现代化，有多种不同的认识与界定。

1. 过程说

教育现代化是一种动态发展的过程，"教育现代化是以现代信息社会为基础，以先进教育观念为指导，运用先进信息技术的教育变革的过程，是传统教育向现代教育转变的过程"[①]。教育现代化是一种推进旧教育模式向新教育模式演变的历史进程，具体表现为改革进程、复杂的系统进程、全球进程、长期进程、不可逆进程、进步进程等9个方面。[②]从此种意义上讲，教育现代化不是静态的教育形态的特征表述，而是会随社会的发展而丰富其内涵的一个概念。

2. 要素说

教育现代化具有丰富的内容，从宏观角度来看，教育现代化包括教育观念、教育目标、教育结构、教育内容、教育手段与方法、教育理论与教育研究方法的现代化等[③]；或者包括教育"硬件"与"软件"的现代化，又以"软件"的现代化为核心[④]；或者表现为教育全民化、终身化、非制度化、民主化、主体化、国际化等[⑤]。从微观层面而言，教育现代化包括办学条件现代化、教师队伍现代化、教育设备现代化等方面。从要素层面而言，教育现代化包含教育整体的现代化，涉及教育的宏观与微观内容。

3. 关系说

教育现代化关系说指的是将教育现代化与"教育现代性"与"教育形态"二词关联起来。其中，教育现代化的变迁是教育的现代化要素不断聚焦、创生、累积、转化的过程，教育现代性是教育现代化的实质与内容，正向的教育形态的变迁往往意味着教育现代性的增长，而负向的变迁可能形成"逆现代化""现代化断裂""现代化被延误"等。教育形态的变迁是指教育的各个层面的变化、演进过程，主要是指教育结构（行政管理体制、学校结构、课程结构等）分化和教育功能增生、改变的过程。[⑥]

4. 综合说

我国教育现代化是社会主义现代化的一部分，自身又作为一个整体、多层的

① 顾明远. 试论教育现代化的基本特征[J]. 教育研究，2012（9）：4-10+26.
② 冯增俊. 论教育现代化的基本概念[J]. 教育研究，1999（3）：12-19.
③ 教育大辞典编纂委员会. 教育大辞典：第1卷[Z]. 上海：上海教育出版社，1990：15.
④ 杨东平. 教育现代化：一种价值选择[J]. 中国教育学刊，1994（2）：19-21.
⑤ 冯建军，张力奎. 世纪转换年代中国教育现代化的宏观价值取向[J]. 教育科学，1997（2）：1-4.
⑥ 褚宏启. 教育现代化的性质与分析框架[J]. 高等师范教育研究，1998（3）：9-13+35.

有机系统。因此，教育现代化的目标是全面的整体的现代化。从教育形态、教育认识、教育内容、教育职能、教育机构、教育阶段等角度来看，教育现代化有不同的目标系统，综合来看，也就是宏观层面的教育观念、教育内容、教育方法、教育手段、教育设施、教育评价、教育管理等目标系统的现代化。[①]总体而言，教育现代化不是教育部分或个体的现代化，而是教育整体的现代化，并促进与之相关联的社会系统的现代化。

综上所述，教育现代化的本质是伴随教育形态变迁的教育现代性的动态增长，囊括教育系统的多领域、多视角、多层次、多结构的现代化。当前，教育现代化具有民主性、平等性、差异性、终身性、多样性、开放性、国际化、创新性、信息化等多方面的特征。

（二）教育生态的内涵与特征

从词源方面分析，"生态"一词源起于希腊语"oekologie"，意指"住所"或"栖息地"，属于生物学词汇。1869年，德国生物学家赫克尔（Haeckel，E.）提出作为专业术语的"生态学"（ecology）。1935年，英国生态学家坦斯利（Tansley，A. G.）提出"生态系统"（ecosystem）的概念。至此，生物学领域对于聚焦人与自然关系的生态系统的生态学研究逐渐增多，且在发展过程中不断扩充学科研究边界。

1. 教育生态学

20世纪70年代，生态学从纯生物学研究转向与人文学科相结合的道路，典型事例即1976年美国教育家克雷明（Cremin，L.）首次提出"教育生态学"（educational ecology），凸显出"生态学"研究已经延伸至教育领域，让对以人的培养为中心的"教育生态"研究成为不能忽视的教育课题[②]。在一定程度上讲，随着学科分化及研究视域的拓展，"生态学"已从与自然环境相关的"环境学"逐渐演化成与哲学、政治学等学科属性类似的显学，"生态"成为人们认识社会中的"人""事""物"的思维取向和专业立场。

聚焦到教育领域，"教育生态"是教育活动构成要素、主体之间交互关系存在、维系与调整的样态与空间。人类进入信息化时代，教育领域的教育生态处在信息技术融入教育系统使其产生变更的境遇，对于"教育生态"的研究成为信息

---

① 尹宗利. 试论中国教育现代化的基本特征[J]. 南京师大学报（社会科学版），2009（6）：80-86.

② 周培植. 走进高品质生态教育[M]. 杭州：浙江教育出版社，2005：1.

时代教育研究有必要审慎对待的重要论域。

2. 教育生态系统的组成

教育生态亦称教育生态系统，是指以教师、学生、行政人员为主体，持续不断与外界环境进行物质、能量、信息交换的动态、开放的生态系统。教育生态系统由主体与环境两个部分构成。

教育生态系统的主体是人，主要指教师（教育者）与学生（学习者）两类人群。随着社会的发展，教育已经不只局限于学校内，校外诸多机构人员也承担着教育的职责。因此，家庭、校外培训机构、社区等场所的教育实施者也属于教育者。其中，教师与学生之间又以教育内容与教育环境为纽带，是教育主体活动中不可缺少的条件。

教育生态系统的另一个重要组成部分是环境因素，即教育生态环境。教育生态环境一般包括自然生态环境、社会生态环境与文化生态环境。自然生态环境主要指地理环境、人口结构、自然资源及环境污染情况等。社会生态环境包括社会政治制度、教育经费投入、经济发展状况、人民生活方式、信息技术与国际政治局势等。文化生态环境主要指民族意识形态、风俗习惯、教育观念、舆论情境及与之相关的技术发展、艺术情境、媒体宣传等。

教育生态系统的各组成部分之间的关系，形成了教育生态系统的结构。教育生态系统具有宏观与微观、横向与纵向结构体系相互交错、渗透的动静结合的网状结构。从宏观角度来看，教育生态系统的结构指教育生态内部构成与外部环境因素之间的关系，是研究与指导教育发展战略的关键。从微观角度来看，教育生态系统结构则应关注学校内部组成部分之间的关系，主要解决学校内部与学校外部之间的能量、信息交换问题。具体来说，教育生态系统结构可以从不同的角度对其进行分类，如从教育水平来看，可以分为学前教育、初等教育、中等教育、高等教育；从人员来看，可以分为行政人员结构、教学科研人员结构、教辅工勤人员结构；从资金来看，可以分为物资设备、资金分配等结构。除此之外，还可以从课程结构、教学结构等角度进行分类。如此等等，不一而足。

3. 教育生态系统的特征

教育生态系统作为社会生态系统的子系统，具有生态系统的一般特征，如整体性、结构性与层次性，同时也具有独有的特征与运行方式。概括说来，教育生态系统具有以下特征：一是开放性。教育生态系统并不是封闭的结构，而是与外界不断进行能量、物质与信息的交换。如新兴技术的发展，必然对教育生态系统要素造成冲击，相关科技知识将会被引入教材内容，进而引起教师、学生以及相关教学内容的调整。二是目的性。教育有其特定的目的，如我国的教育目的是培养"社会主义建设者与接班人"。教育生态系统的目的与自然、社会、文化等环境密切相关，同时教育目的也对相关环境起反作用。三是有序性。从宏观角度来看，有序性表现为教育生态系统培养的人才层次与社会对人才的需求相匹配；从微观角度来看，课程与教学的组织等也离不开相应的次序。四是整体性。教育生态系统包含诸多要素，并相互关联形成一个整体。教育生态系统的各个层级、各个要素之间协调一致，有助于发挥教育生态系统的整体效能。五是相对稳定性。教育生态系统具有一定的稳定性，或者说是一个动态稳定的过程，如学制、课程、教材、教育政策等都具有一定的年限，以保证教育的稳步发展与相对稳定。当教育生态系统面临强大外力，如信息技术飞速发展、大规模疫情等情况的时候，教育生态系统将会面临巨大的挑战，从各个层面做出变革，呈现出"运动"的特征。

　　一般情况下，在探讨教育生态时，主要从宏观的教育理念、教育环境，到微观的教育管理、教育内容、教学方法、教育评价等方面进行深入剖析。同时，关注外部环境，尤其是技术环境对教育生态进而对教育者的教学活动与学习者学习活动的影响。

（三）教育现代化的教育生态

　　教育现代化对教育生态的构成（主体与环境）与结构（主体与环境间的关系）有着明确的指导与要求，教育现代性的增长则涉及教育生态中环境的改变、外部环境与主体关系的重构。总的来说，教育现代化与教育生态的关系可归结如下。

1. 教育现代化要有良好教育生态为保障

　　教育现代化某种意义上就是激活学校教育细胞，而学校现代化恰好依赖于教育生态的重建，没有健康的教育生态就没有教育的现代化。换言之，要实现教育现代化，需要构建良好的教育生态，如加强教育条件、教育主体的现代化，构建完善的教育体制，提高治理能力，全面、综合地打造教育生态。

　　从教育生态内部看，教育主体现代化需要依托教育生态的现代化，反过来说，教育主体的现代化也能创造教育生态的现代化。从微观角度来看，学校现代化不应该仅是单纯的标准化、流水线与机械化，应该用生态化发展的观念，为学校发展提供持久动能。例如，云南省昆明市滇池度假区实验学校采用"生态+现代"的学校发展理念，从愿景、管理、课程、德育、文化、校园、课堂和教师八个方面打造学校的"四梁八柱"，一步步推进生态学校的建设。①

2. 教育现代化为良好教育生态提供支持

从教育生态系统的角度来看，教育受教育环境的深刻影响，尤其是随着人工智能、5G 技术的广泛使用，教育生态受到了严峻的挑战。教育信息化作为教育现代化的制高点与重要组成部分，甚至有"没有信息化就没有现代化"②的论断。

由此可见，教育信息化对教育生态的建构起着核心推动作用。准确地说，信息技术被认为是教育改革的有力工具③，其通过促进教育信息化而推动教育生态重构。随着信息技术的发展，传统的知识生产与传输方式被打破，教育者与学习者都被置于变动的环境中。不过，反过来说，技术又为教育者与学习者提供了更多的学习内容与学习途径，改变了传统的教与学的关系，为学生的个性化学习或以学习者为中心的教学创造了条件。

总的来说，教育信息化打破了原有静态的教师传授与学生接收的模式，倒逼教育理念、教学模式、学习方式等发生改变，为教育生态提供了主要动力。因此，促进教育信息化也是我国教育改革的重点任务之一。

3. 重建良好的教育生态就是教育现代化

教育生态现代化包括教育主体、教育条件与教育制度的现代化。从全面的教育现代化观念来看，教育现代化的推进进程中所采取的促进教育主体、教育体制与教育条件现代化的措施，最终都是为了促进教育生态的现代化。

在教育现代化过程中，核心是人（教育主体）的现代化。但是，这并不意味着教育体制与教育条件的现代化不重要，相反，教育体制与条件的现代化为教育主体现代化提供了先决条件。其中，制度是优化教育生态环境的关键，在制度建设过程中，"依法治教"不仅是"四个全面"的体现，也是优化教育生态环境的前提条件。这种制度建设，必须树立新的教育制度理念与思想，重新确立教育制度与国家发展、社会发展之间的关系，使教育制度内外有和谐的生态环境。当然，教育条件的现代化是教育现代化的第一步，通过教育条件的现代化进而带动教育现代化。

① 杨立雄. 用生态化理念办现代化学校[N]. 中国教育报，2020-04-01（007）.
② 教育信息化 2.0 行动计划[EB/OL]. 2018-04-18. http://www.moe.gov.cn/srcsite/A16/s3342/201804/t20180425_334188.html.
③ Fu, J. S. ICT in education: A critical literature review and its implications[J]. International Journal of Education and Development Using Information and Communication Technology, 2013, 9(1): 112-125.

二、信息时代教育变革的国家要求

党和国家是教育现代化建设的坚强领导者，服务于教育现代化的教育信息化平台建设，需要按照党和国家对于未来教育全面布局的新要求向前推进。创建积极、良好的教育生态是教育现代化建设与发展的重要任务之一。2018 年全国教育大会召开，2019 年发布《中国教育现代化 2035》，展示了中国教育改革与发展的现代化蓝图。在优先发展教育的国家发展战略下，必须发挥教育信息化的作用，促进国家教育现代化的发展，促进学校教育改革与发展，促进以人为本的教育发展。"加快信息时代的教育变革"是《中国教育现代化 2035》提出的十大重要战略任务之一。全面学习和掌握党和国家关于教育信息化的要求，是当前扎实推进教育信息化和创建教育现代化发展生态的重要基础，只有遵循国家教育信息化政策，才能构筑、打造好教育现代化的信息化环境，促进教学方式转型，推动信息技术与教学深度融合，建成高质量发展之路。

（一）习近平总书记的重要论述

党的十八大以来，习近平总书记高度重视国家教育发展与改革，他多次强调教育信息化在促进教育发展中的作用，通过教育信息化促进教育公平，促进优质教育资源的扩大。

2015 年 5 月 22 日，第一届国际教育信息化大会在我国青岛召开，习近平总书记在贺信中提出，"因应信息技术的发展，推动教育变革和创新，构建网络化、数字化、个性化、终身化的教育体系，建设'人人皆学、处处能学、时时可学'的学习型社会，培养大批创新人才，是人类共同面临的重大课题。中国坚持不懈推进教育信息化，努力以信息化为手段扩大优质教育资源覆盖面。我们将通过教育信息化，逐步缩小区域、城乡数字差距，大力促进教育公平，让亿万孩子同在蓝天下共享优质教育、通过知识改变命运"[1]。

2018 年 4 月 22 日，我国举办首届数字中国建设峰会，习近平总书记在贺信中强调，"当今世界，信息技术创新日新月异，数字化、网络化、智能化深入发展，在推动经济社会发展、促进国家治理体系和治理能力现代化、满足人民日益增长的美好生活需要方面发挥着越来越重要的作用"[2]。

---

① 习近平. 习近平致国际教育信息化大会的贺信[N]. 人民日报，2015-05-24（002）.

② 习近平致首届数字中国建设峰会的贺信[EB/OL]. 2018-04-22. http://www.gov.cn/xinwen/2018-04/22/content_5284936.htm.

　　2019 年 5 月 16 日，国际人工智能与教育大会在北京召开，习近平总书记在贺信中指出，"中国高度重视人工智能对教育的深刻影响，积极推动人工智能和教育深度融合，促进教育变革创新，充分发挥人工智能优势，加快发展伴随每个人一生的教育、平等面向每个人的教育、适合每个人的教育、更加开放灵活的教育。中国愿同世界各国一道，聚焦人工智能发展前沿问题，深入探讨人工智能快速发展条件下教育发展创新的思路和举措，凝聚共识、深化合作、扩大共享，携手推动构建人类命运共同体"[①]。

　　2019 年 10 月，习近平总书记在致第六届世界互联网大会贺信中提出，"当前，新一轮科技革命和产业变革加速演进，人工智能、大数据、物联网等新技术新应用新业态方兴未艾，互联网迎来了更加强劲的发展动能和更加广阔的发展空间"，"发展好、运用好、治理好互联网，让互联网更好造福人类，是国际社会的共同责任。各国应顺应时代潮流，勇担发展责任，共迎风险挑战，共同推进网络空间全球治理，努力推动构建网络空间命运共同体"。[②]

　　总之，习近平总书记对教育信息化发展的重要论述，是我国教育信息化发展的方向。在推进教育信息化促进教育现代化的实践中，必须始终牢记这些要求，按照习近平新时代中国特色社会主义理论的要求，在新发展观指导下，运用现代技术改革教育系统、创新教育实践、建构教育新生态。

（二）新时代教育现代化的方向

　　当前，我国教育发展进入新阶段，迈入建设社会主义现代化教育强国的高质量发展之路。面向 2035 年的中国教育，将基于信息化发展的大趋势，进一步改进与提升教育系统，不断实现教育创新，不断实现人的全面发展，推进国家发展和中华民族伟大复兴。

1. 发展公平而有质量的教育

　　"努力让每个孩子都能享有公平而有质量的教育"是党的十九大报告中提出的新时代中国教育发展的战略要求，这已经成为教育改革与发展的目标。教育在国家发展、社会经济发展和人的发展等方面都具有重要作用，在不同时期，三者的

---

　　① 习近平向国际人工智能与教育大会致贺信[EB/OL]. 2019-05-16. http://www.gov.cn/xinwen/2019-05/16/content_5392134.htm.

　　② 习近平向第六届世界互联网大会致贺信[EB/OL]. 2019-10-20. http://www.npc.gov.cn/npc/ttxw/201910/12bab2db40b347b1b1b430a4ee4d481c.shtml.

相互作用和影响不一样。在坚持以人民为中心的发展理念指导下，教育更需要关注人的发展，促进每个人发展。由此，教育现代化就是面向每个人的教育，要实现个性化教育。以互联网为代表的信息技术发展，使每个人能更好地参与教育，使每个人得到应有的全面发展。

2. 建设学习型社会

现代社会的教育与外部社会生活与经济生产等各个方面的联系与协同，共同参与促进人的发展的全过程。信息技术使教育从传统的学校拓展到非学校即社会，并正在形成学习型社会。传统教育急需实现变革和转型，超越传统的学校、课程、教材、课堂、教室与专任教师的既有框架。信息技术正在改变单一的传授式、封闭的阶段式的学校教育格局，为实现终身教育和建设学习型社会提供重要的支持。

3. 服务于人的全面发展

教育现代化旨在促进每个人的全面发展，尤其是教育活动中人的主动参与、积极参与和有效参与，包括教师成为教育发展的生力军与学生成为真正的学习主体，而且教师和学生都有获得感、幸福感和安全感；学生从被动的"受教育者"转变为教育活动的积极参与者。为此，需要改变传统教学思想，将学生视为积极学习者，激发学生在教育中的自觉参与，教师成为学生学习的合作伙伴、指导者和对话者，而不是居高临下的指挥者、管控者，建立更为科学、平等的和谐师生关系。在这些变化中，信息技术将发挥重要作用。

4. 推进教学方式的变革

联合国教科文组织在《反思教育：向"全球共同利益"的理念转变？》（Rethinking Education: Towards A Global Common Good?）中提出，现在要重新定义教育、知识和学习。在互联网时代，教学方式发生了改变、教育环境进一步扩大，教育的未来应该实现从"教"到"学"的转变，教师不是唯一的知识载体，也不再是权威。学习者将主动参与从教学内容和方法选择、教学策略制订到教学步骤安排的整个过程，彻底打破传统教学中教师主宰一切的局面。基于教到学的转变与个性化学习的需求，应发展基于信息化设施的学习支持服务系统与体系，满足每个人的特殊学习需求和发展愿望。

（三）信息时代教育变革的任务

2019 年 2 月，《中国教育现代化 2035》指出，要"加快信息化时代教育变革。

建设智能化校园，统筹建设一体化智能化教学、管理与服务平台。利用现代技术加快推动人才培养模式改革，实现规模化教育与个性化培养的有机结合。创新教育服务业态，建立数字教育资源共建共享机制，完善利益分配机制、知识产权保护制度和新型教育服务监管制度。推进教育治理方式变革，加快形成现代化的教育管理与监测体系，推进管理精准化和决策科学化"①。这些将成为我国运用现代技术加快发展素质教育和推进教育现代化进程的重要任务。

1. 智能化校园建设

学校是教育的主阵地，要运用新技术、新设备促进学校创新，建设信息化的学校环境，即智能化学校，运用大数据、物联网、云计算等技术，构建智慧化的校园学习、生活环境，对教学、科研与校园生活等进行信息化管理，改变传统的手工式调控与管理，以现代信息技术和设备降低人力投入，提高学校管理效率。

首先，加强学校信息化基础设施建设。学校信息化建设是学校教育走向现代化的必然趋势，信息网络建设是关键和基础。当前，我国正在建设以"三通两平台"为主的中小学信息网络，加速推进"宽带网络校校通"，努力实现各级各类学校的互联网全覆盖，使互联网成为缩小教育资源供给差距的有效手段。其中，关键是强化政府责任，重点改善农村地区、贫困地区和民族地区学校的网络基础设施建设，将互联网设施建设作为推进区域教育均衡发展的指标，建设多功能教室与数字化图书馆，延展学校学习空间，建设学校教育教学新环境。

其次，提供教育教学的信息技术产品。将基于新技术的教育新装备、新技术和新产品，运用于教师教育教学实践之中，支持教师开展信息化环境的教育教学创新实践，改变传统的"灌输式"教与学现象，引导教师教会学生如何学习、如何思考，培养其终身学习能力。

最后，建立基于信息化设备设施的开放而多元的学校系统。在信息化建设的背景下，借助技术实现学校与学校之间、学校与非学校之间的互联互通互动，建设基于学校改革与发展共同需要的共同体，以彼此间的合作推动不同机构之间教育元素的流动与分享，使每个学生能够得到更多的教育支持和服务。

2. 促进教与学的方式变革

早在 1999 年 6 月，《中共中央、国务院关于深化教育改革全面推进素质教育

---

① 中共中央、国务院印发《中国教育现代化 2035》[EB/OL]. 2019-02-23. http://www.gov.cn/zhengce/2019-02/23/content_5367987.htm.

的决定》明确提出要加强经济实用型终端平台系统和校园网络或局域网络的建设，充分利用现有资源和各种音像手段，继续搞好多样化的电化教育和计算机辅助教学。当前，以信息化建设推动传统教学方式转型，深化推动信息技术与教学深度融合，应从下列四方面着手。

一是立足人才培养，设计个性化教学方案。利用现代技术，为每个学习者提供"按需所求，量体裁衣"式的教学计划，提供多样化的学习资源和机会，实现规模化教育与个性化培养的有机结合。根据学习进展，现场不断调整和优化教学过程，体现以学习者学习为中心的教学。

二是注重教与学的技术参与和评价。引入新的教育装备系统及其手段，实时、即时收集与分析教与学的过程进展及其结果，收集与智能化处理学习过程中的数据与信息，为教学管理、学习评价与教学决策提供支撑，以改进教育评价。还需要运用教育信息化装备调适师生关系，促进教师与学生的个性发展与群性发展。

三是引入信息技术研发并使用教学资源。创建"技术+终端+网络+平台+资源"教学，用现代信息技术使教学与时俱进，实现更大范围的资源共享共用；通过交互式电子白板，使知识内容可以通过文本、图形、图像、动画、声音、影像等单一形式或者几种形式的组合来表现，并结合授课教师的讲授将学生吸引其中，使创新的教学形式激发学生的学习热情与活力。

四是运用技术建立新型学习方式。在互联网平台上，合作学习、自主学习、探究性学习等各种学习方式，已经成为学生学习与发展的新途径，由此体现学习者的主动性、探究性、延展性和体验性。

3. 教育服务业态创新

信息时代的教育超越了传统物理空间意义上的学校与课堂，学习型社会意味着教育是无处不在、无时不有的普遍存在，这就要求教育服务业态的创新与发展，需要整个教育体系的建构和教育生态的重建。

首先，建设数字教育资源。数字教育资源是学习资源新形态，共建共享是国家教育现代化的基本理念之一。实现教育资源共建共享，是提升教育服务、促进教育公平和提高教育质量的重要基础。各级政府需要为建设丰富而优质的数字教育资源与服务制订政策，鼓励企业和其他社会力量参与，最大限度地发挥数字教育资源的作用。为此，要运用先进技术，建设并优化资源共享平台，提升教育资源运用率，推动用户（尤其是学校）的参与度。

其次，利用信息化手段扩大优质教育资源覆盖面。当前我国教育发展优质教育资源大多数分布在北京及上海、广东等东部发达城市，需要借助信息化手段将这些优质教育资源推广到全国各地，促进教育均衡发展。为此，要统筹扩大优质教育信息资源覆盖面，建立多方筹集的经费投入与保障机制，确保信息化建设经费，建设好教育资源公共服务平台和教育管理公共服务平台，让不同地区的优质教育资源惠泽更多受教育群体。

最后，运用信息技术进行学习成果认定。运用各种技术手段，从知识、技能、能力等维度，观察、测量、判断和评估学习过程及学习结果，促进并激发学习者的自主参与和积极学习，推进个别化、个性化学习，实现终身学习和全面发展。

4. 教育现代化的治理方式

现代信息技术为教育现代化体系建设与治理能力提升创造了条件，信息时代的教育治理方式变革势在必行；需要借助教育治理方式的变革，实现基于信息化手段的教育管理与监测体系，实现教育管理精准化，增强教育决策科学化，健全教育现代化的治理机制。

一方面，建构共同参与的教育管理平台。加快政府职能转变和简政放权，构建政府、学校、社会合作互联的新型关系，是教育现代化治理的原则之一；在教育治理中，运用信息化平台与手段建立教育发展的合作体系，推进政府主导、社会多方参与、发挥市场活力的教育发展新格局，促进教育与社会、与科技、与产业等各方面的融合发展。

另一方面，实现基于大数据应用的教育决策。大数据技术成为教育决策科学化的重要手段，利用大数据可以支撑、保障教育管理、决策和公共服务的能力，实现教育信息系统资源的公开与共享。同时，大数据技术也能引入学校治理中，通过收集、分析学校内各种数据，包括教育教学管理、教师工作与发展、学生学习与成长、学校教育资产与资源等，推进学校治理现代化。

总之，信息时代的教育变革要以信息化思维和工具作为支撑，在更新教育观念、创建教育模式、建设教育新生态等方面迈出坚实的步伐。

三、信息化视角的教育生态建设

教育信息化、国际化、普及化是教育现代化的基本特点。进入 21 世纪以来，全球社会经济与科学技术的发展使社会的人才观念发生了变化。以信息技术为核心的现代科技的发展，对人才的素养提出了更高的要求，现代社会日益强调态度、素质与能力，强调能力的多样化，强调以人为本、开放多元和人的全面发展。教育必须顺应社会要求及其变化，这也就是教育的现代化。

（一）信息化与教育生态重构

现如今社会对于"信息化"较为敏感，尤其关涉创新频生的教育领域，推进教育变革离不开教育信息化政策的指导，而政策导向加速了教育生态重构的节律和步伐。

1. 技术与教育生态

技术哲学家芬伯格（Feenberg，A.）直言，文明的变化需要技术的变化[①]，"技术对人的替代，表面上是功能的替代、感官的替代、经验的替代和职业的替代，在其深处，则是技术的逻辑、机器的逻辑，替代了人的逻辑和生命的逻辑"[②]。马克思（Marx，K. H.）把科学知识视作"一般生产力"，哈贝马斯（Habermas，J.）也将科学作为"第一位的生产力"。改革开放之后，"科学技术是第一生产力"也是国家现代化建设的重要思想与理念，国家科技发展与进步为社会各领域改革与发展都提供了支撑。信息技术同样被看成是教育变革的推动力，这就是教育信息化的价值所在。

信息化时代，技术引入教育，使得教育主体之间具有更加广泛的参与性、交互性和一体化，这有助于教育要素间的相互作用、相互适应、共生共进，形成结构更加稳定的整体。教育者、受教育者与教育内容是主要的教育要素，随着信息化、智能化和知识经济的兴起，三者之间的关系将发生动态变化，形成一个更为复杂、更为多元、更具交互性的区别于以往的教育系统。这种教育信息化也将是智慧社会背景下教育新生态的推动力，能促进教育新生态的产生和形成。

2. 技术与人才培养

以信息化视角审视教育生态，认识信息化时代教育变革的需要，需要全面审视教育变革过程教育要素的调整与优化。教育现代化需要提高教育治理水平，促进每个学生的潜质发展，促进对其创新能力的培养，确保全体学生身心健康。为此，需要分析技术应用与人才培养、教育发展之间的关系，审视教育发展与社会发展之间的关系。基于教育生态建设的需求，要重新思考数字技术对教育的影响与作用，全面把握技术在教育变革中的作用，理顺教育系统的要素及其相互关系。

---

① 安德鲁·芬伯格. 技术批判理论[M]. 韩连庆，曹观法，译. 北京：北京大学出版社，2005：31.
② 李政涛. 现代信息技术的"教育责任"[J]. 开放教育研究，2020（2）：13-26.

随着信息技术特别是人工智能等的发展，传统工业生产的人才观念及其培养模式已不能满足现代化生产的需要，教育需要培养有个性的创新人才。必须顺应人才培养的时代要求，致力于以信息技术为支撑的教育生态重建，这将是提升教育质量和培养人才的必然要求。

智能技术发展带动社会及社会产业朝向数字化、智能化、智慧化转型，传统的人才培养理念及其模式不能适应智能时代需要。坚持以人民为中心的理念已融入中国教育改革与发展的过程。因此，以人为本的人才培养理念逐渐成为教育智能化发展的核心理念，单一标准的人才培养观趋于过时，取而代之的是多元人才、复合人才、创新人才、人人成才等观念。此外，通过技术手段更好地实现人际互动、因材施教，使学习者在情感道德、认知技能和创新精神等方面得到更好的培养，使人的探究能力、创造能力、问题解决能力等得到更好的发展。

3. 信息技术的教育生态

信息化时代教育变革的发生、发展、实践与调整，为当下社会理解教育提供一个贴合时代需求的视角和立场，也为更全面地理解信息化时代教育变革的真实境遇与实际过程提供了帮助。对于传统教育来讲，教育系统构成、系统要素、要素关系及系统功能等正在发生着演化，创生基于技术的智能学习资源、教育服务新样态、泛在与终身学习新环境是教育信息化在重建教育生态上的优势所在。

2019 年 5 月 16 日，在国际人工智能与教育大会上，教育部部长陈宝生提出，"人工智能是实现教育生态重构的有效手段，人工智能技术在教育中的深度广泛应用，将彻底改变教育的时空场景和供给水平，将实现信息共享、数据融通、业务协同、智能服务，推动教育整体运作流程改变，使规模化前提下的个性化和多元化教育成为可能，进而构建出一种新的灵活、开放、终身的个性化教育生态体系"[①]。这一论述提出了运用信息技术重建教育生态的要求。

2020 年 12 月 11 日，主题为"营造教育新生态"的中国教育三十人论坛第七届年会召开，大家一致认为，当前新一轮科技革命和产业革命正在孕育兴起，互联网、人工智能等新技术发展，正在不断重塑教育形态，知识获取方式和传授方式、教和学关系正在发生深刻变革，中国教育需要重建良好生态。

信息时代加速了人的主体性扩张，教学领域教学参与主体试图借助技术工具穷尽对传统教学结构与内容的识别，而信息化时代教育变革的速度比任何历史时

---

① 陈宝生. 中国的人工智能教育——在国际人工智能与教育大会上的主旨报告[J]. 科学中国人，2019（11）：35-37.

期都要快，教育生态系统各构成要素与信息技术的融合直接带来了再造与创生适应信息化时代教育生态系统的时机，改变传统的教育形态以重构教育生态成为新时代必须完成的重要任务。可以说，教育政策与既有研究均表明，信息技术进入教育系统正在改变传统教育形态，带来传统教育生态的再造与创生，从而让教育生态变革成为信息化时代推进教育变革亟待关注的重要论题。

（二）21世纪教育信息化政策

早在 1985 年 5 月，《中共中央关于教育体制改革的决定》提出，"新技术革命条件下，一系列新的科学技术成果的产生，新的科学技术领域的开辟，以及新的信息传递手段和认识工具的出现，对教育产生了重大的影响，发达国家在这方面的经验尤其值得注意"，"广播电视教育是我国教育事业极为重要的组成部分"[①]。这些论述可以看成是中国教育信息化建设的历史性节点。1999 年 6 月，《中共中央、国务院关于深化教育改革全面推进素质教育的决定》明确提出要"搞好多样化的电化教育和计算机辅助教学"[②]。此后，以互联网为特点的信息技术与教学开始成为教育变革领域的重要范畴。

1. 世纪之初的教育信息化

进入 21 世纪以来，国家不断出台教育信息化政策，推进现代教育教学的信息化转型，强调信息技术与现代教育教学的不断融合与创新，意在借助信息技术的教育优势，改善传统教育区域发展不均衡、教育质量与品质偏低以及教育变革与时代脱节等短板，构建新的教育生态，以实现对传统教育生态的替代，满足时代发展对于教育的诉求与需要。

2002 年 9 月，教育部颁发《教育信息化"十五"发展规划（纲要）》，系统规划了我国教育信息化发展的五年任务。该规划指出，"一个国家和地区的信息化教育、应用水平直接关系到整个国家和民族的综合竞争素质的高低，成为衡量其发展水平的重要标志"，"教育信息化是国家信息化、国民经济和社会发展的客观要求"，"在当前教育资源短缺的情况下，教育信息化有利于最大限度调动、配置和利用教育资源，影响和促进教育观念、教育体制、教育管理和教学方式发生相应的变革，有利于构建适应人们终身学习的环境，逐步建成有中国特色的现

---

① 中共中央文献研究室. 十二大以来重要文献选编（中）. 北京：人民出版社，1986：737.
② 中共中央、国务院关于深化教育改革全面推进素质教育的决定[J]. 教育部政报，1999（Z2）：301-310.

代终身教育体系框架，促进教育现代化，实现教育跨越式发展"。①

2. 教育信息化的十年规划

2010 年 7 月，《国家中长期教育改革和发展规划纲要（2010—2020 年）》出台，明确强调"信息技术对教育发展具有革命性影响，必须予以高度重视。把教育信息化纳入国家信息化发展整体战略，超前部署教育信息网络。到 2020 年，基本建成覆盖城乡各级各类学校的教育信息化体系，促进教育内容、教学手段和方法现代化"②。

2012 年 3 月，《教育信息化十年发展规划（2011—2020 年）》指出："以教育信息化带动教育现代化，破解制约我国教育发展的难题，促进教育的创新与变革，是加快从教育大国向教育强国迈进的重大战略抉择。教育信息化充分发挥现代信息技术优势，注重信息技术与教育的全面深度融合，在促进教育公平和实现优质教育资源广泛共享、提高教育质量和建设学习型社会、推动教育理念变革和培养具有国际竞争力的创新人才等方面具有独特的重要作用，是实现我国教育现代化宏伟目标不可或缺的动力与支撑。"③

2014 年 11 月，《构建利用信息化手段扩大优质教育资源覆盖面有效机制的实施方案》强调，"'以教育信息化带动教育现代化'是推进我国教育事业改革与发展的战略选择，是深化教育领域综合改革的重要组成部分，是促进教育公平、提升教育质量的有效途径，有助于优化教育资源配置，促进优质教育资源共享、创新人才培养模式、转变教育发展方式"④。

2016 年 6 月，《教育信息化"十三五"规划》指出，"各地要将教育信息化作为重要指标，纳入本地区教育现代化指标体系。要全面开展面向区域教育信息化的督导评估和第三方评测，将督导评估结果作为核查工作进展、推动工作落实的依据，以提升各地区、各学校发展教育信息化的效率、效果和效益"。规划还指出，"信息化已成为国家战略，教育信息化正迎来重大历史发展机遇"，"到 2020 年，基本建成'人

---

① 教育信息化"十五"发展规划（纲要）[EB/OL]. 2002-09-04. http://www.moe.gov.cn/srcsite/A16/s7062/ 200209/ t20020904_82366.html?from=timeline&isappinstalled=0.

② 国家中长期教育改革和发展规划纲要（2010—2020 年）[EB/OL]. 2010-07-29. http://old.moe.gov.cn/ publicfiles/business/htmlfiles/moe/info_list/201407/xxgk_171904.html.

③ 教育部关于印发《教育信息化十年发展规划（2011—2020 年）》的通知[EB/OL]. 2012-03-13. http://www.moe. gov.cn/srcsite/A16/s3342/201203/t20120313_133322.html.

④ 教育部 财政部 国家发展改革委 工业和信息化部 中国人民银行关于印发《构建利用信息化手段扩大优质教育资源覆盖面有效机制的实施方案》的通知[EB/OL]. 2014-11-24. http://www.moe.gov.cn/srcsite/A16/s3342/ 201411/t20141124_179124.html.

人皆学、处处能学、时时可学'、与国家教育现代化发展目标相适应的教育信息化体系;基本实现教育信息化对学生全面发展的促进作用、对深化教育领域综合改革的支撑作用和对教育创新发展、均衡发展、优质发展的提升作用;基本形成具有国际先进水平、信息技术与教育融合创新发展的中国特色教育信息化发展路子"。①

2016年12月印发的《"十三五"国家信息化规划》强调,"到2018年,'宽带网络校校通'、'优质资源班班通'、'网络学习空间人人通'取得显著进展;到2020年,基本建成数字教育资源公共服务体系,形成覆盖全国、多级分布、互联互通的数字教育资源云服务体系"。同时,还要促进在线教育发展、创新教育管理制度、缩小城乡学校数字鸿沟、加强对外交流合作。②

2017年7月,国务院发布了《新一代人工智能发展规划》,为人工智能时代下教育的根本性变革指出方向——发展智能教育,即"利用智能技术加快推动人才培养模式、教学方法改革,构建包含智能学习、交互式学习的新型教育体系。开展智能校园建设,推动人工智能在教学、管理、资源建设等全流程应用。开发立体综合教学场、基于大数据智能的在线学习教育平台。开发智能教育助理,建立智能、快速、全面的教育分析系统。建立以学习者为中心的教育环境,提供精准推送的教育服务,实现日常教育和终身教育定制化"。③

3. 新时代的教育信息化

2017年,党的十九大报告提出要"办好网络教育",再次体现党对教育信息化的高度重视,标志着我国教育信息化建设进入新阶段。

2018年4月,教育部印发《教育信息化2.0行动计划》,指出"到2022年基本实现'三全两高一大'的发展目标,即教学应用覆盖全体教师、学习应用覆盖全体适龄学生、数字校园建设覆盖全体学校,信息化应用水平和师生信息素养普遍提高,建成'互联网+教育'大平台,推动从教育专用资源向教育大资源转变、从提升师生信息技术应用能力向全面提升其信息素养转变、从融合应用向创新发展转变,努力构建'互联网+'条件下的人才培养新模式、发展基于互联网的教育

---

① 教育部关于印发《教育信息化"十三五"规划》的通知[EB/OL]. 2016-06-07. http://www.moe.gov.cn/srcsite/A16/s3342/201606/t20160622_269367.html.

② 国务院关于印发"十三五"国家信息化规划的通知[EB/OL]. 2016-12-27. http://politics.people.com.cn/n1/2016/1227/c1001-28981231.html.

③ 国务院关于印发新一代人工智能发展规划的通知[EB/OL]. 2017-07-08. http://www.gov.cn/zhengce/content/2017-07/20/content_5211996.htm.

服务新模式、探索信息时代教育治理新模式"①。

2019 年 2 月印发的《中国教育现代化 2035》，作为中国教育的发展蓝图，为现代教育变革提供了系统的战略方案，其中第八项战略任务就是"加快信息化时代教育变革"，主要内容是建设智能化校园、探索新型教学方式、创新教育服务业态、推进教育治理方式变革，实现信息化时代的教育变革。②

上述一系列政策文件，清晰地呈现了我国教育信息化发展的政策脉络和发展思路，为推进教育信息化发展和加快教育现代化提供了坚实的基础。现在，我们正身处信息时代，这个时代的教育问题未必都起于智能技术的运用，但处在这个时代势必存有智能时代教育的"烙印"。进入信息时代，国家对教育做出重大调整，强调智能技术与现代教育的融合与创新。国家改革的教育战略引导重构教育生态。

（三）信息化的教育生态特征

以"教育信息化"为抓手推进教育现代化发展，建设新的教育生态，这种新生态将在教育理念、教育环境、教育内容、教育管理、教学方法等方面有新表现、新特征，进而实现教育的革命性变化。下面概述信息化背景下的教育生态特征。

1. 体现以人为本发展观

以人为本的教育发展观成为教育现代化发展的核心理念，也是教育信息化建设和发展的重要原则。教育现代化需要面向每个人、促进每个人的全面发展，强调创新型人才的培养，强调未来学习者需要具备的探究能力、创造能力等不易被取代的、可迁移的核心技能的培养。在 20 世纪 80 年代，美国国家科学委员会发布报告《本科的科学、数学与工程教育》，提出了 STEM（science、technology、engineer、mathematics，即科学、技术、工程、数学）素养；2006 年，《美国竞争力计划》指出，知识经济时代的教育目标之一就是培养具有 STEM 素养的人才。2005 年，经济合作和发展组织（OECD）发布《核心素养的界定与遴选：行动纲要》，界定的核心素养（key competencies）包括自主行动、与他人互动和与工具互动三大核心要素，并强调核心素养的本质是反思性，是超越所教的知识与技能

---

① 教育部关于印发《教育信息化 2.0 行动计划》的通知[EB/OL]. 2018-04-18. http://www.moe.gov.cn/srcsite/A16/s3342/201804/t20180425_334188.html.
② 中共中央、国务院印发《中国教育现代化 2035》[EB/OL]. 2019-02-23. http://www.gov.cn/zhengce/2019-02-23/content_5367987.htm.

的能力，而且各个核心素养是在变化的情境中联合发挥作用的。

我国自 1999 年《中共中央、国务院关于深化教育改革全面推进素质教育的决定》颁布后，全面推进素质教育，坚持面向全体学生，为学生全面发展创造条件，使学生生动活泼、积极主动地得到发展。素质教育其实就是坚持以学生发展为中心的教育理念。2012 年以来，坚持以人民为中心的发展观成为新时代中国治国理政的重要思想，这一观念同样体现在中国教育的改革与发展之中。2016 年，我国学界提出了中国学生核心素养框架，指出学生应该具备的能够适应终身发展和社会发展需要的品格和关键能力主要包括六大核心素养，即人文底蕴、科学精神、责任担当、实践创新、学会学习、健康生活[①]。总之，教育领域全面落实立德树人根本任务，就是践行以人为本的教育观，旨在培养人的全面发展，努力使每个人都有人生出彩的机会。

2. 呈现教育环境泛在化

随着信息技术的发展，教学环境发生着革命性变化。在过去，教学环境主要以实体形式存在，学习主要发生于学校等现实情境中，而信息技术促生了网络学习空间，形成了网络空间与物理空间高度融合的双空间教学环境。新的教学环境的建立，将信息技术与教育资源进行充分整合，体现出教育环境的泛在化，使教育具有泛在性。例如，教育资源也呈现出泛在性，以"慕课"为主要代表。"慕课"平台集聚了优质教育资源，打造了学习者自由获取并开展个性化学习的世界。同时，以智慧教室、终端设备与教具、学具为代表的物理空间，可以实现物与物、人与物的泛在连接，并对教与学的大数据进行记录、分析，使人工智能技术服务于个性化、智能化的个性化教与学。

融合物理空间与网络空间的双空间构建了线上线下结合、实体与虚拟一体化、人人处处时时可学的泛在学习环境。这与 2012 年发布的《教育信息化十年发展规划（2011—2020 年）》提出的"三通两平台"相一致，丰富的学习资源与教学工具，可提高学习效率。2020 年 2 月，国家中小学网络云平台正式开通，上线小学到高中各学段主要学科的课程学习资源，包括学科课程标准、统编版教材和部分其他教材版本，资源实现各年级各主要学科全覆盖。云平台还提供优质的专题教育资源，如防疫教育、心理健康教育、品德教育、生命与安全教育。除此之外，云平台还有教师研修课程（包括通识研修课程和学科研修课程）。这些资源可供

---

① 核心素养研究课题组. 中国学生发展核心素养[J]. 中国教育学刊，2016（10）：1-3.

师生自主使用。

随着信息技术与教育教学的深度融合，掌握知识已不是学习的唯一目的，学生综合素质的发展更重要，即以信息技术助力学生的全面发展。中小学教育日益强调学科间的整合，重构课程内容与课程体系。随着互联网技术的发展，以往以分科教学为主的课程体系，其学科壁垒将被打破，学科体系也将式微，跨学科课程成为主导，如 STEM 课程、创客教育等就是典型实例，凸显教育内容的综合化取向。2017 年，教育部颁布了《中小学综合实践活动课程指导纲要》，设立综合实践活动课程，这是培养学生综合素质的专门性课程。

总的来说，在终身学习理念与泛在学习环境下，智能学习资源与智力资源服务的建立，使得学习者可以在真实学习环境与虚拟学习环境获得个性化、终身的学习服务，智能导学、智能伙伴与智能教师等技术构成了网络化、智能化、泛在化的教育环境，形成了泛在与终身学习新生态。

3. 实现数据驱动的教育管理

信息化时代的教育管理将借助大数据与信息技术，在教育教学管理、课程教学实施、教育教学评价等各个方面，实现更加精准、及时和科学的决策及其实践，提升教育管理现代化，使管理更好地服务于师生发展。数据驱动的教育管理主要表现在建立教育数据库系统与平台，借助信息化工具与大数据分析技术，收集、储存、分析教育数据，为教育教学管理提供更好的决策与服务。

目前，我国正在积极打造国家性教育数据平台，力求服务于国家教育决策的科学化和教育治理的现代化。同时，随着互联网技术在教育教学实践中的运用，在学校层面，教育教学信息化系统和数字化平台的运用将成为新常态。大数据、人工智能、区块链等新兴技术与教育教学的深度融合，为创新教育教学评价提供了有利条件，为关注教育教学全过程，开展过程评价、增值评价与综合评价，关注德智体美劳全方位发展的评价提供了可行路径。

运用物联感知、图像识别、视频采集、平台采集等技术设备与手段，实现多源数据的互相连接，实现区域、学校、师生等发展数据的全面采集，由此实现数据驱动的教育管理与治理，实现教育基础数据的"伴随式收集"和全国互通共享，推动教育管理信息化与教育教学创新的深度融合，系统发挥信息化在政府职能转变、教育管理方式重构、教育管理流程再造中的作用。

综上所述，在信息化背景下，数据驱动的教育管理通过搭建数据平台，推动平台的应用与调整，收集实时数据，实施依托数据的决策与管理，使教育管理从传统的粗放式转向精细化，改变传统的"一刀切"，利用网络与大数据技术为学生、教师和学校等提供个性化服务。

4. 开展合作探究式的教与学

在互联网时代，信息技术的开放性与共享性打破了传统的"教师中心"与"教材中心"等教学模式，要求实施以学习者为中心的教学，重视通过网络技术开展自主、合作与探究的教与学，使学习发生在任何时间、任何地方。这种学习的目标不再聚焦于知识掌握，转而更加强调学生的批判性思维、创新能力等可迁移能力的培养，学习形式是线上与线下融合，"黑板加粉笔"的教与学时代成为历史，教学过程中师生角色关系也随着技术的参与而发生变化。

在互联网背景下，教师不再是传统的知识的权威与化身，而是学生学习的引导者与促进者，强调师生之间的双向交流。对于教师来说，更加注重探究式教学，促进学生的研究性学习，培养学生的自主学习能力。在信息化环境下，学生将可能开启自适应学习活动，这就是，以满足学习者的个性化需求为导向，自适应技术与网络学习、数据挖掘技术结合，基于学生的表现数据，建立知识图谱和概率图模型，为学习者提供个性化学习路径。最具代表性的自适应学习平台如美国的Knewton，其依托亚马逊大数据和云平台服务，为学生提供个性化学习。

在人工智能等技术的支持下，教育资源多元化、数据规模化、计算智能化为个性化教育提供了新的可能，产生了翻转课堂、在线教学等多样化的新型教与学方法。

综上所述，在教育现代化背景下，要求教育进行全面、整体的变革。就教育生态系统来说，首先要回应来自教育系统外部的冲击与挑战，如信息技术所带来的机遇与挑战等；其次要充分调动教育系统内部各要素的变革，如革新教育理念，调整教育内容，开展数字化资源建设，利用信息技术调整教育管理与教育教学的方法，等等；最后要促进教育生态的健康、良性发展，为实现教育现代化奠定坚实的基础。

四、重构教育生态的信息化挑战

快速发展的云计算、物联网、互联网、人工智能等新一代信息技术，正在带动与引领各行各业的发展与变革，教育领域也不例外。教育信息化是整个社会信息化建设中最为重要的一个方面，正在促进全新教育生态的建构；以信息化建设推动教育变革与教育现代化，成为全社会的共识与行动，教育信息化被纳入国家教育现代化发展的战略任务之中。不可回避的是，教育信息化发展对教育现代化的生态重构也提出了挑战，这或许并不是新技术设施设备建设的投入或者资金问题，而是可能影响教育现代化发展的方向与效果等关键性问题。当前，这些问题集中表现为：新技术在教育领域的应用导致的异化教育问题，信息安全与数据伦理问题，师生信息素养与数字技能是否满足要求的问题，以及技术与教育融合的体制机制建设等，它们对重建良好的教育生态构成了严峻挑战。

（一）技术异化教育的现象

技术运用的价值理性具有"两面性"，包括互联网在内的现代技术在教育领域的广泛运用，一方面促进了教育改进与变革，另一方面也影响到教育发展的本质与功能。当前，出现了技术使教育异化的现象。典型的就是人工智能运用到教育活动中，对个体的主体性、独立性和发展性可产生负面影响，大数据技术可能涉及对个人的隐私与尊严等的伤害。理论上，教育领域的技术与数据运用，必须与教育学的本质（即尊重人、保护人、发展人等）保持一致，要遵循每个个体所具有的认知、情感、个性、品德和态度等方面的发展规律与教育要求。因此，必须高度关注技术异化教育的一些现象。

第一，教育的"肤浅化与快餐化"[1]。在"互联网+"背景下，一些技术在教育领域中运用，使教育变得浅显，不体现教育促进思考的要求。一些所谓的教育APP存在典型的娱乐化特征，将教育娱乐化、简单化，忽略学生思考与意志力等关键能力的培育。当代教育注重培养人的独立思考、创新精神和实践能力，技术的运用应该是加强而不是弱化这些教育要求。技术的运用还应该增强师生间的互动、交流与生成，使教师与学生间的"教学相长"增强，而不是回到完全"自学"的状态。

第二，教育对技术的过度依赖。当前，技术在教育领域运用越来越广，教育与技术之间的关系明显增强，但是技术在教育运用中的夸大宣传与商业化炒作，导致一些师生与家长对技术工具的依赖过度，使得学生的学习肤浅，缺少有意义学习的存在，缺乏深度思考的参与。基于技术的新型教育产品与服务，过于关注新技术的表现，而对教育活动本身的改进与优化缺乏足够的关注，导致技术促进教育教学的影响力不够，甚至对教师的教育教学能力与行为产生负面影响，使学生专注甚至沉溺于技术而不是真正的学习中。值得关注的一个现象就是，当前一

---

[1] 胡乐乐. 论"互联网+"给我国教育带来的机遇与挑战[J]. 现代教育技术，2015（12）：28-34.

些学生与教师如果离开电脑、网络等工具和资源，很难完成教学、作业、论文撰写等。过度的依赖导致了学生缺失实践学习，影响学生与老师之间面对面的交流与研讨，使人际互动与交往减少。

第三，弱化了教育中的人文关怀。教育现代化关注每个人，注重培养学生的能力与素质，尤其关注情感培育与价值观养成。马尔库塞说："技术规则已经变为一种权威性的东西，它规范着人们的生活方式，影响着人们自我发展的认识。在这种情况下，世界逐渐成为一个单向度的世界，作为客体性的技术慢慢吞没了人类主体性，并使之逐渐失去自由性、目的性和主动性。"①很显然，当前基于新技术的教育模式，能够改变学习方式和增强学习效果，但这些效果更多是知识、技能与方法的提升，难以回应全体学生在情绪与意志等方面的差异化发展需求，替代了教师的机器难以与有思想的学生产生真正有效的互动。现阶段人工智能的运用较为关注物理过程，对学生的情绪体验等心理活动关注不够，很难实现良好的人机互动，导致教学过程中不见人的现象。

正如波斯曼（Postman，N.）在《技术垄断：文化向技术投降》中所说的，"人们往往只看到新技术之所能，想不到新技术帮倒忙的后果"，并且，"在技术垄断时期，人们受生活的驱使，渴望获得新技术。至于目的何在、有何局限，那不是人们要思考的问题；人们也不习惯提这样的问题，因为这是前所未有的问题"。②

在教育问题备受关注和备受指责的现时代，日新月异的新技术在教育中得到普及应用，但技术的教育价值与作用则有着被不断夸大的趋势。例如，对任何教育问题都期待运用技术而不是通过人的创造得到解决；在技术视角下，复杂的教育活动成为简单程序化的任务的合集，似乎不需要作为教育主体的教师的参与和创造；在技术的支持与服务下，丰富而又新奇的学习探索活动变成了预设完成的既定结果。可见，防止技术对教育的异化势在必行。

正如联合国教科文组织在《学会生存：教育世界的今天和明天》中指出的，只有当教育技术真正统一到整个教育体系中去的时候，只有当教育技术促使我们重新考虑和革新这个教育体系的时候，教育技术才具有价值。③因此，在运用信息技术时，应始终遵循教育的本质与规律，坚守教育的初心，以使教育避免被技术所异化、奴役和误导。

---

① 赫伯特·马尔库塞. 单向度的人[M]. 刘继，译. 上海：上海译文出版社，1989：48.

② 尼尔·波斯曼. 技术垄断：文化向技术投降[M]. 何道宽，译. 北京：中信出版社，2019：2.

③ 联合国教科文组织国际教育发展委员会. 学会生存：教育世界的今天和明天[M]. 华东师范大学比较教育研究所，译. 北京：教育科学出版社，1996：255.

（二）教育领域的数据安全

目前，新技术的不成熟，对新事物规制体系的不完善，使数据信息安全问题成为技术运用中的突出问题，教育领域也不例外。建构和谐的教育生态，必须正视数据安全的挑战。

第一，教育数据的外泄。当前，大数据的匿名技术尚未成熟，数据有严重的泄露风险。数据可以公开，但必须是有条件或者有限制的，必须预防数据滥用和不恰当使用。美国的教育大数据存储机构 inBloom 在开放 15 个月后被迫关闭，其主要缘由就是数据公开带来了信息安全问题。上海某大学 8.4TB 的电子邮件元数据泄露，其原因是 ElasticSearch 数据库没有正确配置公开访问权限。当前，5G 技术广泛运用，大量用户信息存储于云服务器中，这对信息管理更是巨大的挑战。威瑞森通信公司（Verizon Wireless）发布的《2020 年数据泄露调查报告》显示，有 3950 件安全事故被认定为数据泄露，其中教育领域有 28% 的违规行为导致了网络钓鱼攻击行为，而且教育部门在报告数据问题方面表现不佳，导致受害者或者受害组织失去了宝贵的响应时间[①]。5G 时代的数据传输速率成百倍地增长，教育领域的数据信息安全成为重要的课题。尤其是，学生在获取丰富教育资源的同时，可能接触到相关软件或网站携带的、容易对心智不够成熟的学生造成不良影响的不良信息。把控好信息时代的信息安全，是信息时代技术发展中的重要方面。

第二，教育数据的安全意识。数据安全是信息技术发展中必须考虑的关键要素之一。在教育领域中，通过信息化手段收集、存储、处理与使用众多教育事业发展数据（包括教育工作者和学生的人员数据），这些数据中有客观数据，但也有涉及保密或者隐私的内容，一旦发生数据泄露，就可能产生不良后果。必须确保这些数据的安全和合理使用，要求数据的收集者、管理者和使用者必须有足够的数据安全意识，自觉并积极做好数据信息的存储、保护工作，使教育数据信息发挥正面的积极作用。

第三，数据安全的制度体系。目前，我国在应对伴随人工智能时代而来的数据安全与隐私问题上，在制度建设与技术升级两方面尚有待进一步落实。在制度建设层面，有必要为教育大数据安全立法立规，为大数据的运用制定系统的规定，保证个体、机构和国家等各层教育数据信息安全。欧盟已经制定了《通用数据保护条例》（General Data Protection Regulation，GDPR），对数据的使用、共享与

---

① 2020 Data Breach Investigations Report[R/OL]. 2020-07-24. https://www.x-sec.info/wp-content/uploads/2020/05/2020-data-breach-investigations-report.pdf.

存储制定严格的标准，并实行问责制。基于制度体系建设，需要完善大数据安全管理架构，明确数据生产、使用、管理部门的职责，建立数据保密的安全规定，按照保密要求进行相关数据的保护和开发。当然，也需要通过技术开发提升数据安全的保障措施，实时监控数据的生产与应用全过程，及时预报非法应用或影响信息安全的问题，如针对外部攻击，研发基于新技术的精密防御系统，全面保护教育大数据安全。

（三）信息素养与数字技能

信息化时代的教育生态，需要个体具有一定的信息素养与数字技能。在创新信息时代教育生态的过程中，必须关注如何培育和提升教育领域中个体的信息素养和数字技能。当前，教育领域中不少个体的信息素养与数字技能现状，与加快推进教育现代化和建立现代教育生态体系的要求之间，还存在明显的不匹配之处。

第一，在全球范围内信息素养水平较低是普遍现象。依据调查研究结果，"44%的欧盟公民的数字技能水平仍有不足"[1]。2018 年，国际计算机和信息素养研究（International Computer and Information Literacy Study，ICILS）的结果发现，欧洲超过 1/3 的 13—14 岁青少年不能非常熟练地运用信息技术。[2]在信息素养不足的情况下，信息素养教育仍比较缺乏。欧盟强调编程教育与数字素养教育协同培养学生信息素养，但是调查数据显示，76%的初中学生和 79%的高中学生几乎从未从事过编程活动。[3]中小学的信息素养及其数字技能在我国同样不乐观，值得关注和重视。

第二，培育信息素养与数字技能是教育任务。随着以互联网为代表的新技术的发展，尤其是移动设备的普及，信息的传播、获取变得更为广泛和深入，每个人都处于信息海洋之中，接触海量信息不可回避，识别和分析这些信息非常必要。这些教育的或者非教育的信息，对学生的学习与成长产生着巨大的直接影响，教育的价值和任务就在于引导和帮助学生正确、有效地鉴别、分析、判断和接受信息，这就要求教育要培育学生的信息素养和数字技能。

很显然，这是教育教学的新任务，需要教育在实践中探索与创新。与此相应

① European Commission. Digital Economy and Society Index[R]. European Commission Publishing，2020.
② Fraillon, J., Ainley, J., Schulz, W., et al. Students' computational thinking//Preparing for Life in a Digital World[M](pp89-112). Springer, Cham. https://doi.org/10.1007/978-3-030-38781-5_4.
③ European Commission. 2nd Survey of Schools: ICT in Education(Objective 1: Benchmark Progress in ICT in School) [R/OL]. 2021-09-06. https://ec.europa.eu/newsroom/dae/document.cfm?doc_id=57894.

的就是，教育如何培养信息素养和数字技能，对课程体系、教师能力、教学实施、教育设施、教育管理等各方面提出了要求。培养信息素养与数字技能，显然不能只靠教师的传授和学生的训练，要将素养要求与技能培养融入整个教育生态体系之中。国内外都针对学生信息素养培养提出了政策要求，并在实践中出现了探索活动，信息素养的培养与批判性思维、创新能力、公民素养、沟通与合作、自我发展等方面的培养得到同等重视。

第三，教师信息素养与数字技能十分关键。人工智能在教育中的应用，要求教师必须具备基本的信息素养，要利用自身创新能力进行有效教学。这种信息素养包含了教师在信息技术运用上的自身创新意识与新的教学技能，以满足技术与教育教学深度融合的要求。欧盟的调查显示，欧盟的教师虽然在教育教学过程中使用数字技术，但是整体使用率并不高：在课程中使用 ICT 技术（information and communications technology，信息与通信技术）的教师比例从小学到高中分别为19%、15%和 30%；在教师信息素养能力严重不足的情况下，欧盟为教师提供了设备专项培训、基于 ICT 的教学法课程等三个方面的培训内容；欧盟将通过在线社区和其他协作网络给教师提供帮助，大约 1/3 的教师参与相关培训。①

在大力发展教育信息化过程中，必须不断提升教师的信息技术素养与能力。我国教育部《2020 年教育信息化和网络安全工作要点》再次明确，要提升教师和学生的信息素养，研制中小学教师信息素养评价的指标标准，制定中小学生信息素养评价的指标体系，并在"智慧教育示范区"创建区域开展评测工作。近年来，我国一直组织实施全国中小学生电脑制作活动、全国教师教育教学信息化交流活动和全国职业院校技能大赛教学能力比赛，通过比赛提高师生的信息素养。

（四）技术融入教育的机制

在大力发展教育信息化、以信息化推动教育现代化的过程中，不断遇到新问题，不断呈现新现象，需要以制度化的机制予以应对，以系统化的体系予以完善。要解决当前教育信息化领域中技术异化教育、数据安全风险、教师信息素养和数字技能不够等问题，必须依靠建立健全教育信息化发展、现代化发展的体制机制。由此，确保教育系统借助新兴技术手段，促进教学实践中不同角色功能的合理发挥。当前，在教育现代化进程中，体制机制不健全的问题仍然较为明显，教育资

---

① European Commission. 2nd Survey of Schools: ICT in Education(Objective 1: Benchmark Progress in ICT in School) [R/OL]. 2021-09-06. https://ec.europa.eu/newsroom/dae/document.cfm?doc_id=57894.

源分布不均，教育主体的权利、义务及责任划分不明晰，尚未形成稳固的教育治理合力以为教育生态重构提供支撑与保障。随着以互联网为代表的新技术的推广和普及，相关制度建设应及时跟进。当前，在教育信息化领域，还缺少多方面的制度与规定。

第一，缺少对在线学习的清晰界定与规范。面对网络上纷繁多样的教育资源与教育信息，学习者若缺乏相应引导，难免会在网络海洋中迷失方向，信息素养与信息处理能力不足的学习者就会面临无法选择适合自己的学习资源、学习平台的困境。对于缺乏人生经验的青少年而言，由于没有足够的道德判断能力，他们的世界观、人生观、价值观更容易受到冲击。在传统的面对面教育中，教师还可以通过言传身教和师生互动来给予一定的规正和影响，但在网络平台上，时空距离的存在让教师对学生的影响变得更为困难。疫情下的在线教学，固然保持了教育教学的连贯，但实施状况尤其是教师的实施感受与实际的教育效果备受关注与质疑。在线学习还导致了学习的碎片化，进而影响知识深加工的过程，影响学习者的学习过程和知识的体系化。

第二，学习成果难以为社会认可。在线教育发展对传统的教育与学习认证带来冲击，学习者通过在线学习所获得的知识是否也能得到真实社会的"认证"成为一个新课题。尤其是成人在线教育，已经在学历教育和职业技能培训领域取得一定的成功，需要有相应的新机制和新方式实施学习、教学、成果认证，给予相应的学分、学历及证书。随着信息技术的发展和人们思想观念的进步，需要建立健全基于互联网的各个学科、专业、行业的教学管理与组织、学分学籍管理、学历认证与证书发放的完整制度体系，由此激发更多学习者的参与和学习者更积极的学习。

第三，在线教育质量保证体系缺失。当前，我国尚未在互联网教育方面建立健全、完善的质量保证体系。然而，随着经济社会发展逐渐转入新常态，社会对教育提出了更多新的要求，在教育综合改革整体转型的时代背景下，质量保证体系的缺失将使"互联网+"教育受制约。20世纪我国现代远程教育试点开始时，就提出远程教育的质量保证问题，但始终没有制订国家层面的质量保障标准，没有形成一套科学、有效的质量保障模式，使远程教育与在线教育发展缺少具体的政策指引，使提高在线教育质量缺少依据。我国"互联网+"教育扩张迅速，发展空间和潜力巨大，一度吸引各类机构和创业者纷纷涌入，参与市场竞争，面对教育内容不断丰富、教育培训项目不断增多、教育对象人群不断扩大的情形，商业竞争气息也日益浓厚，更加凸显了制度建设和机制建设的不足与乏力。当前，有些教育机构开展的线上教育已经沦为了其线下教学课程的预览和广告推介，并不能给学习者提供优质课程和良好的学习体验；有些传统的教育机构则将线下课程拍摄成视频直接上传平台作为教学内容，这种单纯的线下课堂的视频播放并不能完全满足在线学习的需要；还有些机构即便花费了大量的精力和成本投入课程开发、技术开发，也多流于表面和形式，课程设置缺乏系统性和延续性，课程质量良莠不齐。健全质量保证体系成为信息化教育发展的当务之急，要以制度创新引领信息化驱动的教育转型与创新发展。

第四，在线教育发展的市场规制。"互联网+"教育的发展开阔了教育发展的空间。随着互联网的普及，原本火热的国内教育培训业一度更加火爆，催生了诸多新的互联网教育企业，各种新的教育培训模式应运而生，尤其是一些面向中小学生的在线教育与培训，在满足教育与学习选择的同时，更可能增加学生的学习负担，扰乱了规范的学校教育教学秩序，甚至影响教育现代化发展的根本方向，在一定程度上使教育的公益性转向了商业化追求。如何规范在线教育发展，确保教育的公益性，需要有相应的法律法规规定，对营利与非营利予以区分，对教育模式及其结果予以全过程监管。

此外，在大数据运用上，数据安全、数据伦理、数据运用等方面的制度规范仍然不足。应该尽快完善教育大数据的治理办法，对教育数据的获取、存储、应用、共享等进行规范；制定教育数据采集和管理标准，对教育数据库、教育服务平台、教育资源平台等进行规范化管理。在大数据的应用方面，由于这一新兴技术在教育领域中应用的时间相对较短，目前仍缺乏可操作性的信息安全、刑事与民事责任规范的法律制度及监督问责机制，有关数据、安全、交易与使用的基础性法律规范明显缺失，这也限制了大数据技术在教育领域中的快速推广与应用。

受当前教育体制机制建设不完善的制约，教育现代化生态系统中的主体包括教师、学生、教育管理及服务部门、社会组织等，未能有效构建有机统一的合作共同体，由此一来，教育现代化的实现主体之间的权利与责任意识较为模糊，彼此之间的联系较为松散，因此相应的教育目标很难得到完全实现。要实现教育现代化，实现教育生态的良性发展，需要以制度建设为保障，助力治理体系的完善与治理能力的提升，这也是新时代国家发展与现代化建设的重要任务之一。在教育领域，各级教育部门如何实现依法管理各级各类学校的目标定位、对教育资源进行合理分配，以及协调学校、家庭、社会的利益等问题，均需要完善的教育体制机制来进行统筹管理。

2017年9月，中共中央办公厅、国务院办公厅印发了《关于深化教育体制机制改革的意见》，明确我国深化教育体制机制改革的指导思想、基本原则和主要目标等，这是信息时代重建教育生态的纲领，是建立健全信息化促进教育现代化发展机制体制的依据。在机制体制建设中，要不断吸收先进经验，更要坚持扎根中国实践的原则，坚持建设公平而有质量的教育，积极构建政府、学校、社会之间的新型关系，坚持尊重基层首创精神，充分调动地方和学校改革的积极性、主动性、创造性，及时将成功经验上升为制度和政策，建设好中国教育现代化发展的教育生态。

第二章

"互联网+"教育的生态观

在"互联网+"背景下，传统教育发展模式的解构与"互联网+"教育发展模式的建构，将是未来教育发展的新常态。"互联网+"背景下，教育生态具有开放、协同、融合的特征，不仅关注资源的集成、共享，体系与业务的融合，还将促使教育教学维度延伸、教育学的方式的多元化发展。"互联网+"教育新生态的建构，要审视当前教育现状，厘清"互联网+"教育的内涵、特征及其对教育生态系统重构的机理，才能确立与之相适应的重构路径。

一、"互联网+"教育的发展状况

随着"互联网+"与各行各业的融合与创生，全新的"互联网+"生态逐渐形成，尤其是在大数据、物联网与移动互联网技术的推动下，教育领域正在建立"互联网+"教育的新型教育服务供给方式。厘清"互联网+"教育的内涵与特征，是明晰互联网对教育生态重构的作用机理的基础，更是探索重构教育生态路径的关键。

（一）互联网运用于教育实践

在我国，随着通信技术与网络的逐步稳定、各类互联网教育技术的发展、智能终端在教育领域的广泛普及，互联网在我国教育发展中的角色凸显。使用智能手机、平板电脑等移动设备，就可使学习者随时随地学习，使学习行为更加普遍。统计数据表明，早在 2016 年 9 月，我国移动电话用户合计 131 620.0 万户，其中 3G 用户 19 951.7 万户，4G 用户 68 589.0 万户，互联网宽带接入用户 29 167.4 万户，移动互联网用户 106 359.3 万户。[①]中国互联网教育市场规模在 2010—2015

---

① 2016 年 9 月通信业主要指标完成情况（二）[EB/OL]. 2016-10-28. https://www.miit.gov.cn/gxsj/tjfx/txy/art/2020/art_287e05715bf64f0eb7f2013d39ae9876.html.

年的年平均增长率达到 32.9%①，呈现积极的发展基础。2020 年 5 月 14 日，教育部新闻发布会介绍，截至 2019 年，全国 98.4%的中小学（含教学点）实现网络接入，90.1%的中小学已拥有多媒体教室。②这些都为互联网在教育中的可持续发展奠定了广泛而坚实的基础。

1. 我国互联网教育主要形态

当前，我国互联网教育呈现出结构化、多样化发展态势。按照提供主体的不同，可以分为五类。

第一类是普通高校网络教育学院。这类院校建成网络远程教育所需要的硬件平台和软件平台，凭借自身在教育方面积累的一线经验和资源优势开展学历和非学历教育。1999 年教育部批准了 68 所高等学校开展现代远程教育试点，对这 68 所高校培养的达到本专科毕业要求的网络教育学生，由学校按照国家有关规定颁发高等教育学历证书。学历证书经电子注册后，国家予以承认。

第二类是基于网络的成人高等教育机构。面向社会全体成员，以现代信息技术为支撑，开展远程开放教育的地方开放大学和广播电视大学，既提供学历教育，又提供职业培训和休闲文化教育。

第三类是民办非学历互联网教育与培训机构（或者网络教育公司）。这就是新型的互联网教育公司，以及传统的一些教育与培训机构开展线上线下相融合的发展道路。比如，受"双减"政策以及《中华人民共和国家庭教育促进法》出台的影响，"家庭教育指导"成为受到家长热捧的教育服务产品品类，诸如"文尊教育""腾讯课堂"等，都推出一系列网络课程，让家长可以通过"知识付费"，随时随地以线上学习为主、线下培训为辅，"双线"混融的自主性学习方式，提升自身的家庭教育能力与素养。

第四类是基于大众在线开放课程（即慕课）的互联网教育联盟。慕课是汇总了各个领域国内外顶尖学府的优质视频教学课程，是优质视频教育资源的聚合。国外有哈佛大学、麻省理工学院发起的 edX，清华大学、北京大学已经加入由斯坦福大学教授创建的免费在线大学课程项目 Coursera。国内有网易公开课、腾讯微讲堂、超星学术视频等。

第五类是利用信息技术搭建平台，开展互联网教育的内容制作、平台服务、

① 李刚. 互联网教育行业的发展现状及创新分析[J]. 经济研究导刊，2016（23）：137-139.
② 教育部举行疫情期间大中小学在线教育情况和下一步工作考虑发布会[EB/OL]. 2020-05-14. http://www.scio.gov.cn/xwfbh/gbwxwfbh/xwfbh/jyb/Document/1679176/1679176.htm.

技术支撑等要素融合的企业。其中又有多种模式，一是互联网教育企业自建平台
和课程的模式，如 91 外教、51talk、优才网和沪江网等。二是互联网企业建立的
平台+教育机构模式，如 YY 教育、传课网、天下网校、网校网等。三是 C2C 开
放平台的模式（个人对个人的平台），如传课网、多贝网、能力天空等。长远来
看，这类互联网教育公司的数量将会爆发式增长，且个体从业规模也将逐渐扩大。

2. "互联网+"的由来及意义

"互联网+"理念的提出可追溯到 2012 年 11 月 14 日，易观国家教育集团的创
始人、董事长于扬在第五届移动互联网博览会上，首次提出"互联网+"理念。他
指出，"在未来'互联网+'公式应该是我们所在的行业目前的产品和服务，在与
我们未来看到的多屏全网跨平台用户场景结合之后产生的这样一种化学公式"①。
2015 年 3 月，腾讯董事长马化腾以全国人大代表的身份，提交了题为"关于以'互
联网+'为驱动，利用互联网推进我国经济社会创新发展的建议"的提案，呼吁以
"互联网+"为驱动，利用互联网平台技术、信息通信技术将各行各业结合起来，
创造一种新生态，由此进一步把"互联网+"带入公众决策视野。

2015 年 3 月 5 日，李克强总理在作 2015 年政府工作报告时首次从国家层面
提出要制定"'互联网+'行动计划"②。同年 7 月，《国务院关于积极推进"互
联网+"行动的指导意见》发布，"互联网+"被置于国家发展战略的地位，成为
各行各业创新的生长点。对于教育行业而言，该指导意见虽然未对其进行明确的
阐述，但是在这之后，"互联网+"与教育的融合也逐渐成为讨论的热点。

"互联网+"是互联网发展的新阶段，是互联网功能在行业中的应用及其增强。
关于"互联网+"的具体界定，主要分为两类。一类是政策文本中关于"互联网+"
的定义。例如，《国务院关于积极推进"互联网+"行动的指导意见》指出，"互
联网+"是"把互联网的创新成果与经济社会各领域深度融合，推动技术进步、效
率提升和组织变革，提升实体经济创新力和生产力，形成更广泛的以互联网为基
础设施和创新要素的经济社会发展新形态"③。政策制定者对"互联网+"的理解，
具有"重资产+技术"的特征，强调互联网技术对传统行业的改造，旨在通过改造

① 于扬：所有传统和服务应该被互联网改变[EB/OL]. 2012-11-14. http://people.techweb.com.cn/2012-11-14/1255068.shtml.
② "互联网+"首现政府工作报告 将对我国产生深远影响[EB/OL]. 2015-03-06. http://finance.people.com.cn/n/2015/0306/c394090-26651519.html.
③ 国务院关于积极推进"互联网+"行动的指导意见[EB/OL]. 2015-07-04. http://www.gov.cn/zhengce/content/2015-07/04/content_10002.htm.

商品流通模式，促进经济与社会的发展。另一类是各行各业对"互联网+"的理解。互联网在改造传统产业、创新商业模式和产业业态的过程中发挥了重要作用，许多行业和企业纷纷加入"互联网+"行动，形成了"互联网+"旅游、"互联网+"房地产、"互联网+"医疗、"互联网+"娱乐、"互联网+"金融等①。互联网与各行业领域的融合，是以行业生产与发展特性为立足点，发挥互联网在生产要素配置中的优化与集成作用，意在创生一种新的生产方式，以互联网为基础设施和工具发展新的经济形态。

腾讯将"互联网+"定义为"以互联网平台为基础，利用信息通信技术与各行业的跨界融合，推动产业转型升级，并不断创造出新产品、新业务与新模式，构建连接一切的新生态"②。阿里巴巴则将"互联网+"定义为"以互联网为主的一整套信息技术（包括移动互联网、云计算、大数据技术等）在经济、社会生活各部门的扩散应用过程"③。

总的来说，"互联网+"是"互联网+各个传统行业"，但不是简单的叠加，"互联网+"的核心并不是互联网，而是理解"+"的价值与意义。"+"并非加法，而是如"化学反应"般的"化"，是互联网与其他行业的双向连接，互动、渗透、协调与耦合，继而进行创新与创造的过程。一般来讲，"互联网+"指社交媒体、移动互联网、数据分析和云计算等智能数字技术从互联网产业不断向传统产业延伸、渗透，进而推动传统产业实现数字化转型的现象与实践。随着万物互联的互联网时代的到来，各行各业需要结合行业特点引入互联网，实现跨界融合、创新驱动、重塑结构、形成新的生态，推动行业创新、变革与转型。互联网作为强大的基础设施和能力，与传统行业相互渗透、融合，改造或者提升原有行业发展格局与生态，优化供需平衡和提高供给水平。

3. "互联网+"的国家行动计划

2015年7月发布的《国务院关于积极推进"互联网+"行动的指导意见》，就互联网在国家社会、经济、文化、教育等各方面的发展提出了具体的指导意见。意见指出，"在全球新一轮科技革命和产业变革中，互联网与各领域的融合发展具有广阔前景和无限潜力，已成为不可阻挡的时代潮流，正对各国经济社会发展产生着战略性和全局性的影响"，"推动互联网由消费领域向生产领域拓展，加

① 谭洪波. "互联网+"的经济含义与发展困境[N]. 光明日报，2016-12-14（15）.
② 马化腾，等. 互联网+国家战略行动路线图[M]. 北京：中信出版社，2015：7.
③ 柳洲. "互联网+"与产业集群互联网化升级研究[J]. 科学学与科学技术管理，2015（8）：73-82.

速提升产业发展水平，增强各行业创新能力，构筑经济社会发展新优势和新动能。坚持改革创新和市场需求导向，突出企业的主体作用，大力拓展互联网与经济社会各领域融合的广度和深度……着力创新政府服务模式，夯实网络发展基础，营造安全网络环境，提升公共服务水平"。①

该意见就"互联网+"行动提出了五项原则，这就是：坚持开放共享，坚持融合创新，坚持变革转型，坚持引领跨越，坚持安全有序。②这些原则是直接针对了经济社会领域而提出的，但内容同样适合于教育领域。当代中国教育，急需进行重大变革与转型，由此才能推进产生中国教育现代化。

该意见提出，到2018年，我国互联网成为提供公共服务的重要手段，"社会服务进一步便捷普惠。健康医疗、教育、交通等民生领域互联网应用更加丰富，公共服务更加多元，线上线下结合更加紧密。社会服务资源配置不断优化，公众享受到更加公平、高效、优质、便捷的服务"。到2025年，我国"网络化、智能化、服务化、协同化的'互联网+'产业生态体系基本完善，'互联网+'新经济形态初步形成，'互联网+'成为经济社会创新发展的重要驱动力量"。③

该意见就"互联网+"在教育中的行动提出，"探索新型教育服务供给方式。鼓励互联网企业与社会教育机构根据市场需求开发数字教育资源，提供网络化教育服务。鼓励学校利用数字教育资源及教育服务平台，逐步探索网络化教育新模式，扩大优质教育资源覆盖面，促进教育公平。鼓励学校通过与互联网企业合作等方式，对接线上线下教育资源，探索基础教育、职业教育等教育公共服务提供新方式。推动开展学历教育在线课程资源共享，推广大规模在线开放课程等网络学习模式，探索建立网络学习学分认定与学分转换等制度，加快推动高等教育服务模式变革"④。

所以，"互联网+"就是指互联网成果与各领域的深度融合和创新发展，是各领域进一步改革、创新与发展的新方向。在教育领域，则是运用互联网与教育的深度融合，促进教育事业的改革、创新与发展，而且这种融合是全方位的。

---

① 国务院关于积极推进"互联网+"行动的指导意见[EB/OL].2015-07-04.http://www.gov.cn/zhengce/content/2015-07/04/content_10002.htm.

② 国务院关于积极推进"互联网+"行动的指导意见[EB/OL]. 2015-07-04. http://www.gov.cn/zhengce/content/2015-07/04/content_10002.htm.

③ 国务院关于积极推进"互联网+"行动的指导意见[EB/OL]. 2015-07-04. http://www.gov.cn/zhengce/content/2015-07/04/content_10002.htm.

④ 国务院关于积极推进"互联网+"行动的指导意见[EB/OL]. 2015-07-04. http://www.gov.cn/zhengce/content/2015-07/04/content_10002.htm.

（二）"互联网+"教育的含义

新时代背景下，互联网将其创新成果与教育体系深度融合，其以大数据为依托的技术产品为教育发展提供了巨大的支撑与保障，为教育发展提升创造力与生命力，造就教育的增长点。

1. 认识"互联网+"教育

"互联网+"教育即"互联网"与教育的深度融合，促进教育观念、方法、模式的变化，丰富与扩大教育的时空，满足更多人群的教育需求，使教育促进每个人的发展、社会发展和国家发展。互联网在教育中运用的直接表现就是在线教育的发展和兴盛。

"互联网+"教育主题下，存在不同的观点，主要表现在两个方面：一是在"互联网+"教育的本质问题上存在争议；二是在实践中对"互联网+"教育的表现形式，尤其是对在线教育的认识与理解存在争议。这导致对"互联网+"教育的定义有不同的理解，对其本质尚未达成共识。为此，理解互联网要有一种多元化的立场，从不同的角度理解互联网的本质。比如，作为新兴名词的互联网是智能时代多领域研究的重要概念，而作为工具的互联网是推动社会生产创新的重要资源。在"互联网+"教育成为智能时代教育信息化建设重点事项的大背景下，互联网就成为推动教育转型升级、内涵发展的智能化工具，是助力教育紧跟时代发展的核心资源。

从教育现代化系统和教育现代化生态的视角审视"互联网+"教育，意味着运用互联网推动教育领域的革命性变化和可持续发展，建设符合新发展观的教育生态系统。"互联网+"教育通过互联网技术与手段与教育系统的双向互动、有效协同、不断耦合，实现教育创新发展和科学发展；"互联网+"教育是教育信息化发展的深入推进，即在互联网为基础设施和创新驱动下，改革并丰富教育组织模式、管理服务模式、教育教学模式等，建构现代化教育生态。换句话说，"互联网+"教育就是利用先进技术实现教育理念、教育方法、教育模式与学习方式等的系统化变革，建构泛在性、个性化、精准型、智慧化的教育生态。

目前，"互联网+"更多被视为教育发展的支撑环境、呈现方式、教学手段，"互联网+"教育的概念与价值认识尚未有更大突破。在借助"互联网+"引导教育领域更加开放、教育机构更加多元、教育活动更加丰富、教育效果更加突出的方向发展上，还需要深化认识和丰富内涵，要聚焦与满足互联网时代对人才培养的教育要求。无论怎样，利用"互联网+"驱动人才培养，将"工具"变为"范式"，推动人才培养的数字化、在线化、开放化和多样化，已经成为广泛共识。

总之，"互联网+"教育的本质重点在于人才培养观念、教与学模式、教育教学质量的创新与提升，促进互联网优势与教育活动的深度融合，形成更加有利于人才培养和教育功能发挥的教育生态系统。"互联网+"教育需要改变教育发展思维，运用互联网促进教育领域创新与发展。

2. 理解"互联网+"的特点

理解"互联网+"特点的关键，是理解互联网技术存在的本质。教育改革中融入互联网的既有优势，结合教育现代化发展对于教育智能化建设的要求与规范，建构出的与时代同步的"互联网+"教育新生态与新形态，正在显现"互联网+"在教育领域发挥功用的特点。

一是互联网发展体现以人为中心。互联网从 1.0 到 2.0 的变化，充分反映出互联网发展的供应者与使用者之间的关系变化，即由传统的、相对固定的对应关系日益转变为当前不断变化的动态关系。当今互联网发展日益体现出用户需求、使用者中心、以人为本的特点。让互联网更好地造福国家和人民，就必须坚持以人民为中心的发展思想①，这是我国互联网发展的重要基础。这一点与教育现代化的思想完全吻合。互联网必须惠及每个个体，更好地满足每个人的不同需求。

二是互联网思维体现创新与探索。互联网发展历史显示，互联网是一个不断想象与实现的过程，也是一个不断创新与探索的过程。互联网改变了传统的常规性思维模式，实现了跨越各种边界（包括国家与地区、行业与部门、产业与企业、学科与教育、生产与消费等），实现了不断拓展的链接与分享，这就是"互联网+"的发展。对于实现教育现代化而言，互联网有助于使教育发展超越传统教育，实现教育与生产、生活及个人成长与发展的一体化，更好地服务于人的全面发展，促进社会发展与国家发展。

三是互联网精神就是共建与共享。互联网是现代科技发展的显著成果，互联网日益壮大与发展，充分显示出人人参与的重要性和必要性。互联网为社会生产生活提供了新的载体与平台，使每个人都有机会参与到其中，而且能够实现每个参与者的平等定位。正是人人参与使互联网成为一个共建共享的公共平台，建立起了大众参与的新机制。所以，互联网融入教育，应该而且能够促进来自基层教育的创新与发展。

---

① 央视快评. 让互联网更好造福国家和人民——写在习近平总书记网信工作座谈会重要讲话三周年[EB/OL].
2019-04-21. https://baijiahao.baidu.com/s?id=1631384531302565687&wfr=spider&for=pc.

四是互联网形态是大数据社区。互联网创造了一个在线虚拟世界。在这个虚拟世界中，按照一定规则（包括根据背景、兴趣、愿望、爱好等）而形成诸多的共同体，即形成了各种社区。这些社区尽管是虚拟的，但也是真实存在的一种关系，日益成为人们生活、工作的一种存在。这种存在与现实生活中的真实存在之间有区别但也有联系；这种虚拟与现实的结合，或者说，线上与线下的融合，成为当代社会发展的一个重要特征。人人参与的社区在技术上表现为一个不断扩展的大数据系统，对这些大数据的收集、分类、处理与加工，又成为人类不断改进生产、生活的有效工具，不断拓展在线社区网络。基于教育的互联网社区及其大数据特征，对于实现促进学习方式转变、改变教与学模式等的教育变革，提升教育质量等，同样具有非常重要的价值意义。

总之，互联网的开放性、创新性和参与性等诸多特点，打开了教育封闭的大门，促进技术与教育深度融合，有助于使教育服务体系更好地满足学习者多元化、个性化的需求。

（三）"互联网+"教育的特点

互联网与教育的深度融合，对传统的教育系统及其生态产生了直接冲击，重建教育体系与重构教育生态成为重要课题。在"互联网+"教育框架中，教育现代化将更具多样化，教育制度愈发灵活，教育生态亟待变革与创新。"互联网+"教育的特点，具体来说，主要表现在以下方面。

1. 技术与教育的融合

这种融合直接表现为在线教育与线下教育融合。互联网引入教育之中，在传统的学校、课堂的面对面教学之外，有了在线的教与学，教育教学形式发生了变化，最为典型的实例就是疫情以来我国开展的大规模中小学在线教学。这种融合性还表现为技术与课程教学的融合，主要有：课程内容范围的扩展，即将信息技术内容引入其中；课程资源形态的变化，在传统的纸质教科书之外，出现电子书包、在线资源、电子资源等学习材料；增强个别化教育的实施，技术使因材施教成为可能。

数字化、信息化的校园系统融合了物联网、云计算、语义网等信息技术，同时，信息化教学内容、信息化教学活动与在线的教育服务等方面的融合，促进了学校管理与教育教学活动呈现新样态，如智能校园可以通过对学生进行无感知考勤、学生体育运动监测、学生行为轨迹分析以及休息与睡眠管理，及时为学生进行信息传递与指导管理。基于信息技术的智慧课堂体现了依托大数据支持服务的教学，使个性化学习分析与评价在教学过程中同步开展和即时反馈。新型课堂教学环境具有交互性、开放性与人性化的特征，能够感知学习者的学习动机，帮助教师实现对学生创新能力、问题解决能力、交际能力等高阶能力的培养。

总之，互联网技术、人工智能、大数据技术、学习科学技术在教育教学中的全方位全过程融合已经成为现实，使教学环境、教学模式、教学方式、学习方式与教育评价等教育要素产生了新变化，促使教育生态系统再造。

2. 教育的个性化与分享

在“互联网+”教育背景下，教育服务供给更加个性化，学习者可以根据自身需要选择相应的学习内容，教师可以给予不同学生不同的教学要求、教学设计、教学实施和教学评价，可以呈现在线教育、移动互联教育、线上线下混合式教育等各种教育形态，凸显以学习者为中心的教育思想和体现因人而异的教学理念。

“互联网+”教育也蕴含教育资源的不断充实和优化配置，使教育成为可以分享的事业。在教育发展上，我国一直存在区域性差距，在东部、中部与西部之间存在不平衡，在城乡之间也存在教育资源分配不均等现象。以互联网为代表的现代信息技术，在扩大教育资源与教育资源优化配置方面可发挥重要作用，数字化手段有助于为欠发达地区提供更多资源和更优质资源，并以此缩小教育发展中的“鸿沟”，进而促进国家教育的全面、整体发展。

总之，互联网给教育变革带来了革命性驱动力量。建立这种“互联网+”教育的体系，必须相应重构“互联网+”教育生态，这是信息时代教育变革的重要任务之一。

3. 教育系统的开放性

“互联网+”教育的情景下，教师来源更加多元化。在传统专职教师之外，可以借助互联网使更多的专业人员接入教与学的过程中，为学校、教师和学生提供丰富资源、给予专业服务、参与共同学习与研究等。基于互联网，学校可以与校外教育机构或者非教育机构（如企业、社区、工厂、农村等）建立协同育人的广泛网络，更可以与学生、家庭（家长）建立共同体，还可以及时对外传播与分享教与学的成果。

开放性的教育使学习活动处处可发生、时时可实现。“互联网+”教育不仅包括传统的学校教育，还包括泛在的在线教育（或虚拟学校），线下实体教育与线上教育（或虚拟学校）的结合，使教育不再囿于时空与资源的限制。除了在学校之外，在更多的地方，只要借助智能手机或电脑与网络，就可以自由地接受教育，也使"在家教育"成为教育形态。

开放性也预示着终身学习与学习型社会建设成为现实。随着科学技术快速发展，信息社会来临，终身教育与终身学习由理念转变为实践，"互联网+"使终身教育制度得以建立和不断完善。线上与线下融合的教育形态，使在岗学习和工作中学习有更多保障，基于大数据技术的"学分银行"使学习和教育的制度不断完善，也使普通教育、职业教育、继续教育等各级各类教育之间更加贯通和一体化。

总之，"互联网+"教育是一个开放的系统，一个共同参与、协同和分享的体系。"互联网+"教育重点关注社会、技术、教育之间的关系，关注有助于教育现代化发展的变革与创新，旨在追求教育高质量发展模式与教育质量全面提升。

二、"互联网+"教育的生态特征

基于生态学的视角，生态是一个系统，良好生态具有整体、开放、动态、系统和可持续发展的特征。教育生态意味着教育系统与外部环境之间的关系状况，"互联网+"教育具有区别于传统教育的生态，技术与教育的深度融合，促进了教育系统的要素、结构与功能等全方位的破坏、新生与创新。信息技术的开放性、共享性与协作性，对人类社会中的资源分布与人际关系带来了较大的影响，以信息技术推动教育系统改进，实现教育质量的提升，已成为世界各国教育改革与发展的重要战略。全面认识技术对教育系统的变革作用及作用方式，有助于更好地利用技术对教育系统进行改进，有利于重塑科学的、良好的教育生态。

（一）学习环境的开放

2021 年 10 月，由联合国教科文组织推动的第五届国际学习型城市大会在韩国仁川延寿召开，并通过了最新的指导性文件《延寿宣言》，呼吁通过可持续的终身学习来建设健康、有弹性的学习型城市[①]。2021 年 11 月，联合国教科文组织发布《共同重新构想我们的未来：一种新的教育社会契约》，更是将"终身教育"延伸到人的生命各阶段，强调让文化科学、信息技术、共享知识、团结协作、同情关爱等内容的学习贯穿人的一生[②]。2022 年 6 月，联合国教科文组织发布《让

---

① 杨树雨.联合国教科文组织：通过学习建设健康和恢复力强的城市[N].中国教育报，2021-11-25（009）.

② UNESCO. Reimagining our Future Together: A New Social Contract for Education[EB/OL]. 2021-11-10. https://unesdoc.unesco.org/ark:/48223/pf0000379707.

终身学习成为现实手册》，强调智能时代的全球化投资个人终身学习对于社会可持续发展具有重大意义，终身学习贯穿于人的整个生命的不同阶段和不同空间①。现如今世界范围内智能化学习系统已经逐渐渗透至人的活动的各个方面，在技术支持和建构开放的学习环境中，学习者能够在学校、家庭与社会中获得更具真实性的学习服务，尤其是在线学习服务支持，实现超越时空的学习，构建交互式学习、智能学习等新型教育形态，建成以学习者为中心的教育生态系统，为学习者提供个性化、精准化的学习信息推送与服务，推动实现可持续的终身学习。

与传统教育相比，"互联网+"教育最明显的变化就是教育服务系统具有更强的开放性。互联网技术等一系列现代科学技术作为核心推动力，在大数据、人工智能、物联网等新兴科技与教育深度融合的情境下，使在线教育、智能教育等教育模式成为当前教育发展的取向与趋势，对教育生态的结构与功能带来了重大变革，对传统教育中处于稳定状态、成熟独立的课程、教材、师生、教学环境等关键要素带来直接冲击。互联网技术的引入，拓展了教育领域中知识生产与传输的渠道，改变了原先的教育理念、培养目标、教育管理、教育内容与方式等一系列内容，也促使相对封闭、独立的教育系统转变为更开放、多元和动态的教育体系，而且改变了教育系统与外部环境之间的关系。也就是说，互联网构建了开放的学习环境。

在这种开放式环境中，教育资源可以根据用户的个性特征进行合理配置，为学习者提供合适的线上学习资源和智能化学习服务，推动学习朝着个性化、智能化的方向转变，提供更为真实且富含体验性、交互性的新型学习资源环境（如一系列融入教育功能的智能化科技馆、线上博物馆，以及专门用于教育服务的智能化学习资源系统等），以实现学习者与互联网资源的有效聚合，极大地促进智能化、网络化的新型学习资源生态的建立。

开放的学习环境使传统的学习模式转变为技术支持下的智能、泛在化学习。互联网技术通过网络学习空间的服务系统，实现面向学生与学习的大数据采集和分析，推动从技术辅助转向技术为本的个性化环境建设。人工智能、大数据、物联网等新型技术的发展推动了相关科技迅速进步，移动互联网与智能手机的出现，为学习者的线上学习环境提供支持；在信息技术与教育的融合过程中，在线教育、平板教学、翻转课堂等一系列新型教学模式迅速得到推广，未来教育正迈向重在

---

① UNESCO. Making Lifelong Learning a Reality: A Handbook[EB/OL]. 2022-06-17. https://unesdoc.unesco. org/ark:/ 48223/pf0000381857?posInSet=1&queryId=c5eb31d8-1df3-4789-a6b2-eb786b15916a.

人机互动、融合、协同等的智慧教育。

《教育信息化 2.0 行动计划》明确指出，"人工智能、大数据、区块链等技术迅猛发展，将深刻改变人才需求和教育形态。智能环境不仅改变了教与学的方式，而且已经开始深入影响到教育的理念、文化和生态。主要发达国家均已意识到新形势下教育变革势在必行，从国家层面发布教育创新战略，设计教育改革发展蓝图，积极探索新模式、开发新产品、推进新技术支持下的教育教学创新"[①]。同年，《教育部办公厅关于开展人工智能助推教师队伍建设行动试点工作的通知》提出，要促进教师主动适应信息化时代人工智能等新技术的变革，并启动在宁夏和北京外国语大学开展的人工智能助推教师队伍建设行动的试点工作，这些措施与探索都旨在适应"互联网+"教育背景下开放的学习环境建设[②]。

在开放的学习环境中，学习者能够在学校、家庭与社会中获得更具真实性的学习服务，尤其是智能化的在线学习服务支持，有助于实现超越时空局限的学习，构建交互式学习、智能学习等新型教育。在此过程中，建立以学习者为中心的教育生态系统，为学习者提供个性化的精准学习信息推送与教育服务，实现个性化教育和终身教育。

（二）课程要素的变化

在"互联网+"教育系统开放的同时，传统学校教育中的课程要素变化最为明显。互联网技术拓展课程的内容，促进课程功能由知识传承向知识生产转变，为培养学生高阶思维能力提供了可能。就课程要素的变化而言，将会有以下变化：

一是课程参与者增多。"互联网+"教育的课程建设不仅包括传统的课程建设者，如课程专家与学校教师等，而且还包括教育系统之外的社会各行业专业机构的参与和贡献。课程资源不再限于教科书及其辅导教材等，还包括诸多的学习资源和学习材料，尤其是在线学习资源库与在线学习服务平台系统。

二是课程同一性减弱。在智能教育中，课程资源为学习者提供差异化与个性化的教学服务支持。除学校之外，基于互联网的教育机构通过线上同步课堂等形式向学习者推送个性化的课程资源，利用互联网、大数据、人工智能等技术对学习者利用课程资源的情况进行基于数据的系统分析和精准诊断。

---

① 教育部关于印发《教育信息化 2.0 行动计划》的通知[EB/OL]. 2018-04-18. http://www.moe.gov.cn/srcsite/A16/s3342/201804/t20180425_334188.html.

② 教育部办公厅关于开展人工智能助推教师队伍建设行动试点工作的通知[EB/OL]. 2018-08-08. http://www.moe.gov.cn/srcsite/A10/s7034/201808/t20180815_345323.html.

三是课程实施方式变化。"互联网+"教育的课程将承担学习分析的责任,即对学习者学习基础、学习目标、学习资源、学习过程及学习结果等的全过程服务,实现学习者与课程之间的相互选择和互动生成,课程将是活的教育载体,而不是传统的学习材料。在学习者选择课程的同时,课程本身也将基于学习者特点提供个别化服务,促进个性化学习,实现学习成果的最优化。

四是课程资源的共建共享。基于互联网的课程资源不再受时空限制,课程资源处于不断生态、储存、分享、运用和更新之中。2020年3月印发的《教育部关于加强"三个课堂"应用的指导意见》,提出在实践探索基础之上,加强专递课堂、名师课堂、名校网络课堂,运用信息技术促进优质资源共建共享以及教师专业能力提升[①]。云计算、数据存储等技术在课堂教学过程中的广泛应用,能够有效地实现信息在更广空间内的共享与利用,不仅能拓展教学场所和教学空间,也为教学互动提供了更多的可能。

上述课程要素的变化,旨在满足学生多样化、个性化、体验化的学习需求,促进教育个性化的达成,促进学生的知识掌握与能力养成。这些变化也改变与促进了教育生态更新。

(三)教学关系的改变

"互联网+"教育的创新之一,表现为改变教育系统内部要素之间的传统关系,展现出新型的教育关系。

1. 教师教学的角色变化

从教与学的关系角度来讲,信息技术改变了教学活动的形态,教师的知识权威发生改变,教与学不再是传统的教师教授、学生接受的教学模式,教师由传统的知识传授者转变为学生学习的指导者,师生之间呈现一种共同建构的伙伴关系。

在"互联网+"的教学实践中,教师不再拘泥于封闭僵化的学习场域与相对陈旧的传统教材,能够及时地为学习者提供图文、视频等材料,并且可以借助于多种模态组合的教学方法来丰富学生课堂学习的体验,提升学生的学习效果。由此,师生之间及生生之间的互动更为便捷和频繁,教与学两大主体有效融合为学习共同体,从而实现了学习目标的最大化。

在教学活动中,基于技术的数据系统可实现在教与学过程中的伴随式监测与

---

① 教育部关于加强"三个课堂"应用的指导意见[EB/OL]. 2020-03-03. http://www.moe.gov.cn/srcsite/A16/s3342/202003/t20200316_431659.html.

评价，使教学活动实施与教学评估同步，实现了教与学的及时干预、有效调控与效果最大化。

2. 教师工作间的关系

教师同样是"互联网+"教育系统内的核心要素之一，在"互联网+"教育的背景下，更需要强化教师作用的发挥，还需要重建教师角色，尤其是要建立教师间的新型关系，要将教师从传统学校管理中重视的竞争关系中解脱出来，建立教师合作学习、合作工作与合作研究的新形态。

在互联网高速发展、快速应用背景下，在线学习社区使学习形式变得日益多样，人人皆学、处处能学、时时可学已成为常态。这对于教育领域的广大教师而言，是专业发展的机会，教师学习、教师培训与教师教学等走向在线学习社区。我国为了提高广大农村中小学教师的素质与能力，广泛利用网络开展远程教师培训，建立在线的教师学习平台体系和跨区域的同步教学平台系统，并不断调整与改进教师培训活动。

随着网络技术的应用，在区域内和区域间形成了教师学习共同体，如名师工作坊、教师网络群组、育人经验分享沙龙、教师读书会等。在线学习社区成为知识生产和创造的新途径，促进个体智慧的充分发展。研究发现，教师参与在线学习社区，能够缩小个体成员与组织之间的差距，促进社区内成员实践性知识的共享与能力的提升。目前，构建跨区域或城乡的教学共同体、教研共同体，或统称为教育共同体，成为建构新型教师队伍的主要路径，旨在使教师队伍中呈现差异共存与互惠发展的新格局。

3. 教育需求与供给

传统的教育需求与供给模式下，工业化生产的教学模式特征明显，教育供给尤其是课堂教学的知识成体系，通过一批获得专业资格认证的教师，借助经过规范认证的课程教材与考试等标准化的工具，提供标准化的教育服务，类似工厂的生产流水线。很显然，这一模式已经不适用于信息技术发展迅速的 21 世纪，信息化改变了教育需求与供给的关系。互联网技术促使教育回归到以学生为中心、以学生发展需求为导向的新轨道，使教育能够多样化与个性化，借助线上线下融合的新型教育服务，满足每个学习者的具体需求，这与传统的"一刀切"的教育需求与供给模式完全不同。"互联网+"教育基于"学习者为中心"的教育需求，并提供相应的教育供给。这些需求与供给更注重体现培养学习者的高阶思维、创新能力和实践能力。

（四）系统之间的融合

在"互联网+"背景下，知识生产主体呈多元特征，知识应用更为灵活的方式展开，打破了传统教育中仅有学校单向传授知识的局面，使"互联网+"教育成为更为丰富的组织系统，其中包含不同子系统之间的融合。

1. 学校教育系统与学校外教育系统

"互联网+"教育系统超越了传统学校教育的范畴，校外教育也是整个教育的重要组成部分，由此，"互联网+"教育必然是学校教育与校外教育的相互融合。随着校外教育的不断发展，学校教育与校外教育两个系统之间的关系出现变化，保持这两个系统之间的平衡和有机融合是促进教育现代化发展的重点之一。

近年来，为了满足不同学生的学习需求，支持学生学习的学习软件（即智能导学系统）不断出现并运用于实践，包括基于"导学案"教学模式的智能导学系统、以知识点为中心的智能导学系统、基于移动端的智能导学系统等不同产品。要大范围推广和有效运用这些智能导学系统，必须注重其与学校教育系统的融合，要尊重学生心智成长、身心发展的基本规律，要以不给学生增加过重负担为前提。

当前，在推进"互联网+"教育的整体发展的进程中，学校教育发展与学校外教育发展之间还存在一定的问题，甚至有发展不均现象，急需从理论上重新理清学校教育与校外教育两个系统之间的关系。此外，还必须加强对校外教育系统的治理与规范。同时，学校教育要注重转变发展理念，将提高学校教育教学的质量与成效置于更加重要的核心位置。

2. 教育系统与技术系统

互联网技术推动了教育系统与社会系统之间的良好互动，促进了教育发展与教育变革。在传统以课堂讲授法为中心的教学中，知识信息传输与技能素养培育的渠道相对单一，学生在教育过程中往往处于被动接受的位置，而教师处于绝对的主导位置，这样难以激发学生的主观能动性，难以实现对学生创新精神与创造能力的培养。

作为技术的教育手段，在加快培养人才方面和实现个别化教育教学方面，具有不可低估的优势和深广的可能性。以大数据、互联网、人工智能为代表的技术使学习内容更加融合，使学习方式更具个性化，使学习过程更具探究与思考性，使学习效果可能更优化。

技术为王的智能时代，技术已经渗入到教育的各个领域，通过技术增能教育、技术赋能教育及技术重塑教育等途径，技术可以转化为教育变革的内生变量推动教育的深化改革。①尤其是在全球疫情暴发后，曾经酝酿多年的线上教学技术迅速得到广泛应用，在实践中展现了广阔的应用前景。基于技术的在线学习，可能成为学校教育中不可或缺的部分。尽管在应对疫情防控期间的教学困境时，教师与学生呈现仓促应对的情况，但是不得不承认，在这个过程中信息技术得到了大范围应用，为全球范围内教育系统与技术系统之间的深度融合提供了实践经验和制度建构依据。

3. 教育系统与社会系统

"互联网+"促进各行各业的改进、提升与发展，对教育的作用也不例外。但是，教育不同于其他的产业或者行业，教育是一项社会公共事业，是保障人民发展与人民幸福的系统工程，教育发展是整个社会发展的表现，也是促进社会发展的力量，"互联网+"教育需要教育系统与社会系统的有机融合和相互支持。

教育的价值与功能已经得到全社会的认可，建设学习型社会已经成为共识。但是，过于夸大教育价值和过于注重教育价值的经济与社会属性，并不利于教育的改革发展和可持续发展。当前，在我国社会转型的过程中，存在着全社会对于教育期望过高的现象，存在着不少教育焦虑问题，由此造成了诸如学前教育"小学化"等不正常的教育现象，影响正常的学校教育教学秩序；片面追求分数与成绩的不正确评价观，造成中小学生作业过多、学习负担过重，身心发展受到影响；商业化的教育宣传和营销，使校外教育与培训产业化，扰乱正常的教育工作；等等。教育系统发展需要良好的社会系统支持，而这在"互联网+"教育发展过程中更是一种重要和必要的支撑性资源。

在互联网时代，教育更需要回到育人的正确轨道上，培养人才需要学校与学校外力量的共同参与，建立学校、家庭和社区协同育人体系，形成学校、家长、社区协同育人合力，使教育系统与社会系统更为融合。除家庭与社区之外的社会系统，还包括各行各业及诸多单位对育人的支持和服务，如建立学生社会实践基地、参与社会活动体验与服务以及在实践中开展学习，都是教育现代化所需要的，互联网使这种育人的新要求变得更为直接和更为现实。

总之，"互联网+"教育是传统学校教育的更新与扩充，使技术促进教育的开放、共享与协作，促进教育系统及其生态的重建。

---

① 顾小清，郝祥军. 从人工智能重塑的知识观看未来教育. 教育研究，2022（9）：138-149.

三、"互联网+"教育的生态建构

在教育现代化视野下，"互联网+"教育的生态建构，需要在育人方式改革思想指导下促进课堂改革，以提升教师信息素养促进教育质量提升，以先进的信息技术促进教育实践创新，以机制体制不断演进发展智能教育，由此建立"互联网+"教育的教育现代化生态，更好地促进人的全面发展、社会进步和国家强大。

（一）新型育人方式

我国"互联网+"教育发展必须遵循实现人的全面发展的价值导向与奋斗目标，体现以人民为中心发展教育的思想，致力于培养社会主义建设者和接班人。在面向教育现代化的进程中，必须改革不适应"互联网+"的教育思想与教学模式，摆脱传统的标准化教育模式与方法的束缚，努力追求具有个性而有差异的精准教学，培养信息时代国家发展与社会发展所需的新型人才。为此，"互联网+"教育的生态建构，必须按照国家提出的育人方式改革要求，重塑互联网时代的育人方式与育人体系，推进教育改革与发展，探索高质量教育教学发展之路。

1. 育人体系

"互联网+"教育需要新的人才观和育人观，追求个性化与规模化教育的相对统一。相较于传统的课堂教学而言，"互联网+"教育突破了空间限制，能满足学习者随时随地学习的需求；同时，互联网技术也能够实现传统班级授课制式的规模化教育教学，更重要的是，其能够发挥人工智能、大数据等信息技术的优势，着力打造启发式、探究式、参与式的在线教与学，这就是建构新的育人体系。

这种新型育人体系中，线上与线下教育融合或者混合，两者互补，共同发展。"互联网+"教育借助线下面对面课堂教学优势，巩固、深化师生互动、师生关系的教学意义和价值；同时又通过技术手段，实现更好的人际互动、因材施教和以学习者为中心的教学，使学习者在情感道德、认知技能和创新精神等各个方面得到更好培养，使每个人得到更加合适的发展。"互联网+"教育在培养学生过程中，借助技术手段积极增强师生的互动与交往，更好地调动学生的学习积极性，指导其学习开展，促进同伴之间的互动学习，增进其合作与分享能力。

总之，"互联网+"教育的新型育人体系，就是通过积极推进线上教育与线下教育有机结合，建立师生之间的新型伙伴关系，将学习者与教育者融入教育体系之中，实现学习者个体的差异性发展和全体学习者的全面发展。

2. 育人目标

积极推动每个学习者全面发展，是教育现代化的基本原则之一，也是发展目标之一。在当前教育生态变革的过程中，需要始终明确人才培养目标。在现代化背景下，必须积极推动人才培养目标从以往的知识传递转向培养人的全面发展，尤其是包括态度品质、创新思维和实践能力在内的综合素质的全面发展，增强学习者的主体性、能动性和创造性。

"互联网+"教育的育人目标，不只是认知发展，而且也包括非认知的情感与态度养成，尤其是人的价值观养成。就认知能力培养而言，除了知识的记忆、接受、理解与运用，还日益关注人的高阶思维，如发现问题的意识与能力、分析与评价的能力、综合与运用的创新性等。

"互联网+"教育需要深究如何运用技术在育人方式改革上有新举措、新方法和新成果，构建畅通、即时的学习服务体系，提升育人的发展水平。例如，借助新型技术手段，对学生学习成果与知识体系进行综合评估，使线上与线下产生更大合力；也可以根据大数据、物联网、人工智能等新型技术，全面掌握学习者在课堂教学中的各项发展指标，通过个性化的学习辅导来实现学习者学习模式和习惯的调整与优化，以此促进课堂教学效率的提升。

3. 协同育人

在传统教育体系中，育人是教育工作者的任务，尤其是学校教师的任务。事实上，在开放而多元的现代社会，教育领域中的育人需要多方人员的参与和支持，而不只是依赖学校的力量。"互联网+"教育为协同育人创造了条件，提供了可能。

一是，"互联网+"教育生态中，课程与学习资源供给不再只由传统的课程专家、任课教师或者教育专业研究机构等部门负责，而是一个鼓励全社会参与的开放系统。建设教育资源公共平台是教育信息化发展的一个重要任务，基于互联网资源开展教与学是教学改革与创新的手段。在"互联网+"教育中，社会上的各种专业机构及其专业人士都可以为学校教育提供课程与学习资源。

二是，"互联网+"教育使传统的教育者队伍发生了变化。教师不再局限在本校或者本地，远方的教师可以在线为异地学校的学生提供教育，这就是远程教学；同时，教师可能不再是唯一的教学育人主体，虚拟的教学机器人同样能够承担个性化教育与教学的任务；此外，教师可能并不都是专职的，兼职人员参与教学与指导的情况可能不断增加，以为学生提供更加人性化的服务和支持。

三是，"互联网+"教育使学校、家庭与社区协同育人成为现实。以往的时空或其他客观条件限制，使学校教育与家庭、社会之间出现"断层"，甚至学校教育与家庭教育、社会影响之间存在显著冲突。互联网等现代技术使学校与家长之间的沟通、交流日益通畅，使学生的学习结果与社会行为表现直接关联，进而有助于学校不断调整与优化教育方式方法，获得家庭与社会的合作与支持，从而实现全面育人。

总之，"互联网+"教育的生态需要全社会共同参与，建构协同育人新范式。通过政府的宏观管理、统筹部署、政策支持与组织保障，指导和促进学校的创新开放和主动实践，引导和支持全社会对教育的参与和贡献，推进教育现代化的新型育人范式。

（二）教师信息素养

《中共中央 国务院关于全面深化新时代教师队伍建设改革的意见》中明确指出，到 2035 年，教师主动适应信息化、人工智能等新技术变革，积极有效开展教育教学[①]。信息技术所带来的教育生态系统变革，要求教师与学生在课堂教学中具备较高的信息素养。近年来，教师信息素养不断提升，信息化教学趋向常态化，但教育教学实践中不会运用技术或不恰当使用技术的问题也不可忽视，形式主义使用与过度使用都影响教育信息化发展的推进。按照教育信息化 2.0 的要求，教师要学习现代技术，更要运用现代技术开展教育教学创新，以技术丰富学习情境与组织学习活动，使技术成为教学发展的重要载体。随着教育信息化的不断发展，学校实践中尤其是课堂教学中的信息技术运用日益增加，其中教师的信息素养至关重要。

1. 实施在线教育的素养

疫情以来，"停课不停学"的全员、全学段、全天候的在线教育，尽管是作为危机事件的应急方案，但一定意义上也是非常不易的在线教育大规模实验。疫情中在线教育的大规模开展，充分展现了网络之于现代教育的不可或缺性，更反映了学校、课程、教师和学生参与在线教育的素养与技能现状。这种应急的在线教育、在线课堂存在一些问题固然可以理解，但仍然反映出，面向"互联网+"教育的发展，教师实施在线教育的素养亟待提升。这种素养并不只是新技术的操作或使用，关键是如何有效使用、合理使用和科学使用，使教学效果达到最优。

---

① 中共中央 国务院关于全面深化新时代教师队伍建设改革的意见[EB/OL]. 2018-01-20. http://www.gov.cn/zhengce/2018-01/31/content_5262659.htm.

疫情下的在线教育活动，检验了教师作为在线教育主要参与者的素养状况，也为教师应该具有什么样的有效实施在线教育的信息素养提出了基本要求。首先，教师要对在线教育本身有正确认知，了解并且熟悉在线教育的基本要求、主要形式和功能优势，教师必须从意识上超越对传统线下教育的常规认知，对在线教育的课堂、教学、学生等要素合理定位，尤其要注重积极调动学生参与学习。其次，教师必须掌握在线教育的基本技能，尤其是要熟悉基本使用方法与工具，包括如何使用在线资源开展教学设计，如何运用技术工具关注每个学生，如何实现教与学过程中的即时互动和有效反馈，如何利用外部力量参与教育教学过程，等等。最后，教师还必须具有将线上教育与线下教育相联系的意识，并掌握相关方法，始终坚持育人的目标，遵循学生成长的规律，具有通过技术使线上教育与线下教育混合、融合和一体化的观念与能力。

2. 技术与教育融合的素养

在"互联网+"教育的生态体系中，教师作为教育教学主体，需要不断提升信息素养，能够充分运用现代教育技术手段，不断优化教育教学方式方法，有效实现线上、线下教育的无缝衔接，提升教育教学效果。教师的信息素养还表现为技术与教育融合的素养，积极推进现代教育技术与传统优秀教学方法结合，能够将信息技术应用于教学设计、教学实践与教学评价等过程中，顺应新技术在教育课堂教学当中的应用趋势，推进教育教学信息化发展。

首先，教师要有团队合作的素养。"互联网+"教育中的教师不再是传统的"个体户"，而是教育团队中的一员。例如，在数字资源建设方面，可以通过组建专业化教师团队，并吸纳教育技术专业人员参与，共同研发教育教学资源，共同商议最佳教学设计和课堂教学实施方案。其次，教师需要具备在课堂中开展合作教学的能力。"互联网+"教育使课堂可以在线，为远程教师参与课堂教学提供条件，技术背景下的"双师"或者"多师"课堂成为可能，每个教师必须能够有效地参与其中，并发挥作用，以形成最大合力。最后，教师还需要具有提升学生信息素养的能力。在课堂教学中，教师主动运用信息技术手段，促进学生的协作学习，提高学生在学习过程中的信息获取能力和实际操作能力；教师应当根据课堂教学要求，对教学信息进行科学的筛选、加工与整合，引导学生辨别信息，提升使用信息的能力；教师还应注重引导学生利用信息技术解决问题，给予学生充分的自主性，鼓励学生在面对信息化的问题情境中运用信息技术手段主动发现并解决问题。

　　总之，教师必须具备信息化教育教学的素养，能够将技术与教育自觉、自然甚至自动地结合在一起，建构线上或线下的信息化课程。这种信息化教育教学素养就是现代教育高素质专业化创新型的具体表现。"互联网+"教育中的每个教师，都需要具有创设信息化教学活动的素养与能力，根据不同的教学内容、不同的学习者群体实施多样化的教学方法，具体包括案例教学法、实践教学法、演示法、项目教学法等，调动学生的学习积极性，促进学生成长。

3. 教师信息素养培训

　　教师信息素养的养成与提升，是当代教师教育发展的重要任务。一方面，新教师的职前教育需要增加与教师信息素养相关联的内容，要为教师信息素养奠基，师范院校要将教师信息素养纳入课程体系与教育实践之中。另一方面，在职教师信息素养的提升，需要变革传统的教师培训思维和体系，将教师信息素养培训作为教师队伍建设主要任务之一。

　　第一，积极改革培训模式，提高教师的信息素养与能力。首先，应当提高教师信息理论知识的学习，使广大教师深入理解信息技术对于课堂教学的意义、模式与应用现状。其次，应当鼓励教师在课堂教学中自主探索信息技术与教学的有效融合方式。最后，还应当进一步加强教师信息化队伍建设，从信息意识、信息技能、信息应用能力等方面综合提升教师队伍的信息素养。例如，开展专题培训，建立连续性的信息技能培训和考核、技能竞赛等制度，综合提升教师信息素养。

　　第二，积极引导教师在课堂教学中尝试应用新型教育技术，鼓励教师进行自主教学反思和教学改进。首先，教师可以通过信息理论知识的学习，对教学设计进行自主反思，针对课堂教学中出现的实际问题，结合教研组教师的同行反馈，对自身的教学设计进行理性的反思与评价。其次，教师可以通过课堂教学中的典型案例反思信息化教学效果。对所运用的不同教学方法和信息化教学手段，教师应当始终注重在教学前、教学过程中、教学后进行及时评估，实现对自身课堂教学全过程的完整把握，形成良好的信息化教学习惯，进而在课堂教学实践中逐渐提升自身的信息素养。最后，教师还可以通过学生的课堂反馈，自主反思自身的信息化教学水平，因为学生的学习效果和学习习惯在一定程度上可以反映教师的信息化教学效果和教学水平。

　　第三，积极促进教学设计与信息技术的结合。教师在教学设计和课堂教学的实践过程中，积极推动信息技术与课堂教学结合，并且不断完善具体的课堂教学，确保自身信息素养稳步提升。教师应运用多样化的教学方式，促进学生对个性化学习资源的利用，实现教学内容与知识要求相结合，确保信息技术在课堂教学中运用合理。在教育信息化 2.0 时代，教师应利用技术加强对反馈策略的选择和输出，为学生提供更加精准的学习支持。

总的来说，教师信息素养是"互联网+"教育的关键要素，是创建教育生态系统的重要任务之一。

（三）教育创新实践

"互联网+"教育的生态建构尚处于起步阶段，还没有成熟理论、方法或模式，需要按照互联网创新的本质与思维，在人才培养模式、办学模式与学习模式等方面持续创新、不断变革，建立教育创新的实践发展格局，使教育成为可持续发展的生态系统。

1. 人才培养创新模式

遵循以人为中心的"互联网+"教育，在人才培养模式方面，着力改变以往以学校为主的培养体系，建构多方力量共同参与、协同工作的机制，形成以家校社为主的广泛教育共同体。例如，就学校而言，学校根据人才培养目标与要求，建立线上与线下相结合的人才培养实施体系，可以借助在线网络平台，实施在线教育教学，建立基于网络的新型师生关系与教学关系，改变传统教育教学中简单的传授与指导，利用移动互联网与新型设备的功能，引导、指导学生按照自身的愿望和需求开展个性化学习，进一步实现以学生为中心的教育教学。在基于网络的教学中，教师可以与其他教师开展合作教学，教师之间共享教学设计与教学资源，共同开展教研活动。

"互联网+"教育之中，因材施教将成为新常态，这就决定了教师在教育教学活动中需要不断地探索与建构适合于每个学生的教学样式、育人方式和实践模式，要为每个学生创设优质的教学资源供给和最恰当的教学指导方式，不断改进线上加线下的混合式教学模式，增进学生的知识理解与应用能力，满足学生的学习与发展，促进全面育人的实现。

2. 线下线上融合模式

"互联网+"教育在办学模式方面的要求是，积极推动开放型办学体系的建立，增强教育与学习的丰富性、有效性和趣味性，努力使每个学生乐于学习、积极学习和有效学习。在传统的学校模式之外，在线学校、在线课堂将成为普遍的办学形式。在课堂教学中，充分运用移动互联课桌、AR（增强现实）技术教学设备、穿戴式学习设备等教学物质资源，并将其与教学深度融合，实现智能化的教学。学校通过接入各类数字化设备，挖掘学习者应用需求和个性化学习需要，积极构建基于大数据、人工智能等前沿技术的学习系统，积极构建不同设备、不同学习模块之间的信息互联，实现最新的教学信息自由共享。

技术可改变教师的教学观念，改进师生沟通，增进学习者学习体验，引导学生积极健康成长，促进教育生态良性发展。课堂内外交叉融合的教学模式，如同步课堂、翻转课堂、在线课堂等，为学生创设优质的学习环境，配置个性化的学习资源，改进学习指导与教学支持服务，丰富学生课内外的学习体验。

在这种融合模式中，教师根据学生的个性化需求，精心准备、设计活动，根据学生的具体表现实现教学调整，推动小组协作学习、研究性学习、网络探究学习等模式建构，动态把握学生学习兴趣、动机与目标，探索构建情境化、生活化的教学体系与教学模式。

3. 学生个性化学习

互联网在教育中的运用，最重要的变化是引发学生学习模式的变化，通常表现为学习的个性化、碎片化、泛在化。"互联网+"教育背景下，能够运用技术开展精准的学习分析，包括学习目标分析、学习基础分析、学习方案设计、学习任务安排、学习结果评价等，以更好地指导学生的个性化学习。具体来讲，就是借助现代先进技术，尤其是人工智能技术，对学生学习的数据进行全过程收集、整理与分析，并根据分析结果智能化地向学习者提供有针对性的学习资源推送与个性化指导，促进学生自主学习，实现线上线下学习融合。

同样，学生可以充分利用数字化技术参与学习活动，包括在课前的预习中主动把握对新知识的理解。更为重要的是，互联网及其相关技术设备引入教育场域，打破了传统的学生学习模式与方法，尤其是智能学习辅助系统与设备的出现有效地支持了学生的自主学习，并创生了多样化的学习方式、学习情境。比如，在网络协作学习、自主学习、泛在学习的情境下，学生真正理解、掌握、运用相关数字化技能与方法，提升独立思考与问题解决能力的水平，非常重要也非常必要。

在利用互联网技术进行教育创新的同时，要关注技术与人的协同共存问题，需要建立"互联网+"教育的科技伦理规范建设，规范与约束对科学技术的正确使用，使教育与技术深度且良性融合。当前，教育科技伦理中有三个关键性问题。一是技术信任问题，即要让人们能够放心、安心地使用教育技术。腾讯提出的"可用、可靠、可知、可控"四个原则就是典型的科技伦理原则，对于教育科技伦理的建立同样适用。二是个人幸福问题，即技术的开发与应用不能忽视人与技术的共存问题，技术应该使人幸福，而不是约束个体的自由和全面发展。三是社会可持续发展问题，即教育技术发展须以人类社会与自然环境的可持续发展为宗旨，通过教育技术的使用促进可持续发展。

（四）教育机制改革

"互联网+"教育的生态体系是一个复杂的教育系统，"互联网+"教育生态的建构离不开相应的教育机制的支持，而完善的可持续发展教育机制是推动信息技术与教育教学深度融合、创新发展的重要保障。这需要政府积极筹划、科学设计，并且在此基础上开展相应的教育机制改革，以此为基础，助力"互联网+"教育生态建构的体系改进、创新发展。

第一，完善教育创新与经验传播的制度。教育创新是教育现代化发展需要，"互联网+"教育是基层教育教学创新发展的沃土，必须及时总结实践中教育创新发展的成功经验和典型模式。例如，我国已经启动了国家精品在线开放课程及各类教学实验中心、创新示范基地的建设，在全国建设了教育信息化发展试点示范区，需要对这些活动的实践成果进行及时提炼，总结出促进我国"互联网+"教育发展的机制与制度，进而发挥这些机制与制度的优势。在高等教育领域，积极推动学科交叉，革新不合理的体制机制，促进高校、企业与科研院所等机构的深度交流合作，促进教育学、信息科学、学习科学等领域的学科交叉发展，以推动对智能教育领域核心问题的解决。

《中国教育现代化 2035》明确要求，应当通过进一步健全学校、社会与家庭合作育人的机制，实现学校育人的整体、科学、持续发展，推动教育生态中的治理方式变革，努力推动2035年总体实现教育现代化，使我国迈入教育强国行列。在此背景下，"优先发展教育事业"研究，不仅要探索信息技术与教育教学融合创新的方法、途径，而且要创新有特色的教育应用模式，提供各类优质资源装备与服务，推动政府、学校、企业与其他团体的共同参与。在加速现代化创新试点中，探讨建立可持续发展的教师专业化队伍，逐步增加教师专业发展中对新型技术掌握的要求，推动专业化、高水平、复合型新型教师队伍的建立。试点的根本就在于建立促进实践创新的机制体制。

第二，多元参与的资源供给保障机制。"互联网+"教育需要吸纳社会资源主动参与教育生态的建设，鼓励行业、企业利用自身的资源优势，实现产教融合，提高人才培养质量。当前数字资源建设中，还主要依据教材知识体系，整合线下资源，单纯录制相关教育视频上传至网络平台，这些教育资源很难满足学习者的个性化需求。"互联网+"教育的资源建设需要多方参与，要有一线教师与专业工作者的协同与合作机制，实现数字化教育资源的优质化和有序传播、利用，满足规模化、标准化与个性化的学习，惠及每一位学习者，体现教育公平。

第三，打造智能教育生成机制。教育生态的统筹需要政府、学校与企业等多方主体的共同推进。政府层面主要通过体制机制建设，积极引导多方利益主体共同参与来推动"互联网+"教育的发展。学校层面主要通过教学模式以及教育服务知识体系的发展，实现育人方式的转变。社会其他力量如企业则通过服务教育技术的变革，承担政府、学校与家庭连接枢纽的功能，实现智能教育。对于企业而言，可通过数字化教育教学资源供给、信息化教育运维的服务等形式获取资金与收益，以保障企业的可持续发展，不断为智能教育的发展提供动力。在此过程中，政府加大教育信息化资金投入，给予相应的政策指导与技术标准规范，促进学校与社会力量互补。

第三章

跨区域同步教学生态建构

教育是关涉国家人才培养的关键环节，教育变革事关国计民生、人民福祉，变革成败决定国家未来"建设者"和"接班人"的培养质量。以信息化带动现代化是我国的国家发展战略，以教育信息化建设带动教育现代化建设，推动各级各类教育变革是带有普遍性和世界性特征的教育发展趋势。现如今我国教育信息化发展迅猛，信息技术融入教育领域驱动甚至引领教育变革的发生已经呈现常态化的图景，尤其是教育信息化 2.0 时代，互联网、人工智能、大数据、5G 等新技术的快速发展驱动传统教育变革的速率在不断加快，教育资源跨区域交流与传输成为常态，既有的教育生态面临巨大冲击和挑战，重构教育生态以迎合传统教育向现代教育转型是教育变革的重中之重。本章阐述基于互联网的跨区域同步教学实践，分析这种跨区域同步教学生态建构的理论思考和实践样态。

一、把握重构教育生态的关键

根本上讲，"重构"即"改旧立新"，是对"现状"进行"再造"与"创生"，使其适时与合理。教育生态是信息化时代教育变革重点关注的议题，在传统教学现代转型背景下理解教育生态，是超越传统生态学科学的带有哲学思考意向的教育事实反思，信息化时代信息技术介入教育领域并与教学深度融合，打破既有的教育生态，继而进行教育生态重构，这是教育变革的时代趋势，也让重构教育生态成了信息化时代传统教学改革的关键主题。

（一）教育质量保障与品质提高

教育是由多种教育要素构成的教育生态系统，而"教育生态系统强调各要素之间的相互匹配、动态优化以及自主生成关系，其中人的身心生态优化以及人与自然、社会系统的和谐是核心"①。这种生态系统因涉及人的培养的教育复杂成本的不可预测性而具有很高的稳定性。显见的是，在教育生态系统基本定型之后，教育参与主体身在其中会产生一定的路径依赖，这种"路径依赖"能够让教育生态系统即便遭遇挑战也能够维系长时期相对平衡、相对平稳的发展，而能够打破教育生态系统的力量需要具备颠覆性的创新和创造能力，需要真正与教育实践深度融合且常态化交融共生共存，并在其中真正发挥作用，产生让人认可与接受的教育结果。否则，外在力量试图介入教育活动，打破既有的教育生态的各种设想都很难实现。②"不破不立"是理论上任何改革都存在的实践惯性，打破既有教育生态是重构教育生态的前提和基础，重构教育生态需要借助与时代同频共振的教育力量的参与甚至主导。

事实上，"教育生态分析是一种注重全面联系、突出整体价值和强调动态过程、追求持续发展的教育生态研究方式"③。教育生态涉及教育内部各要素之间的关系处理与资源调配，涉及对于不合时宜的教育要素的选择性"扬弃"，涉及对有利于教育改革实践发生的教育要素的接纳与内化。坦率讲，有什么样的教育生态，就有什么样的教育氛围、教育环境、教育选择、教育实践、教育存在关系的维系与调整等，保障教育质量离不开良好的教育生态以及对于教育生态营建的重视。正如吴国平所说，"生命是在系统中成长的，优质的学校教育生态在成全美好学生的过程中意义非凡、作用巨大，它是一种激发、一种浸润、一种滋养"④。在此背景下可以说，教育生态是教育质量保障的关键要素，小到一个学校的教育生态，大到一个社会的教育生态，无论是作为教育者还是受教育者的主体置身其中，都会受到教育生态所营造的教育情境的塑造。教育信息化建设势不可挡地接入教育各场域，与时俱进地构建良好的教育生态就成为理智且明智的教育选择。

工业化时期，标准化的教育教学是主导人的培养的价值取向，"教育系统从目标到内容、从制度到流程都带有较强的固定性，其中的要素相对单一"⑤，但是这种"模式化""标准化""固定性"的培养方式，逐渐在经济社会发展对于所

① 王玉秋. 教育生态研究[M]. 南昌：江西人民出版社，2017：4.

② Li, X., Wang, F., Gu, X. Understanding the roles of ICT enterprises in promoting the ICT industry ecosystem in education: Case studies from China[J]. British Journal of Educational Technology, 2019, 50(3): 1151-1172.

③ 王加强，范国睿. 教育生态分析：教育生态研究方式初探[J]. 教育理论与实践，2008（7）：7-10.

④ 吴国平. 营造和谐教育生态[N]. 中国教育报，2018-05-16（006）.

⑤ 王凯. 重构教育生态是人工智能新使命[N]. 中国教育报，2019-05-21（002）.

需人才能力结构不断变化的时代中显露出短板与弊端，这就使得如何建构满足当下与未来需要的育人生态成为教育必须要审慎反省的重要教育问题。提供差异化教学被认为是一项重要但复杂的教学技能，但许多教师尚未掌握并且对此毫无准备。[①]"随着社会的进步和科学技术的发展，始终与人类相伴随着的信息传递活动，已渗入社会的每一个角落和人类的每一项活动，成为粘聚社会的一股无形的力量。"[②]互联网的出现开启了人类社会的新的认知革命，带来了社会发展的巨变，传统的"限于一域"的社会实践活动被"万物互联"所取代，互联网将人类聚拢在作为共同体的"地球村"内，天南海北、世界各地、各种各类的人都能够通过互联网建立密切的交往关系，共建共享来自不同地域的优质资源。

在此背景下，教育也随着互联网技术的介入产生"互联网+"教育的教育变革新范型，"互联网+教学"也随之产生，而"这些新技术使我们既能继续保证工业时代标准化教学支撑的大规模教育供给，又能通过技术分析针对每个学习者的个体情况提供个性化教育供给，从而解决长期困扰教育界的规模化与个性化、高位公平、优质均衡等之间的现实矛盾，进而形成全新的教育生态，满足新时代的人才培养需求"[③]。可以说，信息化时代教学改革注重信息技术与教学深度融合，建构出规模化教育与人的个性化培养交融的教育生态。

（二）信息技术与教学深度融合

正如加拿大科学哲学家莱斯（Leiss，W.）所说的：人类控制、驾驭甚至改变外部环境的能力的巨大增长，显然是从现代科学和技术中获得的。[④]"技术为王"的"互联网+"教育背景下，信息技术与教学融合已成事实，信息技术正在重构教学。教育领域引入"信息技术"是"互联网+"教育的重要内容，信息技术重构教学产生的"信息化教学"，本质是运用信息技术革除传统教学的弊端，再造与创生新的教学模式。

1904年英国的弗莱明（Fleming，J. A.）发明真空二极管，电子无线电技术由此诞生。1946年世界上第一台电子数字积分计算机（ENIAC）的诞生，促成计算机用以辅助教学时代的到来。从世界范围内讲，20世纪20至50年代繁盛的视听

① Van Geel, M., Keuning, T., Frèrejean, J., et al. Capturing the complexity of differentiated instruction[J]. School Effectiveness & School Improvement, 2018, 30(1): 1-17.

② 任凯，白燕. 教育生态学[M]. 沈阳：辽宁教育出版社，1992：103.

③ 杨宗凯，吴砥，陈敏. 新兴技术助力教育生态重构[J]. 中国电化教育，2019（2）：1-5.

④ 威廉·莱斯. 自然的控制[M].岳长岭，李建华，译. 重庆：重庆出版社，2007：103.

教育，50 年代的广播电视教育，预示着信息技术与教学深度融合成为不可逆转的教育改革趋势。聚焦国内发展来讲，20 世纪 80 年代后期开展的电教"三深入"（深入学科、深入教学、深入课堂），90 年代的五大电教实验，21 世纪开展的信息技术与课程整合实验[①]，预示着信息技术重构教学的潜力与可能，尔后慕课、可汗学院、翻转课堂的出现显示出信息技术能够重构教学。世界上第一门在线课程出现于 1981 年，中国在线教育的历史则可以追溯到 1999 年启动的"现代远程教育"试点工程。[②]教育领域信息技术与设备的迭代更新与发展创生出异于过往常态化育人场域的教育情境与生态，"技术理性正渗透到教育活动的方方面面，一切都被技术限定、规划与控制，现代技术的集权主义以科学技术的合法性为基础，让被控制者接受其自然而然的合理性"[③]。

　　现如今信息技术已渗透到学校各个角落，与之相关的计算机、触控一体机、交互式电子白板、投影仪、音响、智能耳机等信息技术产品广泛运用于教学过程。受此影响，技术为教学赋能让教学的环境与组织、内容与设计、形式与模式、管理与服务、反馈与评价等更加智能、更加优质、更加高效，而且各种基于信息技术的线上教学研讨也给教师提供了适时与适机诊断教学不足、寻得教学改进和科学化指导学生学习的机会。

　　阿伦特（Arendt，H.）讲过，"人本质上是一个有特定条件限制的存在"，"一旦人类发明出机器，他就立刻使自己'适应'了这个机器环境"。[④]互联网遍及社会各领域的背景下，技术的实质性影响是"技术不是简单的手段，而是已经变成了一种环境和生活方式"；技术规划构成了一个类似于海德格尔意义上的"世界"，即一种实践得以产生和知觉得以整合的框架。[⑤]现如今全球范围内以信息技术推动教学改革被纳入各国的教育政策，信息技术引入教学领域被视作传统教学转型的良机，积极推动信息技术与教学深入融合，已经成为教学改革的关键选择。21 世纪以来，中国基础教育改革处于"剪不断理还乱"的困境中，而教育技术在某种程度上被视为突破现有基础教育改革困境的不二法门，所以人们对其也有从"将信息技术融入课程教学"到"将信息技术深度融入课程教学"的期待。[⑥]受经

---

① 南国农. 在"纪念中国电化教育发展 70 年座谈会"上的发言[J]. 电化教育研究，2007（3）：10-11.
② 郭文革. 在线教育研究的真问题究竟是什么——"苏格拉底陷阱"及其超越[J]. 教育研究，2020(9)：146-155.
③ 李芒，石君齐. 靠不住的诺言：技术之于学习的神话[J]. 开放教育研究，2020（1）：14-20.
④ 汉娜·阿伦特. 人的条件[M]. 竺乾威，等，译. 上海：上海人民出版社，1999：144.
⑤ 安德鲁·芬伯格. 技术批判理论[M]. 韩连庆，曹观法，译. 北京：北京大学出版社，2005：7-21.
⑥ 吴刚. 作为风险时代学习路标的教育技术：困境与突破[J]. 开放教育研究，2020（3）：11-25.

济、文化、科技全球化发展的影响，中国教育信息化政策的颁布"与时偕行、与时俱进"[①]，而信息技术与教学融合是教育政策制定关涉的重点内容之一。

　　进入 21 世纪以来，我国信息化建设进程加快，教育信息化政策强调信息技术与教学融合，以推动教学改革，其政策要义至少涵括八个方面：其一，坚持正确的思想与原则进行教学信息化建设；其二，聚焦教学理念的更新与转变；其三，阐释信息技术在教学领域的重要价值；其四，倡导信息技术在教学领域因地制宜的运用；其五，探索信息技术与教学融合的方式方法；其六，关注信息化教学在欠发达地区的实践应用；其七，强调以信息化教学推动教育均衡化发展；其八，强化教育信息安全与教学生态建设。教育政策引领教学重构的目的是实现信息技术与教学融合水平不断提高，数字信息技术介入教育领域"将教育系统视作复杂生态，数字技术因素的影响，在深度和广度上强力侵入教育系统，从某些局部开始演变，慢慢拓展，最终出现系统整体的演进与改善"；教育系统诸要素的内涵得到拓展；教育系统内部关系延展与改善；教育系统的知识功能更为丰富，知识传播与知识生产呈现多向与多源的趋势[②]。

　　正如斯蒂贝尔（Stieber，J.）所言，"科技进步裹挟着人类的创新与质疑，但是质疑过后不能否认技术成果对于人类文明的价值"[③]。中国教育语境中教学主要以班级授课的形式出现，而传统的班级授课制关涉的教学模式随着教育改革的深入推进以及人的受教育需求的不断提高，已经很难满足对于人的个性化培养的需要，由此传统教学遭遇诸多批评和责难，这决定了教学改革需要重构教学。育人传统根深蒂固、信息化教学成效低、教学资源浪费严重、教育内涵发展受限等是信息技术引入传统教学之后出现的典型教育弊端。现如今，传统教育与现代教育的交替、现代教学对传统教学的超越过程中，信息技术与教学融合低效、效果不明显，主要因为学校教育是工业社会的产物，既有的学校教育体系已经很完善，这种"完善"之后的技术融入未能与其预想的教育构成要素融汇。只有打破课堂和学校既有的教育生态，进行教育生态的重构，才能实现信息化教学的应然价值。

　　跨区域同步教学带来教学本身关涉的要素、地区管理与学校管理（教学管理）的重组，连接不同地区的资源交互，建构新的教育生态圈。唯其如此，才有可能真正发挥信息技术的作用，只有建构新的教育生态才有可能实现传统教学信息化

---

　　① 钟志贤，曾睿，张晓梅. 我国教育信息化政策演进（1989—2016 年）研究[J]. 电化教育研究，2017（9）：14-23.

　　② 顾小清. 数字技术带来教育生态变革[N]. 光明日报，2019-08-07（013）.

　　③ 杰夫·斯蒂贝尔. 断点：互联网进化启示录[M]. 师蓉，译. 北京：中国人民大学出版社，2015：172.

的转型。因此，打破既有的教育生态结构、重构教育生态也就成为信息化时代教学改革关照的教育领域。

（三）改革传统教学的价值指向

教育领域盛传的"乔布斯之问"，问出了信息技术在教育领域广泛应用受限的问题，可是同时也要看到，信息技术能够将抽象的教育教学问题具体化，让教育参与主体能够更清晰地感受到教育教学活动的具象结构与实际状态，而且数据化的教育监测不仅降低了教育参与者理解特定教育范畴的难度，还能够预估和判断教育活动的发展趋势与实践可能。因此，信息技术介入教育领域存在必要的基础。事实上，"技术不仅是人工的，而且按照一定的规范来使用。尽管使用可能是当下的、远程的、临时的或滞后的，但是人–技术的关系暗含了人的实践或行动"[①]。教育中的信息技术引入运用既是教育教学创新的重要基础，又是教育生态建设的重要保障。[②]"判断一种教育生态系统的演化，关键看其要素有无发生变化，要素之间的联系、影响和作用有无发生变化，系统的结构是否保持稳定或发生变化。"[③]教育的对象是人，教师的工作是育人，教学是教师工作的构成主体，作为以育人为核心的教学改革是现代教育改革的重点领域，而重构教育生态是传统教学改革价值指向。

进入信息化时代，纷繁复杂的信息资源不断通过各种途径涌入人们的认知视域，鉴别和筛选可靠、有用的信息来源及其价值考验人的洞察能力和认知素养，这让"学会如何学习从来没有像今天这么重要"[④]。而教育领域的教学参与主体作为不断传授新知抑或获得新知的教育群体，应该且必须迎合信息化时代对于人的认知结构适时调整的期待，借此不断提高学习能力和素养。辨识有效信息需要这样，适应信息化时代教育场域的情境变更更需如此。

信息化时代推崇互联网广域互联的思维，注重借助互联网技术与设备实现"万物互联"，构建一个人人都在其中的"共同体"，而这种"学习能力和素养"在"共同体"之内超越了传统的"师教生学"的范畴，并逐渐上升为共同体内部各主

---

① 唐·伊德. 技术与生活世界——从伊甸园到尘世[M]. 韩连庆，译. 北京：北京大学出版社，2012：29.

② Gu, X., Crook, C., Spector, M. Facilitating innovation with technology: Key actors in educational ecosystems[J]. British Journal of Educational Technology, 2019, 50(3), 1118-1124.

③ 邓小泉. 中国教育生态系统的四个发展阶段[J]. 南通大学学报（社会科学版），2013（2）：100-106.

④ 联合国教科文组织. 反思教育：向"全球共同利益"的理念转变？[M]. 联合国教科文组织总部中文科，译. 北京：教育科学出版社，2017：33.

体之间的"教学相长""互通互联""相互学习""协作进步"等。跨区域同步教学搭建教学共同体与教研共同体，将东部与（中）西部、城市与乡村、强校与一般校的师资进行对接，让来自不同地区的教师进行切磋交流，使发达地区了解欠发达地区教育的真实样貌，欠发达地区学习发达地区善好的教育理念和行动，主动在二者之间建立沟通合作平台，使彼此在不断交流过程中提高学习能力和素养。

二、跨区域同步教学的内涵解读

理解"跨区域同步教学"要回应"究竟是什么""用什么方法""实现什么价值"三个基本议题，立足内涵的阐述、方法的诠释和意义的澄清，能够窥见技术导向的跨区域同步教学能够推进教学场域的生态重构，跨区域同步教学是迎合传统教学现代转型需求的教学模式。

（一）发展过程

"跨区域"是一个生活化语词，指跨越主体所属、所在的固定地点；"同步"（synchronization）是一个相对概念，指两个或者两个以上的人或者物，在一个系统中关涉的事件同时产生、同时进行，它强调时间上的"同时性""一致性""统一性"；"教学"也是一个常见语词，指涉学校场域中教师把知识、技能传授给学生的过程。因此，"跨区域同步教学"即跨越教师与学生所属、所在的固定地点，由不同区域的教师通过特定的教学平台同时为不同地点的学生授课，把知识、技能传授给学生的过程。

跨区域同步教学之所以能够实现，其依托的"教学平台"是"互联网+"教育背景下教学改革需求驱动产生的信息化产物，这得益于信息技术在教学领域的广泛运用。进言之，跨区域同步教学是以"互联网+"教育发展为契机，借助信息化教学平台，超越传统时间与空间限制，以同步教学实现优质教学资源的跨区域传输与流动，推动区域间教育优质均衡发展的信息化教学模式。

跨区域同步教学利用先进的互联网技术，将名校名师引入资源短缺地区的基层学校课堂，协助其解决现实工作中的重难点，快速促进"办好每一所学校，教好每一位学生"的实现，基本实现覆盖教学课前、课后各环节伴随式自动记录功能，收集大数据，建立教学分析系统，给学校教师提供学习反馈的信息和工具，推动应用大数据提高教学质量。《中国教育现代化 2035》中提到的第八项战略任务重点中即强调要探索新型教学方式。"跨区域同步教学"是以全景学习平台为载体，以"强校带弱校""名师带一般教师"等形式，将教育发达地区优质教学资源输送到欠发达地区，助力其传统教学转型，推动区域间教育优质均衡发展。

从 2017 年 6 月起，"跨区域同步教学应用试点项目"在中央电教馆领衔指导下，以北京市西城区教育研修学院等机构作为教学资源输出单位承担同步教学工作，先后选择上海、浙江、山东、四川、云南、甘肃、新疆等 25 个省份的一批学校开展跨区域同步教学，对这些学校传统教学的提质增效起到了积极作用。例如，四川省雷波县大坋村小学作为跨区域同步教学试点校，其学生参加县统考，语文平均分由 22.39 分提高到 61.44 分，数学平均分由 50.83 分提高到 67.56 分[①]，这一消息被多家媒体报道和转载。为此，以跨区域同步教学助力传统教学转型成为回应信息化时代新型教学方式探索的教育范例。

（二）基本样态

事实上，媒介技术变革带动了信息社会、智能社会的到来，对人才的素质结构、人才培养模式等提出了新的要求，同时在线教育所具有的灵活性提供了联通校内校外、建立终身连续学习机制的机会[②]。经过多年发展，人们对教育技术的三个期待——便捷性、高效性和个性化，已经得到初步的实现。[③]没有一种教学方法能够满足信息化时代教育变革的过度扩张，可是我们需要面对这种不确定性，将信息技术融入教育生态。[④]信息化时代知识生产模式发生变化，"很明显，在技术支撑体系联合体复杂的交互作用中，单一个体越来越不能成为知识的唯一生成者"[⑤]。现如今学校所使用的教育技术是程序性的，由人编程设计，多带有固定性、模式化，而缺少使用过程的灵活性，虽在一定程度上体现人的意志，却很难取代人的作用及其存在。机器或者技术取代人的前提是了解人的缺陷及技术的独特性，人的一些功能可以被技术替代，但是不能被其取代，人的多变性和不确定性对于教育技术提出更高的挑战、要求和期待。从方法论的角度看，跨区域同步

① 郭牧龙. 优质教育 辐射远方[N]. 人民日报，2019-10-14（011）.
② 郭文革. 在线教育研究的真问题究竟是什么——"苏格拉底陷阱"及其超越[J]. 教育研究，2020(9):146-155.
③ 吴刚. 作为风险时代学习路标的教育技术：困境与突破[J]. 开放教育研究，2020（3）：11-25.
④ Dillenbourg, P. Integrating technologies into educational ecosystems[J]. Distance Education, 2008, 29(2): 127-140.
⑤ 约瑟夫·C. 皮特. 技术思考——技术哲学的基础[M]. 马会端，陈凡，译. 沈阳：辽宁人民出版社，2008：185.

教学从六个方面改革传统教学存在样态①。

其一，营造智慧化的教学环境。教学环境是教学实效性获得的保障，甚至一定程度上环境的改变能影响教学效果。随着信息化建设发展加快，校园网络等配套设施建设已达到一定水平，智慧教室、虚拟教室、虚拟实验室、虚拟学社等是教育"数字化""网络化""智能化"等信息技术集成产生的教育范畴，尤其是交互智能平板等硬件的成熟，以及系统软件开发的不断跟进，智慧教学环境演变成为教育信息化智慧应用水到渠成的产物。就是说，信息技术能够提供智能化的教学环境，让教学一定程度上可以摆脱物理空间和时间的限制。也即，"以开放的姿态打造'泛教育生态圈'，把全世界最好的教育资源引向学生。通过物理空间和网络空间的全面衔接，形成线上线下连通、实体课堂与虚拟课堂一体化的学习环境，提供人人皆学、处处能学、时时可学的学习服务，构建全社会参与的教育生态"②。

其二，推行信息化的教学方式。传统教学在教室发生，惯常由一位教师面对数十位学生进行集体授课。与传统教学方式不同，一些学校智慧教室、智慧课堂建设带来的直播教学是"同一课堂+两位教师"，构塑"技术+终端+网络+平台+资源"的跨时间、跨地域、一对一或一对多直播、录播与直播相结合的教学新样式，并以视、听、说同步（语音）技术为支撑，改变传统的"师教生学""一支粉笔一把戒尺"的"书院式"教学，而且教师在教学中除了言语讲授之外，还可以将学科知识以文本、图形、图像、动画等形式呈现给学生。进一步讲，它致力于构建两种典型的教学新样态：一是"集体的教学法"逐渐式微，"个体的教学法"开始兴起。二是非制度化的教育形态大量出现，学习场所不再固定，既可以在教室，又可以在社区、科技馆和企业，甚至可以去不同城市游学，任何可以实现高质量学习的地方都是"学校"。

其三，引入智能化的教学设备。传统教学由讲桌、黑板、板擦和粉笔组成的设备"四件套"推进教学展开，这些设备带来的教学情境不真实、体验不真切、情感不强烈常态化存在。时下信息技术走进教学，催生课桌变投影机、黑板变白板、板擦变按键、粉笔变触控笔等教学设备运用的改革。同时，计算机、投影、音响、控制台及其他辅助设备进入教学，可以实现声音、图像的有效传输和呈现，

---

① 赵冬冬，朱益明. 信息技术引领教学改革及其辨正——兼议"屏幕改变命运"[J]. 中国电化教育，2019（11）：41-48.

② 曹培杰. 人工智能教育变革的三重境界[J]. 教育研究，2020（2）：143-150.

为学生带来视觉冲击的同时，促使学生产生与知识的内蕴共鸣，让其在理解与体悟中习得知识。

其四，聚融多元化的教学资源。教材和教参是传统教学资源的"聚源地"，教学中教师将二者包藏的资料了然于心去完成教学并不困难。可是，互联网的普及让教师与学生获取资源渠道泛化，传统教学资源无法满足教学需要。信息技术的发展为教学带来海量资源，让教学选择不仅立足国内，更可放眼国外，汇聚前沿教育资源并将其以可视化、智能化、更富交互力的形式呈现在课堂中。现在，信息技术的发展让各个学科领域的前沿知识资源还可以慕课、微课等形式融入教学资源体系。此外，"构建以生命个体为中心的教育治理框架，在依法治教的前提下，允许'一地一策'、'一校一策'，甚至'一人一策'，让规则为人服务，而不是让规则成为对人的限制和束缚"[1]。

其五，面向真实情景的教师培训。一线教师培训的目的很大程度上是提高教师教学水平，其中一些教师培训直指教学培训。信息技术的运用改变了教师传统集中听会式的教学培训，线上培训的兴起突破了时间和空间限制，让教师可以在有网络条件的任何时间、地点接受高品质的培训，并且创建同地区教师的专业学习、研修共同体，让教师既可以表达对于某一知识点教师怎么教、学生怎样学的观点，又能够以认可或质疑其他教师的观点来贡献自身的教学经验，在培训中共享教学智慧，最大限度地利用优质培训资源。以此为基础，激励所有人参与教育供给和学习创新，更加关注学习者成长的动力和可持续性。

其六，采取数据化的教学评价。评价是管理的需要，更是教学的需要，以班级成绩为参照评价教师教学的水平和质量比较普遍。事实上，现在普遍存在的分数、升学率等量化指标，最初都是为了提高教育质量而设计的，对于保障教育质量确实发挥了重要的作用。但是，考试分数把不同的教师和学生放在同一个标准下进行衡量，忽略了个体差异。在这样的背景下，跨区域同步教学采取数据化的教学评价，不仅方便教师了解备课过程中产生的过程数据，也方便他们了解实际教学过程中的信息与数据。唯有综合把握和处理教学投入、过程和结果全程的数据，方能对教师教学实施科学评价。当前信息技术嵌入教学评价，可从多维度收集教学全过程数据，至少涵盖家校沟通、听课评课、课件制作、课上互动、课后交流、学生成绩等维度，通过深入明晰教学实际来全面评价教师教学。

---

① 曹培杰. 人工智能教育变革的三重境界[J]. 教育研究，2020（2）：143-150.

（三）价值意义

教育是人类独有的社会实践，人的多变性决定了育人情境的动态性与可变性，这使得教育生态不会经久不变。教育变革引起的教育生态变化是可欲、可控且可得的教育范畴。传统育人系统的教育生态存在很强的稳定性，小范围的教育变革仅会带来小范围的教育生态变化，但是大范围的教育变革会带来教育生态的重构。

坦率讲，市场经济时代教育的公益性会遭遇一定折损，纯粹为了育人而开展的教育变革不再恒久性存在。社会资本介入教育领域，驱动传统教学引入各种信息技术设备与系统，这让教学不再局限于传统的教学方式方法与理念愿景。立足信息技术的既有优势，直面传统教学的短板，进行指向善好修正意向的教学完善，是现代教学变革追求的关键目标，传统教学的现代转型是信息化时代教育变革的必然选择和结局。其中，教学是教育的内核，教学变革是教育变革的构成主体，传统育人场域教学的变化带有"牵一发动全身"的连锁效应，跨区域同步教学引入传统育人场域，引起教学的环境、方式、设备、资源、培训、评价等维度要件的具象变更，几乎牵涉传统教育所有的育人要素，犹如"磁石"将育人场域内涉的资源、关系汇聚进行重组再构，打破传统教学育人的生态系统，再造与创生新的教育生态，以实现重构育人场域教育生态的目标。[①]

现如今"应试"导向的教育无法摆脱对分数的追崇，传统教育的育人观念强调"分数"提高的重要价值，教育参与主体的聚焦点放在"育分"而非"育人"之上，这种现象既是沿袭工业化时期育人传统的必然结果，也是无力改变育人现实情况的主动选择。育人是一项责任重大的社会实践活动，其间出现任何的错误都可能是以人的一生作为代价，这使得育人实践及其关涉的育人观念都带有一定的稳定性，即便遭遇诸多质疑和责难，重大的教育结构性变革在教育领域也不常见。因此，固守传统育人观念是教育场域育人制度设计与行动安排的常态，外力意欲引导传统教育改革，则可能面临重重阻力。

不过，信息技术尤其是人工智能技术引入教育领域，正在重塑教育存在样态，它"突破学校、班级、学科的边界，推动教育从'去标准化'阶段迈向'去制度化'阶段"[②]，引起传统教育生态的信息化重构。指向信息化建设的教学改革的中心之一即传播传统育人主体的育人理念，展现教育信息技术为传统教育带来的颠

---

① Dillenbourg, P. Integrating technologies into educational ecosystems[J]. Distance Education, 2008, 29(2): 127-140.

② 曹培杰. 人工智能教育变革的三重境界[J]. 教育研究，2020（2）：143-150.

覆性的创新优势，提供教学信息化改革的具象成果，引导育人参与者主动融入信息技术编织的"育人共同体"的网络，使其育人理念从"传统"走向"现代"，抛弃传统"应试"生发的"理念窠臼"，生成与时代同频共振的育人理念与育人实践，进而实现重构育人场域教育生态的目标。

要意识到，传统教学的信息化转型初衷实属善好，面对欠发达地区师资短缺、课程不足、教学质量低下等的困境，跨区域同步教学的引入，为教育欠发达地区带来了优质的师资、丰富的课程及高质量的教学，一定程度上解决了这些地区教育变革的"燃眉之急"。长时期开展跨区域同步教学也让这些地区的教育生态产生变化，带动了传统教育生态的重构。根本上讲，"重构"并非大破大立，而是改旧立新，对于"既有"找寻一种"再造"与"创生"，使其更加适时与合理。跨区域同步教学是以全景学习平台为载体，立足传统课堂的信息化建设，借助互联网技术带动信息资源的跨区域传输，以"中心校带教学点""一校带多点、一校带多校""强校带弱校""名师带一般教师"等教学组织形式，将教育发达地区的优质教学资源输送到欠发达地区，助力其传统教学转型，推动其育人场域教育生态重构。也就是说，跨区域同步教学应用从教与学环境、教学内容供给、教与学方式和管理评价等方面重构了教育生态系统，是信息化背景下的教育流程再造，以保障薄弱学校教学质量持续发展。

其一，教与学的环境变化。教学过程大数据的应用实现了精准学习、精准评价及精准管理。新技术为信息化教学提供了技术支撑。跨区域同步教学的支持环境，要求有效支持远程实时教学和教研，能够实现远程上课现场化互动，实现在教学过程中伴随式自动采集数据，且具有良好的扩展性和内容检索性等功能。同时考虑到参与研究的部分学校处在偏远贫困农村地区，希望在技术创新应用的基础上，实现设备简约、便捷、性价比高，且能够支持低成本高质量的大规模教育信息化教学应用。以学生为主体的网络自主学习及网络交互式教学，将传统的被动学习方式转变为主动的立体化教学空间，促使教师角色也发生转变。完整的教学过程，要求教师对学生既有知识传播，还需要有方向引领、精神鼓励等。信息技术不仅仅是教学的辅助手段，还是促进教学理念实现的助力器。要推广基于信息化的教学，需要大力促进教师教学理念的更新，实现课堂教学中与学生的双向互动和即时反馈，从根本上改变传统的课堂教学行为，优化课堂教与学的生态，这样才能提高课堂教学的效率。

其二，教学内容供给的改变。"互联网+"教育背景下，边远落后地区的学校（教学点）师生也能享受到优质数字教学资源的应用及服务。丰富、优质的网络资源可以开阔这些教师的视野,帮助其改善课堂教学效果。信息化时代教师对教学内容、学生对学习内容的需求都发生了改变。我们发现,试点校教师在互联网环境下可以任意使用网络及平台上的教学资源,同时多媒体编辑技术人员将实时示范课和同步课堂资源进行整合,生成新的动态资源后传至网络平台。针对资源的使用,全景学习平台初步实现了部分反馈、服务功能,让优质资源得以共享,以实现资源效益的最大化。可以说,基于"互联网+"教育背景下重构教学内容的探索,试点校得以共享国家、省市资源平台的优质数字教育资源。通过网络教研和网络教学,试点县建立了网络学习共同体,实现了一校带多点的城乡帮扶。把优质教育服务送到家门口,并且制度化地开展应用,促进了城乡教育的一体化发展。

其三,教与学的新方式。基于"互联网+"教育背景,通过网络平台进行伴随式数据采集和记录,支持在"同步教研—示范课堂—学生作业—教师培训"全环节的数据采集,形成师生互动教学数据,自动记录学生的学习成长,有利于分析教师教学和学生学习的内在联系。这样一方面可提高教育管理和课堂管理的效率,另一方面可为教师教和学生学提供策略分析,深化了学习应用,真正做到新技术支持下的精准教研和教学。也即,依托大数据实现精准教研和互动教学。在先进教育理论的指导下,创设信息化的教与学的环境,设计"学教并重"的教学设计方案,提供信息化的认知工具支持,从而创新具有学科特色的教学模式,变革传统教学结构为"主导–主体"教学结构,实现学生的有效学习。这实际上就是运用信息技术深化教育改革的过程,是信息技术与课程整合应用的过程。通过信息技术,构建弹性学制和扁平化的教学管理组织架构,不再拘泥于传统的年级和班级的管理体系。同时,通过大数据采集师生教学过程(课前、课中、课后)的所有教和学数据,学校管理者可以随时了解老师的授课情况,掌握老师的授课动态及学生的学习反馈情况,实现精准管理。

其四,教师队伍优化配置的新要求。现时期我国有些农村小学的教师还有结构性短缺现象,这也是导致农村学校(教学点)无法正常开齐、开足课程的主要原因之一,也是现代教育管理重点关注的难题之一。2014年发布的《中央编办 教育部 财政部关于统一城乡中小学教职工编制标准的通知》中规定,将县镇、农村中小学教职工编制标准统一到城市标准,即高中教职工与学生比为 1∶12.5、初中为 1∶13.5、小学为 1∶19。如严格按照这个标准配备教师,参与跨区域同步教学的送课学校的教师数已超编。而按照《教育部小学课程设置标准》,不少参与项目的规模较小的乡村试点校的教师编制数量则远远不能满足教学需求。音体美等课时数相对少的学科，如果按要求配专职老师则无法满足教师的工作量，如果由语文、数学等课时数多的学科教师兼任则其工作负担又将加重。有的农村小学更是出现了"超编缺人"的现象。因此，教师队伍优化配置成为现代教育管理的"突破点"。跨区域同步教学通过县域优质教师集中网络授课的方式，可有效地解决农村学校教师结构性短缺的问题，可为教师队伍优化配置提供很多的实践方案。它既能让试点校将音乐、美术、英语等课程开齐、开足，也能提高教学的质量；解决了试点校教师编制和用人成本的问题，给上级教育行政部门的教育管理带来了效益的提升，建立了相对稳定的学科教师结构化短缺的解决机制。

三、跨区域同步教学的生态模式

教育部部长怀进鹏同志强调，"大力加强数字资源建设与共享，有效应对当前疫情挑战，更好适应新时代教育发展需求"[①]，这是中国教育改革的重要工程。信息时代的来临，技术与教育的融合为传统教育教学改革带来新的发展视角、路向与可能。现如今，信息技术"走进"课堂、重构教学的范例之一即在教学中融入信息技术，借助信息技术创生的教育教学信息化平台，将教育发达地区的优质教学资源引入欠发达地区，以重构教学的方式推进传统课堂变革。其中，跨区域同步教学的发生过程与远程学习中实现教与学的时空交互类同，是对传统课堂进行信息化建设的重要实践，而建设"共同体"是跨区域同步教学重构教育生态的实践道路，辅以其中涵括的"跨区域教学共同体"及其衍生共在的"跨区域教研共同体"，三者相伴相生，形成重构教育生态的"一体两翼"（图3-1）。

（一）"一体两翼"的生态

教学改革是伴随社会发展对人才需要的改变而改革。信息技术的出现是工业革命的产物，是人类对于社会进步求索的结晶。信息技术引领教学改革一方面显现出技术的普遍适用性之广大，另一方面显现出教学改革适应时代变化而变化的发展规律。理解信息技术引领教学"改革"的关键点不是技术本身的更新换代，而是着眼于人的真正需要以及技术对教学的真正帮扶。班级授课制教学正式被夸美纽斯（Komenský，J. A.）提出之后，其形式延续至今而少有改变。可是，信息技术改革的速度远高于教学改革的速度，信息技术的不断创新倒逼教学不断改革，

---

① 怀进鹏出席 2021 年教师专业国际峰会[EB/OL]. 2021-10-20. http://www.moe.gov.cn/jyb_xwfb/gzdt_gzdt/moe_1485/202110/t20211020_573770.html.

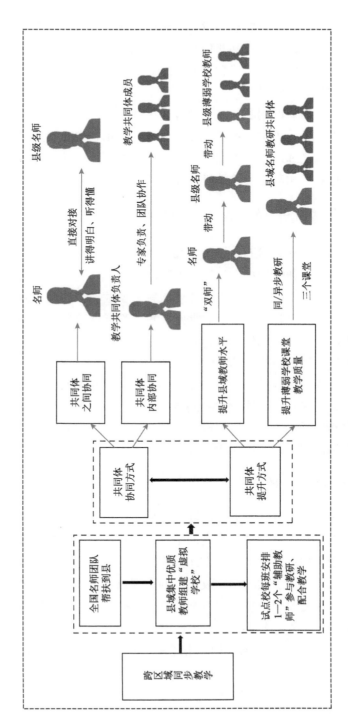

图3-1 跨区域同步教学重构教育生态的逻辑结构

二者具有明显的作用类属与次第。现时代"技术为王"似成主流，教学改革不能被技术排拒在外，要主动迎合技术发展并与之融合，以技术之力改正自身弊端，增强自身的育人功效和价值。可以说，信息技术引领下的教学改革迎合时代发展需要，为教学育人带来更多机遇和可能。因此，以教学改革为"发力点"重构教育生态，成为信息化时代被人发现的教育变革机遇。

正是在这样的背景下，中央电教馆领衔的"跨区域同步教学应用试点项目"与"教研共同体协同提升项目"应运而生，成为对传统课堂信息化建设的规模化实践，其重心即建设"共同体"——"跨区域教学共同体"与"跨区域教研共同体"。2020年9月，习近平总书记在教育文化卫生体育领域专家代表座谈会上强调，"要立足服务国家区域发展战略，优化区域教育资源配置，加快形成点线面结合、东中西呼应的教育发展空间格局"，"增强教育改革的系统性、整体性、协同性"。[①]这里蕴藏建设"跨区域教育共同体"的构想，以"共同体"建设为重心的"跨区域同步教学应用试点项目"与"教研共同体协同提升项目"与总书记发展教育的战略构想高度吻合。为此，建设"共同体"是跨区域同步教学重构教育生态的关键选择，而"跨区域教学共同体"与"跨区域教研共同体"成为"跨区域同步教学重构教育生态"的两个重要"支点"。这也在客观上证成"一体两翼"产生的源头和依据。

一方面，"跨区域同步教学应用试点项目"立项以来，"跨区域教学共同体"就成为项目推进的"主轴"和"抓手"，通过跨区域同步教学活动带动欠发达地区学校探寻信息化时代教学创新的门径，借助教学创新带动学生学习方式、教育管理方式及与之相关的教育系统要素的优化重组与再造创生。立足中央电教馆引国家级名师进入薄弱县的契机，试点县往往会成立县级跨区域同步教学领导小组，为同步教学活动配置相应的教育资源，保障教学共同体的创建。现在有两种方式值得关注：一是国家级名师与县级名师建立教学共同体，二者直接对接，由国家级名师带教县级名师，国家级名师要"讲得清楚""说得明白"，要让县级名师得到专业提升。二是由国家级名师与县级试点校教师直接对接，搭建教学共同体，开展同步教学活动，开展"双师课堂"，由国家级名师担任主讲、试点校教师担任助教，二者通力合作完成课堂教学任务。以此为基础，立足跨区域教学共同体建设，实现对于传统教学方式方法与实践样态的改进性"重构"。

---

① 习近平：在教育文化卫生体育领域专家代表座谈会上的讲话[EB/OL]. 2020-09-22. http://www.xinhuanet.com/politics/leaders/2020/09/22/c_1126527570.htm.

另一方面，"跨区域同步教学应用试点项目"取得卓越成绩的同时，中央电教馆发现，"双师课堂"建设中的"协同教研"是项目最具成效的"亮点"之一。"教研"是"教学"的"衍生品"，卓越教学成效的取得离不开卓越的教研。因此，为了扩大项目成果，"教研共同体协同提升项目"应运而生。跨区域教研共同体建设立足"双师课堂"中国家级名师与试点校教师的沟通合作关系，让双方展开"教研"对接，通过跨区域教研共同体建立县级名师与国家级名师、县域内薄弱学校教师的对接合作关系。此外，国家级名师对接薄弱学校教师的"教研协同"主要通过同步教研、异步教研、"三师课堂"等形式，让薄弱校教师通过接受先进的教研理念和教研方法，实现自身专业教研能力的稳步提高。基于此，信息化教研转型客观上带动了对传统教育生态的现代性"重构"。

无论是跨区域教学共同体还是跨区域教研共同体，二者之间存在交互作用，"教学"衍生出"教研"，"教研"助力"教学"提质增效。跨区域教学/教研共同体建设就是要"让农村边远地区的孩子能和城市的孩子共享一堂生动有趣的课程，让农村的教师能和城里的教师共同探索教学问题，促进了名师效应向农村边远地区的有效辐射，促进了城乡教师教育教学理念的融合，促进了薄弱校教师教学研究水平的整体提升，为促进区域教育均衡发展，破解教育公平难题提供参考和借鉴"[①]。进言之，跨区域教学/教研共同体建设的目的就是借助信息技术手段，改变薄弱地区课程不齐、课时不足、教师不够的短板，以教学改革为突破点，以教研改革为立足点，借助名师资源，让国家级名师、县级名师、薄弱校教师彼此间建立友好合作关系。这样既让传统的县域学校教育管理体系得以优化，又让传统的学校课堂教学样态得以改善，一定程度上是为薄弱地区教育改革打开了一扇联系"域外"的"天窗"，为其提供了卓越发展的机遇。这样可极大地改善薄弱地区落后的教育生态，形成一种新时代发达地区帮扶薄弱地区，实现教育均衡发展、内涵式发展、高质量发展的教育改革新模式。而这种借力于跨区域教学/教研共同体建设的"新模式"，在教学与教研实践中逐渐创生出一种新的教育"形态"，最终实现对于教育生态的重构。

正是在这样的背景下，跨区域同步教学以"共同体"建设为重心，连同其内涉的"跨区域教学共同体"与"跨区域教研共同体"，构成跨区域同步教学重构教育生态的"一体两翼"。

---

① 庄敏琦，庄菁玮，李明翔. "互联网+"背景下校际协作教研模式的研究与实践[J]. 中国电化教育，2015（12）：93-96+142.

（二）跨区域教学共同体

前已述及，"跨区域教学共同体"立足互联网开放共享的思想，借助互联网教学平台超越传统时间与空间限制，连接不同地区、不同学校、不同水平的教师，共同开展教学互动与交流，推动优质教育教学资源传输与流动，主要可从教学设备、教学空间、教学活动、（教师）教学能力、教与学评价等方面超越传统教育教学的局限，再造与创生出异于传统教学且以教学改革为中心的信息化教育场域形态，由此也使其成为融入"互联网+"时代的，围绕教学信息化创新、重构教育生态的重要选择。鉴于上文对于跨区域同步教学已论述较多，这里仅就如何创建跨区域教学共同体建设做概要式的宏观布局性陈述，主要分为五个部分。

1. 重构教学设备

引入与利用现代化教学设备。信息化时代信息技术的不断创新倒逼并引领传统教学的不断改革，引入与利用现代化教学设备既是传统教学转型的前提，又是开展跨区域同步教学的重点工作。具体实践中，跨区域教学共同体建设的展开，将计算机、投影、录播、控制台等教学设备等引入试点校，通过交互式电子白板、触控一体机等实现教学内容以文本、图形、动画、影像等形式组合呈现，实现教学内容的跨区域传输，为试点校学生带来视觉与听觉的双重感受。并且，全景学习平台的实时直播与即时录播功能，让手机、平板电脑等电子设备变成教师教学设备，使学生随时随地可以接受名师教学。同时，跨区域教学共同体建设注重教学云端存储技术设备的应用，让教师在家中、办公室或教室都能通过平台调用教学资源，为区域间、区域内优质教学资源共享与传播创设可能。

2. 重构教学空间

规划与建设智能化教学空间。教室是传统的教学空间，现代信息技术扩展了传统的教学空间场域。首先，跨区域教学共同体建设关注试点校多媒体显示设备、移动终端、录播及远程视频系统的配置，开展智能化教学空间的规划与建设，以满足"跨区域"教学需要。其中，智能化教学空间是教育数字化、网络化等信息技术集成产生的范畴，是交互智能教学设备等硬件成熟与软件系统开发跟进的结果，它超越了传统的班级授课制教学型态。其次，跨区域教学共同体建设所强调的规划与建设智能化教学空间，是对教师信息化教学方式需求的满足，其中关涉的智慧教室、虚拟教室、虚拟实验室等智能化教学空间提供的个性化应用和多样化教学服务与资源，让教学摆脱物理空间和时间限制，再造一种新的教学样态。

3. 重构教学活动

设计与实施个性化教学活动。教学对象是人，人的多变性与差异性需要个性化教学。跨区域教学共同体建设重点打造线上名师与线下教师联手的"双师"模式，为学习者提供"按需所求，量体裁衣"式的教学计划和多样化的学习资源，以实现规模化教育与个性化培养的有机结合。其中，教学设计的"预设"考虑教学实施过程的"生成"，教育行政部门创建与试点校的互通关联，让学校借助政府力量与高水平教学科研团队建立合作，立足以学生为中心，注重教学方案的个性化设计与专业性诊断。同时，让教师利用智慧课堂中的智能语音与视频连接功能，重点创造师生互动与情感交互的机会，改变师生、生生之间远程交流带来的关系淡漠，以个性化教学活动的设计与实施促进学生全面发展。

4. 重构教学能力

提升教师的信息化教学能力。教师是教育信息化建设的关键因素，跨区域教学共同体建设重点关注教师信息化教学的专业能力培训，以不定时、不定期的线下研训与线上培训相结合的方式提升教师的信息化教学能力。其中，跨区域教学共同体建设开展之前，中央电教馆统筹协调地方教科（育）局，组织试点校教师到北京等地参加专项研训，或参与地方电教馆组织的信息化教学研训，聚焦试点校教师现已遇到或可能遇到的教学问题，并进行讲解或研讨。这种方式超越传统培训的专业知识授受，逐渐上升到高阶的教学理念引领，以教学理念的更新与优化带动信息化教学能力的提升。

5. 重构教与学评价

构建数据导向的教与学评价。教师的教与学生的学是密不可分的教学统一体，跨区域教学共同体建设立足教师教学与学生学习的过程数据，构建数据导向的教与学评价。一方面，从多维度收集教师教的全过程数据，如课前备课、课上互动、课后交流、教学反馈、学生成绩等，不仅了解教师教学设计的依据与数据，也了解实际教学过程的信息与数据，综合把握和处理教学投入、过程和结果之间的关系，为科学评价教师教学提供支持。另一方面，学习评价是判断学生学习是否有效的手段，基于数据的学习测量聚焦学生学习信息的采集与存储，记录学生的学习进展、学习效果、学习特征、学习偏好等数据，呈现学生的学习过程、学习表现和学习成效，服务学生的课业评价和综合素质评价。

当前，在信息化教育背景下，唯有共享共建优质教育资源才能让区域间教育共同进步、共同提高，区域内学校变得更有竞争力和创造力。跨区域教学共同体建设的初心是借助现代化的教育信息技术和装备，探索出一种新的教学方式，将教育发达地区的教育资源引向教育欠发达地区，缩小城乡教育的发展差距，以实现教育的均衡化发展。根植跨区域教学共同体建设，欠发达地区在中央电教馆的统一指导下，不断进行管理创新，在执行上级安排的基础上，不仅借力上海、北京等地优质教育资源的引入，还充分发挥本地卓越学校的师资优势，积极地将跨区域教学共同体建设有针对性地关照到欠发达地区的薄弱学校，在对地区教情、学情了解通透的基础上，以"强校带弱校""弱校学习强校"，有力地缩小了欠发达地区城乡教育的发展差距。

（三）跨区域教研共同体

对学校来讲，教学是最关键的育人实践活动，评价学校办学质量的重要维度之一也是教学，有"好"的教学也就意味着很可能带来"好"的学校教育，由此也更有机会办好人民满意的教育。"好"的教学哪里来？教研必然是至关重要的影响因素，即优质的教学离不开优质的教研，优质的教研需要教研创新，其间既要有形式的创新，又要有内容的创新。传统教研可能只是校本教研，同一学科、同一年级的教师在年级组内进行研讨交流，当然也不排除存在区域性的教研安排。这固然很好，可是对于薄弱学校来讲，一个年级的一个学科可能就只有一位教师，缺少开展教研的实际条件和基础，即便让这类教师外出参与区域教研，也缺少内化的学校教研环境，而"走马观花""蜻蜓点水"式的教研参与效果并不明显。

没有教研，教师专业成长势必缓慢；没有教研，教学质量提高势必困难重重。因此，立足信息化时代教学的信息化转型，创新传统教研方式，也是发展的必然。借助信息化教研平台，引入专业化的教研团队，创建跨区域教研共同体，重构传统教研，让既有的教研组的教研活动因引入发达地区教研资源而更具优势，让教研条件短缺的学校和教师有机会享受信息技术手段带来的现代化教研蕴藏的专业资源，进而使得传统教学、教研实现"由弱变强""由强变优"，带动农村薄弱学校教育质量提升。因此，跨区域教研共同体建设为信息化时代教研创新重构教育生态提供了一种利好的尝试。

2019 年 11 月，《教育部关于加强和改进新时代基础教育教研工作的意见》指出，"教研工作是保障基础教育质量的重要支撑"，"在推进课程改革、指导教学实践、促进教师发展、服务教育决策等方面,发挥了十分重要的作用"①。2020年3月,《教育部关于加强"三个课堂"应用的指导意见》要求,"通过组建网络研修共同体等方式,发挥名师名课示范效应,探索网络环境下教研活动的新形态"②。其中,"互联网+"点燃教研创新之火③,引发教研形态转型,助力教研新发展④。现如今相关研究多聚焦在教师教研的组织模式和技术手段,侧重对"互联网+教研"进行理论辨识与探讨,较少对信息化教研实践案例进行微观描绘与分析,揭示"互联网+"教育背景下传统教研转型的样态与逻辑。信息技术介入传统教学让信息技术与传统教研融合,推动网络研修产生,促成跨校、跨区、跨国的教研共同体建设,跨越区域限制的教研共同体建设是以"互联网+"教育发展为契机,借助信息化教研平台,连接不同地区、不同学校、不同水平的教师开展教研互动与交流,突破时间与空间限制,以教研共同体建设实现优质教研资源的跨区域传输与流动,推动区域间教育优质均衡发展。

　　现如今对于"教研共同体"的探讨聚焦在两个方面:一方面即"校本教研共同体",它是"在校本教研实践活动中体现教研整体关联、动态涌现、交互融通和多元共生的教师发展与专业学习共同体"⑤。当代教师的专业成长主要是依托学校"教研共同体"组织的集体性"听课"、"评课"或"听讲座"等教研活动现场实现,帮助教师实现从传统"教学活动的自在者"向"教学艺术的生成者"的角色转变⑥,让教师从"合而不作"达至"合作共赢",而"依托教育集团或校际联盟构建校际间教研共同体已成为区域推进教师专业发展的重要措施"⑦。另一方面即"区域教研共同体",它主要营造一个系统的学习环境,在这样的环境中,共同体成员有机会获得环境给予的帮助和支持,根据同质促进、异质互补、学段衔接的原则,打破区域内、学校间、学段间的界限,整合区域内、学校间、学段间的教学资源,在教研领域组建松散型联合发展体,打破区域之间教研各自为政、

---

　　① 教育部关于加强和改进新时代基础教育教研工作的意见[EB/OL]. 2019-11-25. http://www.moe.gov.cn/srcsite/A06/s3321/201911/t20191128_409950.html.

　　② 教育部关于加强"三个课堂"应用的指导意见[EB/OL]. 2020-03-03. http://www.moe.gov.cn/srcsite/A16/s3342/202003/t20200316_431659.html.

　　③ "互联网+"点燃教研创新之火[EB/OL]. 2016-02-25. http://www.moe.gov.cn/s78/A16/s5886/s7822/201603/t20160307_232252.html.

　　④ 胡小勇,曹宇星. 面向"互联网+"的教研模式与发展路径研究[J]. 中国电化教育,2019(6):80-85.

　　⑤ 赵敏,蔺海沣. 校本教研共同体建构:从"共存"走向"共生"[J]. 教育研究,2016(12):112-119.

　　⑥ 王占魁. 从"个体教学"到"集体教研"——论当代教师的现场学习力[J]. 教育发展研究,2013(4):19-23.

　　⑦ 张晓蕾,王英豪. 从"合而不作"到"合作共赢":对我国校际教研共同体中教师合作现状的探索性分析[J]. 教育发展研究,2017(24):14-20.

自成一统的格局，整合区域之间的优质教研资源和力量，促使区域之间教研活动由被动变为主动，由自发走向自觉，由无序走向有序。[①]"互联网+"教育的不断发展让这两种"教研共同体"衍生出"跨区域教研共同体"，使其成为信息化时代重构教育生态的重要选择之一。

一般讲，"教研共同体是提升教师教育教学能力、实现研修一体化、促进学校教育教学改革的重要手段"[②]。跨区域同步教学内涉的跨区域教研共同体建设以同步单元教研为基础，通过异步教研、同步教研、示范教学、专递课堂等形式，主要从五个方面着手：一是既有设备与设备引入相统一的教研平台建设；二是名师引领与自主创生相统一的教研关系建设；三是立足教材与问题导向相统一的教研内容建设；四是同步教研与异步教研相统一的教研模式建设；五是教师自评与同行互评相统一的教研评价建设（第六章会详细介绍，在此不赘述）。换言之，要立足教研平台、教研关系、教研内容、教研模式、教研评价五个部分的建设，打造跨区域教研共同体，实现优质教研资源的跨区域流动与传输，以传统教研重构带动教育生态重构。

（四）教育生态模式特征

无论是教研共同体建设还是教学共同体建设，跨区域同步教学重构教育生态主要通过五个方面的创新带动既有的教育生态系统优化重组，实现对于传统教育生态的再造与创生。概而言之：

一是树立大教育资源观，推进优质资源跨区域调配。让教育资源在东部省份与中西部省份之间、城市与乡村之间、优质学校与薄弱学校之间甚至国内与国外之间进行跨区域调配，打造出一个大教育资源供给、生产与享用共同体，推动东西部之间、城乡之间、不同层次学校之间的优质均衡发展，建构与新时代新发展理念匹配的教育发展"资源供给圈"。

二是创建县域虚拟校区，优化传统教育的管理方式。虚拟校区建设直接带动的是教师与学生虚拟学习社区建设，它的产生一则能够解决薄弱学校教师供给不足、课时开设不够、教学质量不高的困境，二则让以县为单位的传统教育管理体系产生更多、更有效的教育选择，从而在教育管理层面不断创新，营造一种与时

---

① 白忠明，李晓梅. 构建区域教研共同体 助推义务教育均衡发展[J]. 宁夏教育，2016（6）：39-41.
② 叶宝林. 开放大学教师教研共同体发展困境与对策研究[J]. 广西师范大学学报（哲学社会科学版），2020（5）：97-104.

代同进步的县域教育高质量管理体系与结构。

三是强化人机互动协同，拓展传统教育的创新空间。跨区域同步教学实践带动跨区域教学/教研共同体建设，其过程的有效推进主要是借助信息技术优势，在促进教师之间有序且有效互动的基础上强化人机互动协同，让人与"虚拟技术"交朋友，充分发挥现代信息技术优势，借助技术创新弥补传统教育短板，拓宽传统教育的创新空间，实现教育实践从"学校内"走向"学校外"、从"标准化"走向"个性化"。

四是聚焦教师队伍建设，完善传统教育的实践范型。教师是信息化教学与教研最关键的力量，跨区域同步教学的展开通过"线上+线下"相结合的教师队伍建设，着重提高教师在信息化时代适应技术、运用技术的理念与实践能力，带动"双线混融"的同步教学与协同教研，着力打造"双师课堂"，完善传统教育的实践范型，真正让教师在信息化时代受惠于信息技术进步，以此完善传统教育的实践范型，提高传统教育质量与品质。

五是坚持以人为本立场，改进传统教育的评价范式。传统教育评价只见"分"不见"人"，"破五唯"的教育评价改革是现时代教育评价的主流取向，跨区域同步教学秉持以人为本立场，主张数据导向的教与学评价和能力认证的教与学评价，这两种评价方式可改进传统教育的评价范式，有效地克服了传统教育评价的弊端，探索出与这个时代需求高度匹配的教育评价范式。

进一步讲，教育变革离不开对教育生态的关注与关照，信息化建设是教育变革的关键领域，重构教育生态是信息化时代教育变革的关键议题。信息化时代来临，传统的教育教学理念和实践方式都要发生改变，教育变革的视域要由学校走向区域、由区域走向全国，立足跨区域同步教学的集群效用，打破班级、学校界限，借助信息技术跨区域资源传输的优势，打造以"名师课堂""名校课堂""专递课堂"为代表的"跨区域同步教学"是一种必要的尝试。它能够以跨区域资源整合的方式将区域内名师、名校资源覆盖到整个区域的薄弱学校，使国内的名师、名校的教学与教研资源惠泽有需求的地区和学校，扎根跨区域教学/教研共同体建设，实现优质资源在东部省份与中西部省份、城市与乡村、优质校与一般校、名师与一般教师之间的流动，立足"大资源观"对教育资源进行优化重组，再造、创生与时代同频共振的教育生态。

第四章

跨区域同步教学的前期试点

教育技术运用于教育教学，促进教育均衡、优质发展，是教育信息化发展的重要目标，也是加快教育现代化的途径。正是基于这种发展理念，在教育部有关司局支持下，由中央电教馆牵头组织实施的"跨区域同步教学应用试点项目"于2017年5月正式启动，投入试点实施。试点项目旨在运用信息技术，开展跨区域的教育教学实践活动，实现教育资源的分享，建立教学发展共同体，实现协调教育发展。整体上讲，项目实施的出发点在于借助于现代信息技术，创造出一种新的授课方式，以教育发达地区的优质教育资源与教育活动覆盖并影响东部的其他学校，并延展至中西部学校课堂之中，探索出一种有序、高效、可操作、可复制和可持续推广的教学方式，创建"互联网+"教育新生态，以弥补我国广大的教育欠发达地区师资力量不足、课程开设不齐、教育质量和品质不高的弊端，进而迎合国家以信息化带动现代化的政策导向，探索以新方法提高区域间的教育均衡化发展水平，满足新时代办人民满意的公平而又有质量教育的需要。经过2年多试点实施，2019年中央电教馆基于试点教研，结合国家教育信息化发展新要求，实施"教研共同体协同提升项目"，以教研共同体建设为抓手，在全国范围继续推广跨区域同步教学活动。2021年，中央电教馆牵头实施的跨区域同步教学已经在25个省份52个试点县实施。

一、前期试点及成效

中央电教馆自2017年5月启动"跨区域同步教学应用试点项目"（本章以下简称"项目"）设计起，就按照项目评估的要求，建立了第三方独立评估组，对项目实施全过程监测与评估，以评价作为提升项目成效的手段。评估组按照中央电教馆要求，对项目实施情况进行评估研究，提交评估报告。项目评估报告显示，在中央电教馆的统一指导下，项目运用先进教育信息技术和装备，推进全方位实施，得到各个试点校校长、教师和学生主动、有序的协同配合。2 年多时间内，项目推进取得了可喜的成绩，为后期项目推广奠定了基础、提供了保障。

（一）有序有力的项目实施体系

2017 年 6 月起，在中央电教馆领衔指导下，项目与北京市西城区教育研修学院、上海嘉定区教师进修学院等单位形成合作，作为教育资源的输出方，承担同步课程的主讲工作，选择浙江嘉兴、山东青州、山东滨州、四川达州等地的中小学校进行试点，开展跨区域同步教学试点工作。

1. 智力支持单位

项目在北京、上海选择了提供智力支持的资源单位，北京市西城区教育研修学院和上海嘉定区教师进修学院都属于区县教育教学研究与培训机构，尽管可能不是国内级别最高的同类机构，但都直接面向基层学校、面向一线课堂，对教育教学实践有全面的认识，有丰富的服务经验。更关键的是，这些机构把参与项目作为自身能力建设的一个方面。在项目实施中，这些机构及其人员充满活力和奉献精神，有效地促进了项目实施。

项目还邀请了北京黄城根小学和北京一零一中学参与项目支持活动，这同样是非常有意义的。这些学校直接将学校和课堂教育教学思想、方法和经验借助技术传递和分享给合作学校，由此为合作学校改变行为的行动提供了更为直接、可迁移的经验范本。

2. 试点地区及其学校

项目在浙江、山东和重庆选择了参与项目的试点县、试点校。这些地区的教育质量在省内处于中上层水平，选择的试点校在区域和教育水平上存在梯度，包括城区学校、城乡接合部学校、农村学校，考虑到其教育质量，涵盖教育相对发达地区的地区名校和教育欠发达地区的偏远村校，力争集纳各个水平段的学校进行试验区的试点校建设，力争真实有效地呈现跨区域同步教学在不同地区、不同层次学校的试点效果。三个省份的试点县对参与项目充满期待，努力创造条件，积极投入其中，确保了项目实施的活力和内驱力。

教育主管部门领导、试点校的校长和试点班教师对于项目的整体评价较好，对于项目成果也持一种积极态度，期待与中央电教馆围绕跨区域同步教学进行进一步合作。2018 年 6 月，项目组对青州等地的项目试点进行问卷调查，随机抽查了试点班的 231 位学生（有效问卷 212 份）。调查结果显示，95.7%的学生表示喜欢语文同步课堂，94.3%的学生表示喜欢数学同步课堂，86.8%的学生表示喜欢英语同步课堂，93.8%的学生表示喜欢音乐同步课堂。可以说，跨区域同步教学课堂深受学生喜爱。

3. 技术服务单位

项目引进的北京国发天元信息技术有限公司的全景学习平台，在项目实施中发挥了主要的关键作用。借助该平台，项目实现了在线课堂教学的即时共享，建立了跨区域的教师学习共同体。教学活动与教研活动得以在异地同步实施，这是项目建立和取得初步成效的前提与基础。项目实施过程中，平台技术人员同步参与项目实施全程，关注实施中遇到的技术问题，并及时予以改进。

整体而言，跨区域同步教学在各个试点地区、试点校进展有序，试点县教育主管部门领导、试点校校长、试点班教师、试点班学生对于项目展现出比较高的兴趣，而且对于项目时下取得的成绩表示认可，同时也对项目推进过程中面临的问题表示乐观。在中央电教馆的领导下，各方协同努力，努力巩固项目成果并改进项目推进过程的中间环节，为项目成果的推广奠定基础。

（二）促进区域教育信息化发展

1. 基础性设施设备配备

山东省青州市立足本地教育信息化建设的已有基础，借助参与项目的契机，建立政府主导和市场参与相结合的经费筹措机制，采取募捐、融资租赁等形式，截止到 2017 年底，累计投入经费 1.8 亿元，全面升级改造教育城域网。2017 年完成全市中小学校园无线全覆盖工程；全市中小学教师计算机用机量达到人手一机，学生用机达到 9734 台，生机比例达 8∶1；中小学校所有教室配备电子白板、触控一体机，多媒体设备配置实现"班班通"；中小学完成视频设备上联，学校监测系统连接潍坊市教育局和公安系统，学校累计设监控点 4000 多个，实现对所有学校的全覆盖；2017 年专项投入 2500 余万元用于学校多媒体设备更新，在中小学校共配置 1030 台 86 寸触控一体机。①

---

① 本段数据由青州市教育局提供，时间节点是 2017 年 12 月。

山东省滨州市第四小学根据中央电教馆要求，建立了智慧教室，内置 70 寸以上液晶触摸一体机（15 代 CPU 和 Win 10），23 寸液晶显示器、高清摄像头、全向麦克风、无线路由器等，而且按照最大班额标准购置平板电脑 60 台，提高了学校信息化建设的硬件水平。四川省雷波县利用高通量卫星"中星 16 号"实现对学校（教学点）网络的全覆盖，解决村级教学点地面网络无法覆盖的问题，为四所农村试点校带来了无线网络，并且上级部门为试点校主动配置相应的教育信息化设备，使学校具备对外网络信息接收和传送功能。如此等等。

2. 教师与学生参与其中

随着项目的推进，一部分试点校为此或新建或更新本校所拥有的校园局域网，一些先前未使用过计算机的学生也趁此机会学用平板电脑，教师也在其中配备相应的技术设备，极大地改进了试点校的信息化设施建设，提高了试点校的信息化水平，为学校相关工作的开展以及后续项目成果的巩固和推延奠定了坚实的硬件基础。无论是授课的专家教师还是试点校的校长、试点班教师皆纷纷表示，项目使试点校的校长和教师明晰，国内教育发展最前沿的地区是如何进行教育改革、如何进行课堂教学的，以及学生在学什么、学生应该怎么学等，这些已经超越了传统课堂的知识授受，逐渐上升到高阶的理念引领，在传统与现代理念的交织和融汇中改进、优化了试点校校长和教师的教育观念与实践。可以说，试点校的教师在参与项目后才知道，原来有些枯燥晦涩的课程能够通过一些故事教学法融入趣味性，从而在活跃的氛围中完成教学。

（三）触动学校课堂教学的变革

要提高课堂教学质量，必须实施有效的课堂变革；课堂教学变革涉及多方面因素，包括教师与学生的表现、教学方式、教学过程、学校态度等。项目实施有效地触动了试点校课堂教学的关键要素，有望使改革成为这些地区课堂教学的新常态。

1. 激发学生学习兴趣和热情

2017 年 10 月 26 日，青州市首次进行跨区域同步教学活动，新颖的授课方式让学生们兴趣盎然，学习热情高涨，收到了良好的学习效果。再比如，雷波县在农村小学进行试点的"我是草原的小牧民"这节音乐课，主讲的授课教师通过简单的形体动作和逐句的教唱，让从未上过音乐课的村小孩子们很快学会了这首歌，孩子们脸上挂满喜悦的笑容。同时，滨城区第四小学赵莉苹老师表示："同步课堂教学实现了异地的教师与学生上一节课，让我们的孩子'走'近专家教育，能够零距离聆听专家指导。孩子们能够享受到专家级老师的课堂，学生学习兴趣浓厚，学得愉悦轻松，教学质量有了显著提升。期末统考中，实验班语文、数学和英语等学科的成绩由原来的基本持平，到现在明显优于平行班。"教学方式创新了，学生成绩提高了，学生学习的积极性自然也得以提高。

桐乡市永秀小学的学生，利用平台分享的资料工具，用符号、数字、图画、字母等来创作并拍照上传作品，使学生有机会在课堂上及时分享学习作品，课堂内容更加丰富，课堂形式更富交互性，学生的主动性和积极性被激发。项目实施过程中，学生利用平台学习的同时，潜移默化地渗透了信息技术教育。桐乡市求是实验中学与乌镇中学通过同步教学活动，学生可以熟练地操作平板电脑将自己的解答过程上传分享，两地学生网上交流频繁。这样的教学方式，不仅能给予学生知识授受，还能给学生了解外部世界的机会，逐渐培养学生的学习自信。换句话说，这样的教学方式能使学生参与教学活动，并在参与中激发主动学习的渴求和欲望。

2. 创建双师课堂模式

双师课堂是项目的一大创新点。传统的课堂是一位教师的"一言堂"，"双师"的引入能更关注学生的学习体验，增强了课堂的知识授受效果。双师课堂是"同一课堂+两位教师"，实现了"技术+终端+网络+平台+资源"的五位一体的信息化教学，用现代信息技术使教学与时俱进，实现更大范围的资源共享共用。在这样的课堂里，学生进行自主、合作和探究性学习，呈现出生动、活泼、开放、高效的课堂氛围。正如桐乡市实验小学教育集团春晖小学校长刘欲承所说："诚然，在经历'好师成双'的磨练之后，我们依然会回归到一名教师执教的课堂。但在尝试、优化教学方式的转变后，教师的教学力、学生的学习力必然会得到增强。"在线上教育迅速发展的当下，双师课堂是信息化社会课堂教学改革的一种不可阻挡的趋势，它为项目取得预期成果发挥了不可替代的重要作用。

3. 同步教研提高了试点校教师水平

同步教研是项目的核心内容之一，这为试点校教师提供了支持，为提高试点校教育教学质量奠定了基础。项目中的同步教研实行网上教师群体共同针对一个知识点的切磋交流，每位教师都有发言权，都可以在线上表达自己对于某一知识点教师怎么教、学生怎样学的观点，都可以通过表示肯定或者质疑其他教师观点来贡献自己的教育智慧。即便个别教师因专业水平有限或者性格内秀而不愿意表露心迹，也可以通过倾听教育同行们的观点，来提升自己对于教学、教研、教育的理性理解。

试点校校领导与学科教师等对于项目成果给予赞许最高的即是同步教研活动的推行，大家都很期待有更多的同步教研活动，并认为这是项目实施最成功之处。这种形式让教师真正参与进来学习，以教师专业素养的提高带动学生成绩的提高。同步教研已经成为教师普遍接受的一种教研形式，也是对项目最肯定的核心要点。

全景学习平台的建设真正实现了跨区域异地同步教研，教学资源的共享使试点校的教师足不出户即可与外界同行和专家积极交流、互相学习，提高了试点校教师的职业素养和专业本领。双师课堂的建构为助理教师与主讲教师进行同步研讨提供机会，助教老师可以从专家教师的指导中扩展视野。不同学校教师之间进行研讨，可激发教师更多的学习思维，对于上好一节课意义很大。教研过程中，专家教师对试点班教师进行个性化指导和跟踪式培养，充分发挥名师的引领、示范和辐射作用，指导试点班教师根据日常备课流程和经验进行二次备课，着重指导试点班教师理解与体现教学设计意图。项目通过实施双师教学、精准研训，帮助试点班教师解决教育教学中的难点、困惑等，大大提高了其专业素养，使其具备应对复杂学情的更加专业的能力，能在教育教学中进一步提高课堂效率和质量。

（四）提升项目实施质量的策略

在项目实施过程中，中央电教馆在与基层单位及其学校的互动中，初步形成了提升项目实施质量的四项策略。

1. 开展有针对性的教师培训

参与培训是在岗教师提高自身专业能力和职业素养最直接的途径，而且当下教师培训多以教师集中外出研训为主，通过收听、收看专家富寓理论前沿性的学术报告，继而提升自身的综合能力和素养。项目正式推开之前，项目教学组即选择试点校试点班的教师或是到北京等地集中学习如何参与同步教学，或是参与地方电教馆组织的信息化培训，让最初并不具备信息化教学专业知识的教师学习如何操作信息化设备、如何应付同步课堂。

2017 年 10 月底，项目在浙江、山东以及四川等试点区全面推开之后，中央电教馆多次组织在项目中承担教学工作的专家和老师，针对全景学习平台的新特性和新功能进行专项在线培训，尤其是培养试点班教师从容应对不断更新换代的教学系统和教学设备的能力，避免产生使用盲区和误区。在线上培训过程中，教师能够对于自身日常遇到的教育技术问题向培训专家问询以求得答疑解惑，并且提出同步教学可能需要改良的技术需求，以应对日常教学产生的问题。

教师参与线上培训时，中央电教馆也通过他们的反馈了解一线同步教学中现已存在的或可能存在的地方性问题，对整个培训项目进行整体调整、指导。并且，项目组特邀上海、北京等地的一线教育技术专家为线上培训主讲，贴地式的培训让参与培训的教师直观地感受到培训中其他人提到的问题就是自身已经遇到或者可能遇到的问题，提升了培训的实用性。

整体来说，线上培训是项目提高教师专业素养的一种利好途径，也是为试点班教师提供的学习机会和教育福利。借助类似的线上培训，项目的推进扩充了教师的知识结构和教育格局。

2. 支持因地制宜的课堂教学改革

项目试点校通常是试点地区同类学校中基础相对较好的学校，参与教师也是学科骨干教师，他们的基础比较扎实，有能力、有意愿在项目组的统筹安排管理之下，在践履自身角色担负的教育责任的同时，立足本地基础，创造富寓地区和学校特色的教学模式。项目实施中，各试点校充分发挥自身能动性，借力中央电教馆提供的技术支持和地方教育部门的行政支持，根据学校的学习实际和办学需要，不懈求索，勇于创新，在与上海、北京等地名师、名校结对形成定向帮扶的基础上，不仅开发出适应本地教育发展特色的教学改革方案，还主动将自身形成的教育资源输送给地方薄弱学校，形成地区内优质教育资源的区域共建共享。

四川省达州市达川区教育局尽其所能为 7 所试点校提供服务，对接北京黄城根小学、北京一零一中学等名校，引入优质教育资源改良达川区的基础教育面貌。据此，形成 5 种跨区域同步教学的"达川模式"：一是"种子校+试点校"项目推广模式；二是"名校+联盟成员校"同步教学模式；三是"智慧课堂+普通班级"同步教学模式；四是"总校+分校"同步教学模式；五是"名师+非专任教师"师资培训模式。达川区试点校主动向上海、北京的名师、名校学习，立足本地教育实际，发挥地区名校"领头雁"的作用。这些试点校在习得上海、北京等地的先进理念、方法和办学模式的基础上，发挥辐射作用，关照到区内一批教育薄弱学校甚至一些农村偏远学校的教学改革、师资培训等，激活了区内的办学活力，提高了地区的整体办学水平。

山东省滨州市滨城区第四小学以全景学习平台为载体，依托项目，探索出校内和学校间的三种同步教学模式：一是"同体式"教学，即一方主讲，另一方收播；二是"合作式"教学，即前半段主讲教师授课，后半段试点班教师授课；三是"协助式"教学，即专家教师主讲，试点班助教教师辅助课堂开展，重点对学生进行辅优补差。这些模式逐渐发展为富寓学校特色的区域内网络教研、网络授课的教学模式，提高了教师的授课水平和学生的学习能力。

山东省青州市西苑小学信息化基础较好，学校内所有教室都配置电子白板、音响等基本的教学设备。参与项目之后，西苑小学创造性地将这种远程授课应用到其他平行班的课程教学中，即重要的知识点，试点班在智慧教室上课，其他平行班的学生在自己的教室，共同收听收看上海、北京等地的名师教学。

3. 多方面合作参与支持

在中央电教馆领衔的政府部门的参与和组织下，项目依托北京国发天元信息技术有限公司等科技公司的技术优势，开发全景学习平台，进行同步教学的技术帮扶，并且定期组织现场研讨会、交流会和教师培训，为项目有序推进提供技术支持；同时，项目与华东师范大学、北京师范大学等高校，以及上海和北京的教师培训机构等建立良好的合作关系，邀请专家对项目设计、项目推广方案、过程把控和监测等方面给予专业的评价指导和改进建议。

项目推进过程中，上至中央电教馆下至一线试点校都主动发挥自身优势，结合地方教育行政部门的行政帮扶，以及与信息技术公司和高校的合作，为项目的落地提供了坚实的保障，也为后期的深度合作奠定基础，这些都是项目取得阶段性成果的重要保证。

例如，山东省青州市教育局抓住项目在青州遴选试点校的机遇，主张以信息化实现学校的跨越式发展。2017 年 12 月 6 日，青州市教育局与腾讯科技（深圳）有限公司达成战略合作，在全市所有中小学推广腾讯开发的"智慧校园"系统，以信息化手段推动学校教育教学管理的改革，实现了高效的学生管理、教学应用、家校沟通。根据青州市教育局提供的统计数据，截止到 2018 年 6 月，青州市智慧教育平台注册人数 20 万人，日均使用量 10 万次，约 74%的家长发布班级圈。青州市在项目落地之际，主动借力腾讯智慧校园，开启了智慧管理应用的新征程。

四川省达州市达川区实验小学，先后邀请北京、青岛、深圳、重庆、成都的信息技术专家，分别对全景技术、智慧课堂、创客空间、云端平台等内容进行全方位的培训，破解教师技术应用瓶颈，使人人可以通过平台电脑端、手机端进入课堂，使教师能够独立创建教室、导入课件、上传导学案、录制并发布于课堂，如此等等，从而实现对全景学习平台使用的全方位了解和掌握。

试点校校长认为，与科技公司和高校合作、接触的过程中，无论是试点校还是试点县，教师的信息技术素养、学识格局、教学思路和思维以及学校的整体面貌都得到改观。在信息化已经全面渗透到学校教育领域的背景下，专业的技术指导对于提振学校应对信息化挑战的能力、提高学校教育的质量和品质发挥着至关重要、不可替代的作用。因此，注重专业指导，融合科技公司的技术优势与高校的专业优势是项目经过验证且取得的值得肯定和推广的经验。

4. 缩小了学校之间的发展差距

项目的初心是借助现代化的教育信息技术和装备，将教育发达地区的教育资源引向教育欠发达地区，缩小试点地区城乡教育的发展差距，推进教育的均衡化发展。从试点情况来看，项目进一步缩小了城乡学校间的数字鸿沟，突破了地理阻隔和空间障碍，让乡镇学校同样受益于教育信息化建设。强弱携手，实现了优质资源的城乡共建共享，县域教育的城乡均衡获得新发展。

例如，作为教育欠发达地区，四川省雷波县的试点校在项目推进的半年时间内，资源学校的主讲教师不断创新教学方法，并且从中总结经验，适时改变教学模式，将最适切的教学方法和学习方法分享给试点校的教师和学生。试点校通过跨区域网络课程体会到音体美等课程的魅力，享受到和资源学校一样的优质教育教学。这在一定程度上缓解了农村地区师资力量不足、教学质量不高、专业课程教师缺乏的问题，提升了农村学校教师的专业素养，提升了学生的学习能力和学习兴趣，满足了农村试点校开足、开齐课程的需要，也在一定程度缩小了城乡间、学校间的发展差距。

二、试点遇到的挑战

项目实施的目标指向无疑是利好的，试点也取得了可喜的成绩，为教育落后地区改变教育落后面貌提供了发展机遇。可是，不能回避在项目推进过程中同样面临的一些有待反思、解决的问题。直面这些问题才能够优化项目成果，真正将项目的成绩保持下去、成果推延开来，真正为教育落实地区的教育振兴蓄力奠基。

（一）教师参与项目的实际困难

任何一项变革，都有项目的指导者和执行者。按照惯例，一般是参与各方领导层协商确定项目实施的具体方案，具体落实则要求一线工作人员知其然并知其所以然。无疑，当下社会教育不能脱离行政指导单独存在，可是决不能附随于行政指导而使教师丧失自身的能动性和主动性、创新性。

1. 教师对项目的认识与理解

调查中，一些接受访谈的老师表示，自己接受这一项目任务是被动的，很少有选择的可能性及教学的发挥空间。简单讲就是"教育局给学校发一个通知，说有一个跨区域同步教学项目要在我们学校做试点，然后校长就指派在我们班做，稀里糊涂就开始了，当初就不知道这是干嘛的，只知道做就对了。上了几节课才知道项目的一些具体情况"，对于项目缺少深度理解。即教师不知晓"是什么""为什么"，就去谈论并践行"如何做"，自然而然就困难丛生。有校长也表示，现在的学校办学，校长也没什么权力，"上面要求怎么做我们就怎么做，不求有功但求无过"。在某些地区，行政主导学校变革的现象较为普遍，以致学校和教师的创新性被一些"通知"折损，主动性也遭遇湮没。

在项目执行过程中，一些地区的行政指派占据了过多的主导权，使教师缺少根据自身教学经验主动创新的空间。对于项目任务，有些教师直率地表示，这是为完成行政任务而做，并非纯粹地为学生更好地成长而做，工具性、机械性价值显著。一些教师了解这一项目的出发点，可是项目执行过程中因不理解项目的最终成果，而生发出项目未达自身预期的想法，惯常就出现工作懈怠、疲劳的情绪，从而生成一种"这就是在完成上面的任务"的心理。

2. 教师的态度和积极性

教师的态度与课堂质量、学生学习的质量呈正相关，教师缺少对课程的热诚，教学质量势难得到保证，学生接受的课程就难以转化成学生的知识。项目实施初期，很多教师对项目在本校的推进落实抱有很高的期待，意欲从中学习很多的外域理念和方法，提高学生成绩。可是，久而久之就不再对这种项目试验抱有期待，产生"有它无它皆可"的教育心态。毋庸讳言，教师这种"无所谓"态度带来的结果一定是负向的。

调查发现，试点校往往认为项目的出发点是值得肯定的，确实可以让老师们接触一下上海、北京的先进教育理念和教学方法，但有些课不适合用同步课的方式来上，所以无法判断这类课在自己学校到底有没有提高学生成绩。有些一线的教师表示，"同步课虽说没有很明显地提高学生的学习成绩，但是至少没有使学生成绩下降。如果学生的成绩真的有提高，我们认为更多的还是我们这些老师的功劳多一点，不敢说同步课的作用到底有多大"。

　　尽管学校领导层多对项目持一种比较乐观的态度，毕竟在项目推进过程中，学校的信息化设备建设得到很大的改观，"搭便车"的现实福利使得学校硬件设备得以转型升级。可是，真正落实到负责课程实施的教师层面，其态度多样。一般的老师态度就是"无所谓"，毕竟语文、数学、外语和音乐课的同步课一学期也不多，且一节课一般就 40 分钟，很快就会过去，即便学生学不会，自己后期也可以通过重新上一遍的方式进行补救，故有些一线教师"得过且过"的态度明显。

3. 教师参与项目的负担

　　工作量是决定一线教师薪资水平的核心要素，尤其是绩效工资制度逐渐推广之后，"多劳多得"似乎成为现时期学校内部教师的一种惯性思维。可是，项目试行一年后，试点班各科教师在访谈中均明确表示，这种方式增加了自身的工作量，可是并未增加自己的经济收入，也未能改变自身的其他待遇，"干也是白干"的思想滋生。例如，由于音乐课的课时最少，音乐教师对于增加自身工作量没有表现出明显的不满；语文和英语课时量较音乐课多，故这些学科的教师颇有微词；数学课因课时分配约是其他三科之和，很多教师在访谈中就直接或隐晦地表示出一些不满。调查发现，有两位数学老师孕期还需要承担一学期 20 节左右的数学同步课程。而且，教师们前期预想能在这个过程中学习以提高自身专业素养的目标也未能完全实现，所有这些工作由"制度福利"演变成教师眼中的"义务劳动"，不仅没有感受到太大的成就感，反而影响自身教学的进度安排。

　　突出问题是，同步课程讲过的内容，后期试点班的学科教师必须重新再讲一遍或者复习一遍。换言之，同步课程专家教师讲过的内容，负责相应学科的教师必须重新再巩固一遍。对一些内容比较简单的教学，同步教学并没有显现出预想中的重要价值。相较于传统课堂教学，教师按照先前的经验进行集体备课、集体教研，对于完成教学任务并不会感到有压力。

　　项目试行以来，试点班的教师不仅要参加培训学习掌握新的教育技术，而且课中还要担任"纪律委员""教育技术员""摄影师"等不同的角色，教师"要投入比平时多出一倍甚至两倍的精力"。市场经济背景下，当下的教育已经不是 20 世纪那样的"纯粹"，社会资本融入学校办学，加深了学校的"社会化"程度，这不可避免地弱化其公益性而强化其利益性，更具体则指向办学经费的拨付和使用。一所学校校长坦率地讲，"现在办教育、搞改革，没有钱可不行啊，没钱咋办事呢？这个项目如果有一笔经费专项补贴，给老师们一些奖励，那样效果可能会更好一点"。显然，"上好课"不再是试点班教师唯一的职责要求，课中教师们要为授课专家教师做好"辅助"，维持好课堂纪律，保证课程顺利开展。这一系列的活动安排是一线教师工作之余的额外工作投入，而且，上级部门或者学校并未因试点班教师们的额外付出给予其相应的物质或者精神补偿。一些教师在参与中产生焦躁、懈怠的情绪，并且在访谈中坦率地表示："如果再给我一次机会选择，我一定不会再选择带这种班的课，真的太累了。"同步课增添任课教师的工作负担，带来的不良后果必须要真正地被重视。

（二）同步教学的实践操作中的困难

项目的竞争力是将优质地区教育资源引向教育相对落后地区，缩小地区间教育差距，实现区域间教育质量的同步提升，而其借助的载体是全景学习平台中的课程的远程授受功能，课程在其中发挥至关重要的作用。

1. 同步课堂的选题规划

一般来讲，课程的授受都带有一定的规律性，其本质必然是以学生为导向，一切以学生学有所得、学有所获为关照中心，课程选择决不能以个人的主观偏好为主轴。项目初期，同步教学的授课内容随意性明显，课程选择缺乏有效规划。通常，哪些内容对于试点班来讲是有必要去上的课程，多由授课专家组教师确定，试点校很少有主动选择的机会，而这其中的"有必要"往往带有较强的主观性，可能是授课专家有时间才有必要，可能是几所学校共同有时间学的内容才有必要，也可能是内容比较适合同步课才有必要，等等。

选择的授课内容往往是挑选一个知识点来讲，前后没有连贯性，而且受限于课时量较少，学生很难在这样的形式下有真正的收获。虽然，试点校和授课方在学期初会制定本学期同步课的课程时间和内容安排，但是具体到落实往往变更很大，需要在临近上课前再进行最后的确认，才能最终确定到底在什么时间上什么课程。

此外，试点时项目的课程总量太少，试点校有一种比较一致的态度：音乐课等不需要纳入考试的科目比较适合选择同步课的形式，而语文、数学、英语等需要考试的科目采取同步课的方式可能会影响试点班学生的学习成绩。这就导致试点校和授课方皆确认讲授的具体内容存在困难，也很难要求和期待学生能够在其中学有所得和学有所获。

2. 同步课堂的事前沟通

无疑,跨区域同步教学的实现需要远程授课教师与试点校教师共同协作完成,"双师"的课前课后沟通是必要的。为达成一个教学目标,完成一项教学任务,双方需要基于学生基础、课程进度、课程内容、上课时间等交换意见,力争做到对于一节课的所有构成要素了然于胸。

项目试点期间,在同步教学授课过程中,试点校教师与远程授课教师除了上课前、课中有交流,课后基本没啥交流。关于学生的学习困难和困惑,只有靠试点校教师自己解决,得不到远程授课教师的指导。当然其中有试点校教师不主动的原因,但其实很多教师很希望得到授课专家的指导。试点校教师把上课将要用到的课件发给远程授课教师之后,远程授课教师也鲜能把修改过的课件和修改意见反馈回来。总之,双方的交流还不够多,课前的交流更多的是基于教什么的讨论,至于怎么教、学生是否学到知识、学到什么程度,几乎没有沟通或者沟通还不足。

由此,同步教学过程中双师授课前后沟通不够,仅借助微信的传输、偶尔的语音通话、经常性的课中微信群的视频录放和传送,不能真正反映教师授课与学生学习的质量和效果。实践中,同步课往往是一位专家教师负责一节课的一个知识点的教授,另一节课的另一个知识点由另一位专家教师负责;授课专家在变,试点校的教师不变,学生也不变,试点校的教师和学生不断在适应新教师的新的授课风格的过程中进行学习,教育质量和效果出现一定的折损也就在情理之中。

3. 同步教学的安排

项目试点期间,跨区域同步课堂的授课时间分配也易出现问题,主要问题在于参与同步教学的各地试点班难以在同一时间安排相同的课程,而且课程教学进度也很难完全一致。同时,同步课堂教学的实施,影响了试点校原先的课程安排,而且各个试点校的同步教学准备也不一致。如有的同步课时间是上午 9:00—9:40,但由于准备上课设备,实际课时可能要推迟一些,导致各试点班的学生进入课堂的时间不一致。同步课堂教学或多或少影响到学校常态化的教学安排。

同时,项目试点还发现,同步课带有一定的实验性和示范性,由此导致同步课堂具有"表演性",与实际课堂情景之间有一定差距。在学校和教师看来,实施这种教学方式的目的在于改进传统的教学方式,可更重要的是在于完成上级委派的"任务","服从安排"更胜于"有效教学"。为完成这项任务,学生的时间和教师的时间成为被忽视的教育资源。显然,这不是一种良性教育生态之中的教育改革期待的结果。

（三）课堂中技术运行的副作用

学习是一件严肃、严谨、严格且不失灵动的教育实践活动，它不是一种游戏，也不可用游戏的态度对待。项目实施中，信息化设施设备的运用使学生产生了新鲜感；在学习过程中，学生的好奇、新奇引起对学习活动本身的关注和参与，在一定程度上也使学习效果得不到保证。

1. 学生的注意力

在同步课堂过程中，一些学生将平板电脑当成把玩的工具，课堂中表面上端坐在课桌前对着平板电脑听课，其实手里在抠抠耳机、摁摁屏幕，还可能左顾右盼、揉揉眼睛、挠挠胳膊等，总之注意力很容易分散，学生的心思很明显游离于学习之外。在同步教学中，缘于师生"异地"且惯常出现语音"不同步"，学生在同步课堂中并未真正学习到"如何学习"，仅依靠一个被自身"赏玩"的平板电脑，对视屏幕40分钟，加上技术的因素导致语音传输的不畅，学生在课堂中扮演了"听众"角色，授课专家教师成为学生眼中"演员型教师"，没有产生实施同步教学的期望效果。

2. 技术平台的建设

全景学习平台以技术创新为抓手，改变传统教学形式和组织架构，实现课堂教学的跨区域同步互动和学习，技术在其中发挥核心作用。但其存在的价值及其产生的实际价值，取决于技术使用者的教育智慧和本领。

跨区域同步教学的实现离不开触控一体机或者交互式电子白板、电脑、耳机、智慧教室、校园网络等。通过教育信息产业的一些专业公司提供的技术和装备，基本可以满足项目需要。但教育技术毕竟由人在创造和设计，它一定不同于人的智慧实践，在硬件和软件的更新换代过程中，全景学习平台难免出现实践应用上的问题，如系统卡顿、系统闪退、耳机噪声、声音传输中断、声音模糊、学生视力影响等，这些技术短板对于跨区域同步教学的实施是一个挑战。

3. 技术产生的问题

在实际的同步教学课堂中因技术问题而影响正常学习的情况并不少见。项目试点期间，教育技术运用对于同步课堂的帮扶还处于探索期，无法全景式地了解技术应用层面存在的短板。单纯注重教育技术和信息化设备的更新换代，而相对疏于关照教育技术对于学生素质和课堂教育质量提升的真正效果，技术崇拜带来的就可能是对真正"教育"活动的偏离。

4. 师生之间的互动

课堂需要互动，学生学有所得、学有所获的实现更离不开师生互动。传统的课堂形式是"师教生学"，有教师知识的传授，有学生学习的即时性反馈。尤其是新课改后的课堂，充满师生互动的场景，而且是一种让学生有收获的师生互动。

对比传统的课堂，同步教学的授课方式，使得学生不能和主讲老师面对面交流，师生之间的距离感很强烈。即便试点班教师作为助教在课堂中进行引导和指点，效果也并不尽如人意。传统课堂要凭借教师在课堂上的把握，也许教师的一个手势、一个眼神都能改变课堂学生学习的效果，可是同步课程根本做不到。简单讲，同步课堂互动性很不好，而且有时几所学校一起上课，学情很难兼顾。学生渴望在课堂上被关注，但是远程授课教师根本做不到这一点。

调查发现，被动提问方面，表示同步课堂上经常被老师提问的学生占比分别为语文（28.7%）、数学（25.4%）、英语（30.7%）、音乐（12.8%）；主动提问方面，表示同步课堂上较少主动向老师提问的学生占比分别为语文（77.9%）、数学（77.8%）、英语（78.7%）、音乐（87.7%）。

同步教学课堂需要改变学生被动接受教师知识输送的地位，考虑增强课堂互动性，让学生感受到来自教师的言传身教的教育力量。同步教学试点中，学生是不是学到知识、学到多少、理解到什么程度，主要还是传统课堂教师的责任。远程授课教师的任务是完成一节课的讲授，这是其主要任务，后期的课堂反馈等传统课堂教学的重要环节，还难以顾及。同步课堂课程结束之后，远程授课教师一般不留作业，即便有作业也是一种形式上的作业。

三、试点产生的启示

基于对项目实施及其问题的判断与分析，为了进一步推动项目更为有效地组织与实施，促进项目早日实现早出成果、出好成果的目标，项目评估组提出以下发展建议，并得到中央电教馆与试点县、试点校的认可。

（一）项目设计与实施

无论是试点校领导还是一线教师，或多或少都将项目推进视作一种行政任务。上级指派而下级缺少对项目本身的深度理解，这无疑为实现项目预期目标埋下隐患。

1. 激发试点校及其教师参与

项目试点校、试点班的选择应遵循自愿原则；筛选改革愿望强烈的学校、专业发展自觉的教师，发展一批真正可以实施与推广跨区域同步教学的试点校、试点班，为项目推进及其成果推广奠定坚实的实践基础。

在选择试点校和试点班的过程中，不能将其视作一项行政任务，有必要减少带有强制性的行政干预，充分考虑试点校和试点教师对于同步教学的接受意愿。同时，要选择那些能够长期坚持参与试点实践的教师，不宜中途更换教师。

在实施中，将试点班教师对项目工作的投入纳入学校教师考核与评价体系，尤其是教师绩效工资评价体系之中。在试点班的工作是项目工作，也是学校工作的一部分。同时，建议划拨专项经费，给予成绩卓越的试点校、试点班的负责领导和教师一定的补偿；建议颁发证书，力推试点校在同区学校评比中得到一些比较优势，促使试点班教师在学校内部评优、评先、评职称过程中具有专业优势，更具有荣誉优势。让试点校和教师的付出转变成实实在在的肯定和收获，变工作负担为教育收获。

2. 教师在项目实施中有话语权

作为一种有组织的教育实验活动，必须要重视组织管理，让各参与主体都具有话语权，自主提出基于个体实践感受而衍生出的论点，类似论点往往是项目取得实效需要关照的关键所在。

项目颇有"政府搭台、企业参与、学校唱戏"的色彩，但必须认识到试点校教师是项目执行者，他们不仅需要理解项目的初心、本意、推进过程及相关安排，也需要主动提出对项目实施的建议与要求，在项目活动中具有话语权。因此，让教师成为项目的关键参与者，赋予其真正的话语权是改进项目的关键。

参与项目的教师多是试点校内比较优秀的教师，这些教师对于教育一般有着非凡的理解，而且其自身对于教育教学的出发点必然是想让学生通过接受教育而更加卓越。在参与项目过程中，有必要让这些教师提出对于教育教学的认识与改革的要求，让他们在参与项目过程中能够表达内心真实的想法，从中找到作为助教教师的存在感和归属感。

3. 运用技术中要关注增加学生真实体验

跨区域同步教学依赖教育技术，技术是项目推进的关键，没有技术的不断更新，就难以达成项目目标。教育技术更新不能只是宏观层面的教学需求，而应该关注学生作为教育主体在参与同步教学过程中的真实需求和体验，这是下一步项目改进应重视的核心问题。

项目实施中必须树立"学生意识"，借助教育技术的不断更新、改良，更好地满足学生的真实需求，关照学生的真正体验。在同步课堂中，试点校学生不是简单的听众，不只是接受者，也应该成为课堂互动和学习互动的参与方和贡献者。

在项目推进过程中，必须更多了解试点班学生的背景、学习风格和学习习惯，明其所好，避其所恶，将教育学生、教好学生视作同步教学最核心的任务，并落到具体的行动，不断总结、归纳教学过程中学生的期待与诉求，以学生需求作为改进教育技术及其相关设备的指导原则。

学生在课堂中需要看到"谁在上课"，需要有真实的教与学场景。需要通过技术，使学生感受到远方教师的真实存在。这种学生的真正体验需要项目组在教学系统、耳机语音传输、平板屏幕亮光、课堂互动等方面做出调整和改进。

项目的改进必须关注学生对于同步教学全过程硬件和软件方面的真正体验，将与学生体验相关的教育技术及设备的完善、更新作为重点，关照学生真正的体验，较差的应用体验势必带来学习效果的低质低效。

（二）同步教学的实施

同步教学的上课时间和课程安排是教师和学生都非常关注的，两者在一定程度上决定课堂教学的质量和效果。

1. 整体性计划上课时间和课程内容

上级主管部门、资源输出校和试点校提早制定翔实的课程计划，明确上课时间和授课安排，并且严格按照计划推进项目落地。中央电教馆发挥领导作用，让资源输出校和试点校之间建立密切的合作，根据对试点班的学情分析，选择在固定的时间段安排连续性的章节来进行跨区域同步教学，并进行相应的学生学习效果的评测。

上课时间的选择与常态化的教学尽可能地保持一致，不能因同步课而挤占其他教师正常的课程时间及学生的休息时间。课程内容的选择必须要体现连续性，让学生能够通过一种授课方式学习到一连串的知识点，抛弃以往非连续性的"蜻蜓点水"式的课程安排。在课程计划制定完毕之后，除非有不可抗拒的理由，资源输出校和试点校必须按照计划上课，让项目真正落地生根且开花结果。

2. 基于试点班学情开展有效备课

能否有效备课是能否取得教学成果的主要因素，直接决定课堂授课的质量和学生学习的效果。项目创造性地采取"双师"授课的课堂教学形式，故应建立有效沟通机制，解决试点班教师提供的学生情况与远程授课教师讲授的内容存在偏差的问题。在备课阶段，由试点班教师向远程授课教师告知试点班学生的人员构成、教材选择、课程进度、上课时间等，远程授课教师根据这些情况进行备课。备课要关注试点班学情及其需求，包括课程进度快慢、知识点难易等，而不是单纯展示远程授课教师的"高超"和"高明"。

设立教师专用的备课平台，实施双方教师同时备课制度，促使试点班教师在备课阶段发挥了解学情较多的优势，为远程授课教师备课提供学情指引，帮助远程授课教师及时更正预选授课内容偏离试点班学生需求和实际水平的情况，并就课程中具体知识点的授受及教学办法达成一致，力争做到备课满足学生的需求，逐渐破除"专家教师为主，试点班教师为辅"的任务分配，逐步实现"双师"的角色平等，共同为试点班同步教学的备课提供智慧和力量。

3. 发挥同步教学试点班教师作用

课堂是跨区域同步教学的关键，课堂效果直接决定项目预期目标能否达到。作为一种在探索中不断更新、改进和变革的新事物，同步教学的课堂必须有效解决一些不确定性，包括来自技术与非技术两方面。

要使双师课堂真正名副其实，必须充分发挥试点班教师的参与作用。这种作用不只是解决学生遇到的技术问题，更要发挥试点班教师的教学作用。在同步授课过程中，要汲取传统课堂优势，让试点班教师和学生同时参与课堂。

同步教学要让试点班教师发挥其能动性，将课堂教学自主权部分更多下放给他们，使他们在同步教学中发挥自身优势，优化双师关系，使双师在实践中有效地合作和互动。这不只是试点班教师向"名师"学习，而是试点班教师必须在参与实际同步教学的过程中实现自我成长。

4. 增加同步教学课后反馈与总结

学生学习的课后反馈是同步教学中必须重视的重要方面，要保证课堂教学的效果，就需要来自学生学习的反馈。课后反馈可以助力课堂教学质量的提高，有助于同步教学的不断改进和教学质量提升。同步教学后，重点关注学生"学到多少"和"学得怎样"，注重课后对学生学习效果的监测与评价，课后反馈与总结在同步教学中应扮演重要角色。

同步教学课之后，试点班教师要及时了解学生在一节同步课中学习到了哪些未知的知识、收获到了哪些不一样的学习体验、对于同步课有哪些满足和不满足；要学会从学生的立场出发，整体上感知并总结学生在每一节同步课中的学习体验，并及时将这些信息反馈给远程授课教师，以备改进后面的同步教学。

如果可能的话，在同步教学过程中，应力争做到让学生在系统中完成远程授课教师课后留下的巩固性作业，而远程授课教师在系统中给予批复，让师生形成一种线上互动。

（三）同步教研的参与

跨区域同步教研受到试点校教师的欢迎，参与同步教研的教师可以学到如何教学、如何管理、如何思考、如何表达等，其成效无疑也可圈可点。不过，同步教研中也有一些教师仅是形式上参与研讨，而实际上思想却游离于研讨之外。究其缘由，很大程度上是研讨的主题不务实，或是参与研讨的教师水平参差不齐，同步教研过程每个人的表现也不一样，以致一些教师在同步教研中收获感和满足感较差。为此，要注重结合试点校教师面对的实际问题而开展研讨。

1. 注重问题导向式的教研活动

同步教研是不同地区教师之间很好的交流机会，这种研讨不能是宽泛的讨论，也不能"高谈阔论"，即使分享个人实际经验，也不宜长篇大论。真正的研讨应该是参与者带着问题进入研讨现场，同行之间抛出自己的问题求得他者的答疑解惑，而自身也在其中扮演着为其他教师答疑解惑的角色。也即，参与者不仅有机会向其他教师提出自己对特定问题的观点和看法，也能为其他教师提供解决其问题的建议。围绕实践问题进行讨论是研讨的关键所在。

同步教研要关注教师理论素养的提升，专家型教师在教研中发挥引领者的角色，但这种角色应该区别于说教的或者演讲的，要注重对教育实践问题的理论解读，注重教育理论与教育实践的结合，做到用理论指导实践，用实践深化理论。在研讨中，专家型教师不仅分享知识与经验，也启迪他人生发新的思想与方法。

2. 一线教师必须成为教研主体

跨区域同步教研及同步教学实施中，必须重视试点班教师的参与，加强对他们的培训，包括在线培训与线下指导。这些培训不仅是技术技能方面的，还要有新的教育教学观念和思想的传递，鼓励和激发一线教师参与到项目实施过程中来。

一些接触网络较少的农村教师很难适应这种线上培训，持续两个小时戴着耳机收听收看其他地区教师的报告或者讨论，其培训效果难达预期。在项目试点过程中，要让这些试点班教师真正参与并有所得、有所获，就要促进其与远程授课教师共同学习、相互学习和合作学习。

基于技术的同步教学项目，需要关注教育薄弱地区的教师培训，帮助这些教师掌握现代教育信息技术和设备的操作方法，使其可以在同步教学过程中胜任班级"技术员""指导员""教师"的多重角色。条件许可的前提下，要为试点校配置专业的教育信息技术老师，负责项目试点技术指导和教师培训工作，使这些教师学习掌握适用于同步教学的信息技术，更要学习掌握基于信息技术的教学知识和教学能力提升方法。中央电教馆发挥统一的指导作用，组织和协调各试点地区教育主管部门发挥组织领导作用，创建同地区教师之间专业学习、研修的共同体，实现对项目资源的最大限度的开发和利用。

（四）多方合作的协调

专业的事务由专业人员负责，这是无需多言的律条。当下项目取得的卓越成绩与中央电教馆与科技公司、资源学校、高校建立良好的合作，发挥各主体的专业优势，实现对于项目推进的专业引领和针对性指导密切关联。

1. 建立基于技术的合作机制

开展跨区域同步教学，迫切地需要科技公司、资源学校、高校与科研机构对实现项目目标、推广项目成果提供更加专业的指导，巩固已有的教育合作，在现有成果的基础上，聚焦项目存在的问题，借助前沿的教育理论和教育技术及相关设备，改进项目实施的过程，助推项目朝向更加优质、更加有效、更加卓越的方向发展。中央电教馆继续发挥项目指导者的角色进行统筹规划，加强科技公司、资源学校与试点校、高校之间的合作。

2. 建立基于学习的伙伴关系

科技公司要关注项目所需教育技术及相关教育设备的更新和系统的换代升级，要更多地根据教育、学校、教师和学生等的发展需要，进行有针对性的技术改进。建立、应用基于学习的技术，而不是学习技术。

资源输出学校要适时调整姿态，与试点校之间由最初的"指导者与被指导者"

关系转向真正的"合作"关系，试点校也要积极地表达参与的要求和主动参与其中。这是学校共同体建设，不是简单地"援助式""扶贫"活动。

还应调动和发挥教育专业机构与高校的参与，发挥理论引领的作用，做好项目推进和改进的建言献策"智囊团"的工作，协助试点校和资源输出校开展同步教研与同步教学。

总之，跨区域同步教学应用试点项目在为期一年的试点过程中，虽然经历很多困难，但将在实现项目预期目标的基础上，进一步加强针对项目面临问题的研究与行动，使项目成果得以巩固和推广。

第五章

跨区域教学共同体建设

　　"互联网+"时代教育"需求"与"被需求"发生重大改变，接受教育不再仅是为满足生存性需要，转而变成发展性需要。受此影响，分类、分层、个性化教学成为教育变革的必要选择，它要求为人提供更多种的授课方式、更多元的课程选择、更多样的学习体验等。显然，这些要求不可能在一所学校内实现，甚至在一个区域内实现的困难也很大。在此背景下，跨区域同步教学实应运而生。跨区域同步教学的开展，扎根一线教学实际条件与需求，主要通过教学共同体建设改善区域教育发展环境和条件，营造异于过往的新型教育生态。鉴于此，以跨区域教学共同体建设重构教育生态，就成为开展跨区域同步教学活动自然而然的结局。

一、跨区域教学共同体的含义

　　信息技术是工业革命的产物，是社会分工的衍生品，技术导向的传统教学信息化改革是工业革命发生之后的新生教育范畴。前工业社会时期，社会为满足物质需要而进行技术创新，不断提高劳动生产率以推进人类发展。后工业社会时期，技术的产生、成熟带来对于技术应用的泛化与转型，其关照范围也由工业领域转向其他领域，当然也包括教育领域。

　　19世纪末20世纪初，信息技术出现并快速发展。1946年，世界上第一台电子数字积分计算机出现，让信息利用、传播、加工和处理等技术进入了一个新时期，计算机开始被引入教育用来辅助教学。20世纪20—50年代繁盛的视听教育，50年代出现的广播电视教育，以及90年代兴起的现代远程教育等，持续影响传统教学。显然，抛开技术力量涉入的影响，理论塑成于1632年的班级授课制教学自正式被提出之后，其形式延续至今而少有改变，所以信息技术的发展速度远高于教学改革的速度，而信息技术的不断创新倒逼教学的不断改革，二者具有明显的作用类属次第。信息技术成为一种教育资源，正在引领教学改革的不断发生。

工业社会，为了大规模培养社会需要的机械化、标准化人才，教学模式主要以教师为中心而难以实现个性化教学，并且存在教学资源、教学场所、教学时间限制等缺点。信息技术的发展使得教学不仅仅局限于传统学校与课堂，技术拓展了教师的教与学生的学的实践场域，使得教学安排实现灵活化，可以说技术引领着教学的一系列改革。在这种背景下，推进跨区域同步教学的理念与思想逐渐萌生、发展。

（一）背景：信息技术与共同体

早在 2001 年 6 月，教育部印发的《基础教育课程改革纲要（试行）》中强调，"大力推进信息技术在教学过程中的普遍应用，促进信息技术与学科课程的整合，逐步实现教学内容的呈现方式、学生的学习方式、教师的教学方式和师生互动方式的变革"[①]；2018 年 4 月，教育部发布《中小学数字校园建设规范（试行）》，强调要"促进信息技术与教育教学实践的深度融合，实现信息化教学的常态化与创新发展"[②]；2018 年 12 月，《教育部关于加强网络学习空间建设与应用的指导意见》发布，更是强调让信息技术"推动教与学变革，构建'互联网+教育'新生态"[③]。受此影响，技术成为教学的手段和工具，导致教学发生颠覆性改变。教学作为人才培养的关键环节，在信息技术引领下正逐渐打破班级授课制一统教学天下的格局。

无论是"信息（化）时代"，还是"人工智能时代"，归根结底其成为时代"新宠"的根基是互联网系统的建立、更新、升级与完善。"互联网+"的提出让这个时代逐渐由"传统"走向"现代"，"互联网+"的创生缩短人与人之间的"时空距离"，"万物互联"使人类社会正处在由"互联网+"构筑的"共同体"内。其中，"共同体"是德国社会学家滕尼斯（Tönnies，F.）提出的社会学概念。滕尼斯认为，"人的意志在很多方面都处于相互的关系之中；任何这种关系都是一

---

① 教育部关于印发《基础教育课程改革纲要（试行）》的通知[EB/OL]. 2001-06-08. http://www.gov.cn/gongbao/content/2002/content_61386.htm
② 教育部关于发布《中小学数字校园建设规范（试行）》的通知[EB/OL]. 2018-04-17. http://www.moe.gov.cn/srcsite/A16/s3342/201805/t20180502_334759.html
③ 教育部关于加强网络学习空间建设与应用的指导意见[EB/OL]. 2019-01-16. http://www.moe.gov.cn/srcsite/A16/s3342/201901/t20190124_367996.html?from=timeline&isappinstalled=0.

种相互的作用"，"关系本身即结合，或者被理解为现实的和有机的生命——这就是共同体的本质"。①杜威（Dewey，J.）认为，"人们因为有共同的东西而生活在一个共同体内"，"为了形成一个共同体或社会，他们必须共同具备的是目的、信仰、期望、知识"。②显然，"共同体"是"基于共同目标和自主认同、能够让成员体验到归属感的人的群体"③。信息化时代的教学改革助力跨区域教学共同体的建立与发展。

"互联网+"教育的跨区域教学共同体的建立与发展是以信息技术为依托，从创新教学的组织模式、服务模式、课堂呈现模式等角度出发，力求通过现代教学的智能化、网络化、个性化等创新发展，构建数字时代的新型教学生态。整体上讲，跨区域教学共同体建设主要从育人理念的重构、教学资源的重构、课堂教学的重构、教育系统的重构等方面超越传统教育教学局限，逐步实现以跨区域教学共同体重构教育生态，由此也使其成为融入"互联网+"时代的教学选择。

（二）理念：超越育人传统思维

教育改革的首要任务是转变教育参与主体的育人理念，唯有"理念重塑"才有"突破传统"的可能。中国教育短时期很难摆脱应试教育带来的标准化人才培养的育人束缚，立足"互联网+"的教学改革，可为传统育人实践提供更多颠覆性的创新可能，尤其让教学实践不再"限于一域"。基于"互联网+"技术与设备产生的"万物互联"，重构了"互联网+"时代教育参与主体的育人理念，形成超越育人传统的教育思维。

其中，信息技术与教育教学的融合程度不断提高，为受教育者打开了探寻自身处在育人场域之外"教育世界"的"天窗"。教育参与主体主张变革和追求改变的意识觉醒，要求打破工业化时期标准化教学和人才培养理念、行动的呼求日趋显著，追寻规模化教育与个性化育人体系相统一的期待越来越高。此时，传统学校场域的教师不再是学科专业知识的唯一来源，借助互联网平台找寻超越既定育人场域知识源头的需求越来越多④。因此，"互联网+"时代的育人理念已经从

---

① 斐迪南·滕尼斯. 共同体与社会——纯粹社会学的基本概念[M]. 林荣远，译. 北京：商务印书馆，1999：3.

② 约翰·杜威. 民主主义与教育[M]. 王承旭，译. 北京：人民教育出版社，2001：9.

③ 张志旻，等. 共同体的界定、内涵及其生成——共同体研究综述[J]. 科学学与科学技术管理，2010（10）：14-20.

④ Hershkovitz, A., Arbelle, Y. The impact of teaching in a one-to-one computing classroom on teachers' work outside the classroom[J]. Technology Pedagogy and Education, 2020, 29(4): 491-509.

"传统"走向"现代"，与时代同频共振的育人理念驱动作为育人主要渠道的教学走出固有的育人场域，借助"互联网+"的优势找寻与域外教育教学主体沟通合作的机遇，寻求教育教学资源跨区域共建共享的可能，再造与创生满足受教育者需要的课堂教学体系与结构。

（三）资源：优质资源广域覆盖

互联网的特色是多方参与、交流、互动，"广域覆盖"既是互联网的特征之一，又是"互联网思维"的内核主体。[①]立足互联网技术的跨越区域限制的视听教育、广播电视教育、现代远程教育等为学习者带来优质教学资源。"'互联网+'时代是信息时代教学范式变革发展进程的拐点"[②]，"互联网+"时代跨区域教学共同体建设让教学走出固有学校、跨越固定地点和时间，形成"东部与（中）西部""城市与乡村""名校与一般校（薄弱校）""名师与一般教师"之间的跨区域教学合作，推进教学资源的重构，实现优质教学资源广域覆盖。

具体讲：一方面，跨区域教学共同体借助信息技术系统与设备打破教育资源开发和利用壁垒，在教育发达地区选择名师（名校）团队帮扶教育欠发达地区的薄弱校，同时提供计算机、触控一体机、交互式电子白板、投影仪、音响、智能耳机等设备，重点支持县级中心校开展教学改革，为县域内优质教学资源的接受、内化、创生、辐射创造条件。另一方面，它主张以教学改革带动课堂建设，运用信息技术革除传统教学弊端，构建"技术+终端+网络+平台+资源"的"五位一体"的课堂范例，在欠发达地区的学校进行校本化课程建设或转化的同时，引入与发达地区等同的师资、课程、设备甚或教学的方案与设计，让欠发达地区教师和学生享受优质教学资源。

（四）课堂：服务教学实际需要

现如今虽然教育信息化水平不断提高，可是区域、城乡、学校教育发展差距并没有明显缩小，若单纯强调教育信息化的硬件配置，而未能突破阻绝跨区域教育教学交流与合作的封闭传统，区域间（内）各自为营的教育教学格局就仍旧存在。同时，现时期教育欠发达地区教育需求差异较大，即便被教育政策倾斜关照，

---

① Gallagher, M., Knox, J. Global technologies, local practices[J]. Learning, Media and Technology, 2019, 44(3): 225-234.

② 李爽，林君芬. "互联网+教学"：教学范式的结构化变革[J]. 中国电化教育，2018，（10）：31-39.

农村薄弱校和教学点课时不足、专业教师不够、教师教学能力不强、教学质量低下等问题依旧突出，显然单靠外部"输血"不能从根本上解决问题，欠缺"造血"功能是欠发达地区教育发展的障碍之一。

在此背景下，跨区域教学共同体建设聚焦课堂教学的重构，重在突破既有教学体系中优质师资不流动、优质教学资源不分享、优质课程影响有限的困局，着力满足教学改革需求侧的实际需要，主动打造"双师课堂"，跨区域双师联手将教育发达地区教学"名课""名师""名校"以"专递课堂""名师课堂""名校网络课堂"等形式引入教育欠发达地区，使其教育参与主体超越区域限制，"近距离"感受和接受前沿教学改革理念的熏陶、行动的示范。

此外，跨区域教学共同体建设强调，教育发达地区对欠发达地区的帮扶应满足其教学改革实际需要，助力其借助外部专业力量，将"外部帮助"创生转化为"自身本领"，打造与本地区教学改革需求及外部优质教学资源契合的优质课堂。

（五）系统：推进要素自主创生

信息技术与传统教学的深度融合，逐渐打破既有的教育生态，让重构教育生态成为信息化时代传统教学变革衍生的重要趋向。其中，教育信息化重构教育生态是新的教育观点[①]，跨区域教学共同体建设聚焦现代教学的时代性要求，融入"互联网+"带动传统教育信息化转型的趋势，以教学资源、形式、主体、实践等方面的"转向"推进教学系统要素的全方位再造。

第一，跨区域教学共同体建设让来自不同地区、不同学校、不同教师的教学资源在教学共同体内部交流、完善、共建、共享，共同体的参与者皆可在参与共同体公共活动时获得优质教学资源，使教学资源由"本地供给"转向"多元输入"，形成一种大的教育资源跨区域共享、共建的"资源圈"。

第二，立足于互联网技术带来的资源和信息跨区域快速传输的优势，跨区域教学共同体改变既往"书院式"的班级授课，转而选择"线上教学"与"线下教学（实践）"融合的方式，让教学形式由"线下主导"转向"双线混融"，突破传统班级授课制教学布局与安排的瓶颈，打造出一种更加适时、适需的教学模式。

第三，跨区域教学共同体是具有共同教学愿景的教学主体协作参与的教育范畴，借助共同体的建设凝聚不同教师的教学特长，发挥共同体内部各成员的资源、

---

① Hammond, M. What is an ecological approach and how can it assist in understanding ICT take-up?[J]. British Journal of Educational Technology, 2019, 51(3): 853-866.

优势，让共同体成员之间相互协作、取长补短、共同进步，形成群策群力的教师合作机制，使教学主体由"单兵作战"转向"集体协同"。

第四，跨区域教学共同体建设的开展，让作为教学实践主体的教师不再是教学变革单向依赖他者的"旁观者"。共同体建设的开放环境、科学运作、专业设计与内容等，让教师在共同体内表达自我意愿（观点）、实现自我更新（突破），使其教学实践由"依赖外力"转向"自主创生"。

二、跨区域教学共同体的案例

跨区域同步教学活动的开展，以跨区域教学共同体建设为主要抓手，紧扣时下前沿的教育信息技术，借助先进的教育信息化装备，借助基础教育学校的校长、教师和学生主动、有序的协同配合，立足信息技术与教育教学深度融合，为教育生态的重构奠定了基础、提供了保障。其中，跨区域教学共同体建设重构教育生态（结构见图 5-1）是跨区域同步教学活动开展的"衍生品"和"重要成果"，它让参与跨区域教学共同体建设的地区以及学校的教育生态得到优化，祛除了先前封闭、保守的教育生态，建构了开放、前沿的教育生态。

2017 年 10 月，四川省雷波县作为试点区，按照跨区域同步教学的项目设计，立足县域基础，参与域外合作，以跨区域教学共同体建设为举措，改进传统课堂

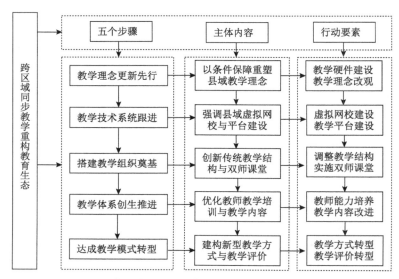

图 5-1　跨区域教学共同体建设重构教育生态的结构

的教学形态与生态，取得的阶段性成效被《人民日报》等媒体关注和宣传①，在一定程度上印证，跨区域教学共同体建设能够重构教育生态。在这样的背景下，本小节以雷波县的县域实践为例，探究"互联网+"教育背景下跨区域教学共同体建设的县域经验，初步形成跨区域教学共同体建设重构教育生态的"五步法"。

（一）教学理念更新先行

教育信息化建设需要各种条件保障，它的有序推进不单是单一层面教育条件（比如信息化设备）供给的结果，还需要在条件保障的基础上实现县域教学理念的更新换代。也即，跨区域教学共同体建设强调教学理念更新先行，以条件保障重塑县域教学理念，以教学为"原点"，借助教学共同体建设揭开县域教育生态重构的序幕。马克思主义哲学强调"物质决定意识"，暗指有什么样的"物态"就会产生什么样的"理念"。理念是行动的指南，有什么样的理念就会相应形成什么样的实践活动。对于跨区域教学共同体建设来讲，物质设备条件保障是一方面，理念的重塑是"物态"引发"理念"重塑的另一方面，后者是跨区域教学共同体建设重构教育生态的关键一招。可以说，这是跨区域教学共同体建设重构教育生态的"五步法"中的"第一步"。

显见的是，现如今教育中充满了各种技术，能够重塑教育的技术是关于怎样"进行教育教学的技术"，而非"教育中的技术"②。这预示着教育技术并不是一种虚幻的存在，而是科学发展关照教育改革出现的结果。教育信息化设备是教育技术运用的现实展现，相应的硬件设备的配置，是跨区域教学共同体建设落地的前提性保障。不强调教育信息化设备供给的独特性，并不意味着其不重要。要清醒地意识到，若缺少相应的教育信息化技术和设备，跨区域教学共同体建设根本无法开展。立足雷波县的县域实践可以清晰地看到，跨区域同步教学活动的展开地区立足于"在地化"的教育基础，在中央电教馆的指导下，充分发挥地区优势，聚焦硬件更新，关注教育设备配置，改进一线学校的教育信息化设施建设，满足运用现代信息技术进行同步教学、教研和远程授课的条件需要。

比如，2017年9月，教育部科技司、中央电教馆将雷波县作为"利用高通量宽带卫星实现学校（教学点）网络全覆盖"项目全国三个试点县之一。在各高校专家的指导下，雷波县根据自身实际，创新开展了"跨区域混合网络同步教学"

---

① 郭牧龙. 优质教育 辐射远方[N]. 人民日报，2019-10-14（011）.

② 陈晓珊，戚万学. "技术"何以重塑教育[J]. 教育研究，2021（10）：45-61.

项目试点，其间得到中国教育发展基金会中央专项彩票公益金润雨计划项目 230 万元的资金资助（其中 215.1 万元用于网校建设、采购网络教学设备，14.9 万元用于培训教师 800 余人次）。同时，雷波县出台了《雷波县教育信息化"三通两平台"项目建设方案》《"教研共同体协同提升试点项目"工作方案（试行）》等纲领性文件，投入 1.57 亿元实施教育装备标准化建设，建成班班通设备 1120 套，计算机网络教室 73 间，视频系统 61 套，基础教育城域网全面建成，学校网络覆盖率 100%。县财政每年划拨网络运维费 260 万元、设备和平台服务费 60 万元，全力保障教育信息化建设顺利开展。[①]

随着跨区域教学共同体建设的推进，无论是先前信息化建设基础较好的学校还是基础一般的学校，都在中央电教馆和地方教育部门的协同领导下，发挥学校的主动性，完成智慧教室、电子白板、触控一体机、平板电脑等一系列教育信息化设备的配置。而且，一部分学校为此或新建或更新本校所拥有的校园局域网，一些先前未使用过计算机的学生也趁此机会学用平板电脑，教师也在其中配备相应的技术设备。可以说，跨区域教学共同体建设提高了一线学校的信息化水平，改进了学校的信息化设施建设，为学校相关工作的开展、后续教育教学成果的巩固和推衍奠定了坚实的硬件基础。

回顾跨区域教学共同体建设的发展历程可以发现，教学共同体建设最初以北京市西城区、上海市嘉定区的优质教育资源为源头，将其引入教育相对薄弱的山东、浙江和四川的一些地区后，力推这些地区与教育前沿地区的师资进行结对与合作，共同完成教学课程，且创造条件形成学校之间的帮扶合作。其中，学生知识的授受是一方面，而教育理念的传输是更重要的另一方面。无论是远程授课教师还是试点校的校长、教师皆纷纷表示，跨区域教学共同体建设可以使校长和教师明晰，国内最前沿教育地区如何进行教育改革、如何进行课堂教学，以及学生在学什么、学生应该怎么学，等等，这些已经超越了传统课堂的知识授受，逐渐上升到高阶的理念引领，在传统与现代的理念交织和融汇中优化了试点校校长和教师的教育观念与实践。

比如，雷波县的陈云丽讲道："在跨区域网络教研教学中得到了全景学习平台上浙江、上海、北京的各位名师手把手的指导、心与心的沟通，每一次参与异步教研、同步教研、示范课学习后，凭着自己的感悟，再把名师们的教学方式和自己所带班级的实际情况相融合，我的教学理念、教学技能、信息技术应用的水

---

① 本小节涉及的数据由雷波县教育局提供，时间节点是 2020 年 9 月。

平都得到了长足进步。在为雷波县其他学校上专递课中都能感受到和远端的老师、孩子们一起快乐学习成长。"张晓霞讲道："网络教学对我来说是一门全新的工作，从最初怀着忐忑的心情走进网校的课堂，到现在微笑着去上好每一堂课，我从中享受到了音乐教学带来的快乐。学校老师们渴求的眼神、孩子们的欢歌笑语，增加了我对自己教学能力的自信心，我对音乐教育更加积极主动，从而满怀信心、充满活力地进行教学创编，并通过创造性教学使自己逐步得到提升。"张吉才也讲道："学校的教师改进自己的教学设计理念，使自己课堂教学能力得到了提升。学生上课明显比平常更积极了，大家对新的教学方式感到很新鲜，对课堂也非常感兴趣。教师教学模式逐步改变，由传统教授方式转变为双师教学与学生自主学习相结合的模式。学生的学习行为渐渐悄然发生改变，越来越多地爱上了课堂，以往顽劣的行为日渐减少。这种创新教学模式带动学校发展，也提升了教育教学质量。"

概而言之，现如今雷波县县域教学理念已经逐渐摆脱过去封闭、保守的特征，从县域内学校校长到一线教师，多个跨区域教学共同体参与主体都已经在与教育发达地区教师的交流合作过程中逐渐生成立足县域条件的"雷波理念"。教学改革理念先行，雷波县教育改革理念的更新直接带动整个教育系统的教育发展样态的改观，理念的转型与超越直接为县域教育发展"定调"，为指引后续教育教学的改革创新确定了路向，为雷波县的教育腾飞插上"翅膀"。

（二）教育技术系统跟进

古语有言："巧妇难为无米之炊。"这句话可谓是耳熟能详，即便是顶级名厨，缺少必要的食材，也很难做出珍馐美味。将这种理念引入到教学信息化领域，即便是教学理念科学、有效、理性、创新，但是缺少必要的教育技术系统的跟进支持，再美好的"理念"也只能"落空"。在这样的背景下，在教学理念更新先行的背景下，教学技术系统跟进是跨区域教学共同体建设重构教育生态的又一关键步骤。聚焦雷波县的县域实践，受自然环境、社会历史、经济发展等因素影响，雷波县教育基础还比较差，尤其是教师队伍薄弱，存在"引不进、留不住、教不好"的现状，乡村学校开不齐课、教师上不好课，家长择校、学生辍学现象突出。如何提升民族地区教师的业务能力，提高课堂教学质量，实现民族教育均衡发展，成为摆在雷波教育面前的严峻课题。雷波教育人不甘于现状，积极寻求探索蜕变之道，在跨区域教学共同体建设中，统筹协调试点网络信息化教学教研工作，推广应用试点成果，积极开展县域虚拟网校与平台建设，使其成为跨区域教学共同体建设重构教育生态的"五步法"中的"第二步"。

2019年3月，雷波县教育体育和科学技术局按照中央电教馆组织全国名师团队帮扶到县的策略，在雷波成立虚拟"网校"，以局分管领导为校长，电教教仪站、教研室负责人为副校长，分设教务处、学科处、技术保障处等开展教学试点，试点校每个试点班安排1—2名辅助教师参与教研、配合教学，成立了虚拟网络学校（简称"网校"）。随后，在县域内遴选组建了由133名骨干教师参与的37个学科教研团队。团队成员凭着一腔对民族地区教育跨越式发展的热血和情怀，在完成本职工作之余，不分昼夜、不分周末与节假日，研习教学内容、探讨教学方法、更新教学理念、熟悉平台技术。而在全面掌握基层学校教育教学需求的情况下，以雷波县网校、北京市西城区教育研修学院、上海嘉定区教师进修学院为资源输出前端，建立跨区域教学共同体，带动雷波县50所学校316个班级实施跨区域混合网络同步教学试点工作。

网校为跨区域教学共同体建设提供了组织体系与结构，但是这仅仅解决了"组织架构"的问题，它的有序与有效运转还需要技术"平台"给教学活动的展开提供技术支撑。其中，"平台"是应用导向的技术集成的产物，教学平台建设是保障教学有序开展的前提。雷波县将本地学校既有资源与引入资源相统一，在网校建设的基础上，打造适应一线学校教学需要的智能化教学平台，推动传统教学改革，为融入跨区域教学共同体建设奠定基础。这样的背景下，雷波县积极引入全景学习平台，融入县域教学信息化改革的过程。细观雷波县的县域实践可以发现，既有上级扶持的教学一体机、电子白板、投影仪、麦克风、摄像头等教学设备，试点校也发挥主动性，立足教学资源基础与优势，聚焦教学平台硬件更新，关注课堂教学设备及系统的按需配置。同时，为保障课堂教学网络畅顺，雷波县在高通量宽带卫星网基础上为试点校增设互联网和4G网卡，运用混合网络实现学校（教学点）互联网信号全面覆盖，并且基于引入的信息技术设备与系统配置，开发利用学校（地区）既有资源，与引入的技术资源交互整合，促成优质教育教学资源输送到县以及在县域内的共建共享。

雷波县的跨区域教学共同体建设，重点以本县的网校建设为阵地，以网校建设组织全县教学活动开展，形成契合区域教育基础的教学发展方案。网校管理团队求真务实、锐意进取、开拓创新，在完全没有成功经验可以借鉴的情况下，深入各级学校进行教学需求调研、创新教学模式、拓展教研方式，为全县网络教研教学活动的深入开展下功夫。其中，2020年实施各类活动2700余节次，为大规模应用优质教育资源提供了践行基础，并逐步将网校建设与教研教学相统一，初步形成契合区域民族教育的教研与教学发展框架。同时，为弥补农村学校师资不足、开不齐课、开不好课的问题，创新推出了"跨区域同步教研教学 1+N"教学模式，采用一所优质学校带动、辐射多所乡村学校的模式开展网络教学教研，使优质教师资源在中小学教学应用中得到充分体现，有利于推进县域内教育均衡发展。与此同时，在全景学习平台的支持下，雷波县网校重点打造"名师课堂"和"名校网络课堂"，并且以"协同"与"提升"两种方式推行"资源单位名师带县级名师""县级名师带薄弱学校教师""资源单位名师带薄弱学校教师"，将县域内外的优质资源输送到试点校，再造与创生优质教研与教学，带动试点校的课堂建设。

现如今雷波县依托跨区域教学共同体建设，开展了网校建设，引入了全景学习平台，充分在传统县域教学过程中引入先进的教学技术系统，打破了原有"一支粉笔一块黑板"的传统教学系统。新技术的引入，为县域教育改革各主体打开了认知信息化时代教育新世界的"天窗"，使其进一步解放思想，逐渐生成与信息化时代信息化教学改革及其引发的教育生态重构更加匹配的教学理念。在这样的背景下，先进的理念开始真正落实到教学领域的教学实践中。

（三）搭建教学组织奠基

教学改革必须要有系统的教学组织，这是毋庸置疑的教育言说。无论教学理念多么先进、教学技术系统多么前沿，其作用于教学改革领域，终归要落实到教学一线，使其惠泽于教学组织搭建。前已述及，以雷波县为代表的教育欠发达地区对优质教育资源的需求，需要持续和长效的资源保障，即建立一种基础性的教学组织体系，使其对资源的共享不仅在有限供给层面，而是自身可以复制和永续性地利用。在这样的背景下，雷波县的跨区域教学共同体建设依托于互联网技术，突破时间和空间的限制，创新传统教学结构，采用双师课堂，以为偏远欠发达地区学校提供更为持续和有效的基础保障。可以说，在"教学理念更新先行"与"教学技术系统跟进"基础上，推进"搭建教学组织奠基"，创新传统教学结构与双师课堂，这是跨区域教学共同体建设重构教育生态的"五步法"中的"第三步"。

与传统的课堂教学形式不同，跨区域教学共同体建设改变了传统的"师教生学""一支粉笔一把戒指"的"书院式"教学，转而将时下前沿的教育信息技术和设备引入课堂，通过交互式电子白板，使教师的授课内容实现在屏幕上的灵动，并结合远程授课教师生动的讲解，将学生吸引其中，教师与学生一起感受远程"爬黑板"和远程现场互动，缩短教师与学生的距离，创新的教学形式激发了中小学生的学习热情与活力。雷波县的双师课堂，课前，助理教师提供班级学情，主讲教师根据学情备课，助理教师与主讲教师一样，带着对授课内容的理解进入课堂；课中，主讲教师上课，助理教师根据课堂中学生的学习状况提供教学辅导；课后，助理教师及时进行课堂学习的作业、评价测试等巩固性管理。

观察雷波县的教学改革，可以发现跨区域教学共同体建设让以上海市嘉定区、北京市西城区的授课专家教师为代表的名师担任主讲，课堂中主讲教师承担教学任务，负责教学工作的具体实施，试点校的教师担任助教，辅助主讲教师维持课堂秩序、组织学生和主讲教师进行课堂互动、观察学生对知识的掌握情况、解决学生设备故障，并在网络课堂无法继续下去时组织课堂教学继续。主讲教师可以将发达地区的教育经验应用于欠发达地区学校，使其了解优秀教育成绩背后的授课形式、授课方法，以及教研是怎样推行的，以使助教增进对发达地区教育样态的了解。试点班的学生非常喜欢同步教学这样的学习方式，课堂中采用网络技术、平板电脑和大屏幕等电化教学设备和手段，赋予了教学内容以生动活泼的表现形式，调动了学生的听课兴趣。

在这样的背景下，雷波县结合实际需要组建教学团队、锻炼应用团队，创新开设美术书法专递课堂并储备课程教学资源库。团队成员立足全景学习平台施行的"1+N"和"同一课堂+两位教师"的双师教学改革模式，发挥授课名师线上与辅助教师线下的教学优势，推进线上教学与线下实践相统一。课后通过建立的QQ群、微信群，双师围绕每次教研活动实时反馈利弊得失，进行双向互评以及个人自评，以"简报""美篇"等形式分享课堂的收获和不足，达到了"输血"的功效，并日渐再生为本土化老师们"造血"的功能，全县师生信息化素养及信息技术应用水平显著提升。

立足雷波县的县域教学改革实践，可以说双师课堂是信息化社会课堂教学改革的一种不可阻挡的趋势，它为跨区域教学共同体建设取得预期成果发挥着不可替代的重要作用。比如，雷波县的尹国秀老师讲道："每次有成员要上示范课时，大家都会研究探讨课程标准、教学内容、教学重难点、教师教法、学生学法、课堂应变、课后作业等内容环节，充分吸取每个老师的意见、建议。研讨设计过程中有时是温馨的提醒，有时是课件的指导，有时是课堂引入的修改，有时是新课的指点，有时是练习数量多少的争论，还有时是教学中语言的精练指导等，大家为提供一节优秀的、让教学点满意的课而不断努力。同时，大家又在互帮互助、共学共享中得到了成长。"周文瑶老师讲道："对接国家级名师团队时，最开始'异步教研'就只是做评论，到了'同步教研'需要大家分享交流的时候就经常冷场，没有人回答。但是现在我们的'异步教研'会在最后提出三个问题，要求每个人进行回答。等到了'同步教研'里，再筛选出一些在'异步教研'中很有用的回答与大家分享。我每次看到自己的三个回答都被选出来就非常开心，如果有些答案没被选上，就会思考是哪里还不够好。并且我们可以学到全国各地其他老师的一些优秀的方法和经验，不再仅仅局限于名师团队这几位老师。"鉴于此，可以说现如今雷波县的教学组织结构与形式满足了一线教师的实际需要，在很大程度上助力了雷波县教育生态的创新。因此，搭建跨区域教学共同体组织为跨区域同步教学重构教育生态奠定坚实基础，创新传统教学结构与双师课堂成为其中的又一关键步骤。

（四）教学体系创生推进

教师是"立教之本、兴教之源"，是教育过程的主导和灵魂，教师队伍的质量决定教育发展的质量，加强教师队伍建设，提高教师教育在整个教育体系中的地位。习近平总书记指出："国家繁荣、民族振兴、教育发展，需要我们大力培养造就一支师德高尚、业务精湛、结构合理、充满活力的高素质专业化教师队伍，需要涌现一大批好老师。"[①]。进入新时代，中国教育改革与发展的经验之一，就是把教师队伍建设作为基础性工作来抓，这一经验也成为中国教育现代化发展的基本原则之一。雷波县推进跨区域教学共同体建设，紧扣时代的发展指向，立足县域发展需要与基础，在教学组织搭建完成的基础上，主要借助优化教师教学培训与教学内容，积极推进教学体系创生，使其成为跨区域教学共同体建设重构教育生态的"五步法"中的"第四步"。

雷波县推进跨区域教学共同体建设时，重点关注教师适应信息化教学的专业能力培训，以不定时、不定期的一般研训与线上培训相统一的方式提升教师能力与素养，以满足跨区域同步教学的教师需要。其中，教学培训以北京、上海等地专家进行贴地式培（研）训为主，聚焦试点校教师现已遇到或可能遇到的课堂教学问题，对这类问题进行讲解或研讨，以专项培（研）训扩充教师信息化课堂教学的知识储备、实操能力和视野格局。

---

① 习近平. 做党和人民满意的好老师：同北京师范大学师生代表座谈时的讲话[N]. 人民日报，2014-09-10（001）.

与此同时，在提高教师专业能力与素养的基础上，雷波县充分发挥教师的专业智慧，加大对于教学内容的优化重构。其中，教学内容是教学展开的基础和依托，是教学改革、教学育人的"生命线"，教学内容的与时俱进是信息化时代传统教学改革的重点之一。雷波县参与跨区域教学共同体建设，重点以教学内容建设为主轴，立足教材与问题导向相统一，以教材单元为教学和教研单位，结合教学中的重点和难点问题的解决，推动县域内教学质量提高。立足教学内容建设，试点校与资源输出学校建立线上合作，由名师引领协同创生基于学校（地区）特色的课程，以充实教学内容，满足试点校教师和学生基础性与发展性的求知需要。

跨区域教学共同体建设过程中，雷波县网校管理团队不断归纳、总结经验得失，开拓、创新教研教学方式，探索通过"厨房式点菜模式"满足乡村一线教学的内容需求。在试点取得一定经验的基础上，雷波县自主增加了一、二年级语文、数学教学教研团队和手工制作、书法教学教研团队。为帮助资源薄弱的中学优化备考策略，提高复习效率，提升教学成绩，雷波县又自主组建了由 45 名县域内名师、优师组成的初三中考、初二生地结业考试学科 9 个教学教研团队，依托全景学习平台，指导全县开展中考复习迎考工作。2021 年 3—5 月，中央电教馆组织，中纪委出资，在全国遴选专家、名师，再次为雷波县所有高三学科教师开展高考网络专递教研活动：根据近几年的试题趋势，全面分析当年的命题加强方向，具体到命题情景设计与考查教材内容如何结合，使教学内容更贴合一线学校需要。可以说，教学内容的优化有效助力了雷波县教学成效的改进。

整体上说，线上培训是跨区域教学共同体建设提高教师专业素养的一种利好途径，也是为参与跨区域教学共同体建设的教师提供的学习机会和教育福利。借助类似的线上培训，跨区域教学共同体建设的推进扩充了教师的知识结构，更新了其教育观念。在此基础上，面对县域教育发展的教情、学情与时下的迫切需要，项目主动更新教学内容，着力解决县域教育发展的关键问题，为雷波县教育生态的再造与创生提供坚实的教学体系支撑和优质师资资源储备。

（五）达成教学模式转型

跨区域同步教学重构教育生态最终要形成一种异于传统的教学模式，虽然上文已经基本上将指向跨区域教学共同体建设的教学模式转型范例讲得清楚明白，但是这里还要重申的是，"达成教学模式转型"是跨区域同步教学重构教育生态最重要的目标，它是在理念与实践两个层面，彻底扭转传统教学低效、无效甚或负向效果衍生的教学模式，再造与创生一种与信息化时代同频共振的教学模式，并且在其中改善传统的教学评价方法，进而真正实现对于传统教学弊端的超越。在这样的背景下，通过建构新型教学方式与教学评价达成教学模式的转型，就成为跨区域教学共同体建设重构教育生态的"五步法"中的"第五步"。

技术导向的教学变革的最显著表征之一即是"教学方式"引入技术设备的辅助，实现对传统教学方式的优化、重构。其中，试点校统一课表和教学进度，远程授课教师将教学设计及课件上传到学科群供教研员、助教和学科工作坊教师线下研讨，远程授课教师与助教协作开展线上视频直播教学或指导学生线下赏析教学视频，重点按照线上教学需要，与学生线下开展教学必要的实践协同，完成教学安排，让县域内多所学校接收资源输出学校的教学资源。此外，借助名师微课，为线上教学改良与线下教学实践优化提供帮助。在国家级名师团队、网校、县级教学团队、试点校的共同努力下，雷波县以"一对多"为格局的县级教学团队和学校应用团队初步形成，跨区域网络教学模式的操作流程基本成型。

教学方式卓越成效的取得离不开科学的教学评价的帮扶。"评价"是个指挥棒，有什么样的"评价"就有什么样的教育结果。教学评价是检测教学成效的基本手段，教学评价改革是跨区域教学共同体建设的重要议题。其中，当一门课程从教室搬到线上的时候就是把一门课从"一节课、一节课"变成一连串教学单元的过程。正是这种内嵌了"行动"要素的系列教学单元组成的在线教学，才能产生关于学生学习行为轨迹、学习成绩评价的"大数据"，为了解学生的学习行为特征、认知水平、知识掌握程度等提供连续、发展性的完整记录，而这种数据是"全样本"数据、连续数据，是一种"实践者视角"的数据[①]。在这样的背景下，雷波县将信息技术嵌入教学评价，改进传统的单一分数主导的评价范式与方法。

在传统教学信息化转型背景下，跨区域的名师+县级名师+试点校骨干教师+试点校教师共享共研、协同提升的教学模式，受益的不仅仅是教师，最终在乡村学生、家长、社会中表现出来。雷波县马道子村村小负责人张吉才老师说："以前开不了手工制作、绘画、书法课，没有音乐课、英语课，现在这些课都能开了。上专递课时，孩子们精神劲头十足，校园中也因他们的笑声而增添了生气和活力，渐渐地学生的学习行为发生了改变，越来越爱上了课堂，以往顽劣的行为也日渐减少。"家长们也因孩子的变化而感到高兴。苦于学生厌学而反复动员劝返的乡镇干部也感慨道："控辍保学关键在'保'字上，这种教学方式的变革，让学生爱上了课堂、喜欢进学校，我们的工作轻松了！"试点校教育教学成效明显，其

---

① 郭文革. 在线教育研究的真问题究竟是什么——"苏格拉底陷阱"及其超越[J]. 教育研究,2020(9):146-155.

中一个村级教学点的语文成绩平均分由 22.4 提高到 61.4，数学成绩平均分由 50.8 提高到 67.6。2020 年中考，全县平均分比上年提高 30 分。2020 年高考本科上线首次突破 400 人大关，2 名学生分别被清华大学和北京大学录取，多名学生考上重点大学。

举要言之，跨区域教学共同体建设的教学模式在雷波县营造了县级名师天天教、乡村学生天天学、乡村教师天天用的教学教研环境，名师的传帮带作用伴随整个教学过程，这无疑是对乡村教师的全程性、陪伴式跟岗培训，是教师在"工作中学习，学习中工作"的具体体现，有效地提高了乡村教师专业能力的发展，化解了薄弱学校开不齐课、教师上不好课的现实问题，实现了规模化提升乡村学校教学质量的凤愿。这种教育信息化与学科教学深度融合的实践应用，为教育信息化推动教师队伍专业化发展、推进教育教学质量的提升提供了有力抓手。

三、跨区域教学共同体的特点

抽象的理论用来解释实践，具象的实践需要的满足是惠泽教育参与主体的关键。对于在线教育的未来发展，应该建立起宏观、中观和微观的全方位认知框架[①]。虽然时下跨区域教学共同体建设已经在诸如雷波县等的县域范围内落地生根，对于县域教育生态再造与创生产生积极影响，但也不能回避其间存在的"常见问题"。为了凝练跨区域教学共同体建设经验，推广跨区域教学共同体建设成果，让更多地区能够根据本地实际推广跨区域教学共同体的建设经验，有必要树立跨区域教学共同体建设生态发展观。这样的背景下，跨区域教学共同体建设重构教育生态要侧重于满足实践需要，宏观层面强调政府主导与多方参与，中观层面强调理念引导和协同用力，微观层面强调扎根一线与直面需求，构建跨区域教学共同体建设重构教育生态的保障体系、推进体系和实践体系。

（一）政府主导与多方参与

教育的供给侧是政府，政府承担教育制度编制和教育资源输出的责任，能够有理、有效地对教育系统进行宏观管理和具体监控。面向教育变革实践的需求侧的跨区域教学共同体建设，需要政府在宏观层面强调统筹规划，发挥主导功用吸引多方力量参与，构建跨区域教学共同体建设的保障体系，以顶层设计为教育生态重构创造利好环境与条件。

---

① 郭文革. 在线教育研究的真问题究竟是什么——"苏格拉底陷阱"及其超越[J]. 教育研究,2020(9):146-155.

第一，政府统筹开展基线调研，明辨地方教育基础和一线学校需要，汇编购买数字教育资源的相关政策与制度，建立与科技公司的定向合作，鼓励企业和其他社会力量开发数字教育资源，以"政府主导，企业参与，多方合作"的方式实现数字资源众筹众创，整合教研、电教、名校、名师等多方力量，运用云计算等技术实现共享平台创建，弥补同构、异构情境中硬件和软件资源的不足，并集中解决教研设备配置、系统更新、技术维护、教师培训等问题。

第二，政府以经费建设为抓手，争取社会资金的融入，尤其是科技公司在教育领域对于信息化建设的公益性投入尤为重要，发挥政府在体制上统筹协调的功用，确保信息化建设经费来源的稳定。同时，政府要客观掌握试点地区内各教育单位的教育经费需求量及彼此之间的差别，让有限的教育经费作用于紧要的信息化建设环节。其中，教育督导部门要负责监管经费投入的使用，及时对于非理性经费使用现象进行纠偏。

第三，政府协同继续推进以"三通两平台"为主的中小学信息网络建设，鼓励并支持企业参与学校信息化建设，重点改善农村地区、贫困地区和民族地区学校网络条件，加强与电信运营商的合作与交流，寻求 5G 技术在学校管理和教育教学中的运用，警惕校园网络设施建设中重硬件轻软件、重外延式拓展轻内涵式发展的痼疾。

第四，政府支持信息技术企业参与教育领域，探索互联网与学校共生融合、协同发展，升级适应学校发展的教育装备，让业已建成和正在建设的学校信息化系统处在良好运转状态。同时，支持学校成立信息化与网络监管工作组，对于信息化资源及各类平台做好技术防范，建立信息化建设与发展的管理责任制度和运维管理制度，完善信息化系统维护规范和流程，制定针对突发事件的处置预案和操作指南。

第五，政府协同教育部门建立统一的教研数据保护原则和标准，形成数据流出审核机制，对向外的教研数据流动进行许可审查，对于数据流入要经过数据主体明确同意、对数据进行控制、设立保障措施等流程，对共同体参与主体的隐私进行保护。

（二）理念引导与协同用力

理念是行动的基础，跨区域教学共同体建设重构教育生态在中观层面要强调理念引导与协同用力，从多个角度着手构建跨区域教学共同体建设的推进体系。

1. 理顺跨区域同步教学与传统教学的共在关系

现如今跨区域同步教学与传统教学是一种同生共在的样态，二者之间的关系恰如一般意义上的一餐饭中的"甜点"与"主食"的关系，"甜点"的作用是辅助"主食"，让这一餐饭吃起来更加美味，为人带来愉悦的用餐体验与感受。但是，我们需要明白，没有"甜点"的"主食"依然能够让我们"生存"，但是在"条件"有限的情境中，没有"主食"的"甜点"却无法发挥其应然的存在价值。现在的我们正处在"条件"不断丰裕的时代，要追求的是让"甜点"与"主食"更好地协调共存，在各方面资源充分的"条件"下让"甜点"改良，降低其中的"糖分"，使其具备替代"主食"的膳食营养而成为又一种"主食"的首选。因此，现阶段有必要正确处理好跨区域同步教学与传统教学的共存关系，减少二者之间的矛盾甚或冲突，引导跨区域同步教学改良自身既有局限，逐渐吸纳传统教学的优势、化解传统教学的短板，进而实现对于传统教学功能的优化甚至替代。

2. 创设跨区域同步教学及教研的管理服务体系

优先发展教育是国家战略，教育信息化建设需立足当前教育发展基础，积极利用市场机制，构建政府、学校、社会三者新型互联合作，创设综合性教育管理服务体系。第一，政府统筹协调教育信息化建设。政府发挥统筹协调作用，理顺教育信息化统筹部门、支撑机构、教育业务部门和其他企事业机构的关系，减少政出多门、多头管理，注重提高信息化建设效率。第二，开展有差别的教育信息化建设。教育水平较高地区应先行先试，在更高水平上运用信息化实现教育均衡发展和提供更加多样化、开放性的教育资源与服务，增大教育资源的辐射与扩散。教育发展相对薄弱地区，要意识到教育信息化对本地教育发展的积极作用，立足现有基础，有步骤、有次序、有计划地实施教育信息化行动，主动学习先进区域的实践与经验。第三，创建教育信息化建设的服务体系。政府与学校、企业等主体建立合作，引导"互联网+"企业在参与教育信息化服务供给过程中找准定位，尽可能使运行和开放接口向合作伙伴开放，同时聘请或组建教育信息化智力服务团队，正视并解决教育信息化建设中的难题，避免信息化虚假繁荣的出现或蔓延[①]。

3. 推进信息化数字教学资源的跨区域共建共享

推进数字教育资源共建共享是教育信息化工作的重要内容，建设数字教育资源

---

① Williamson, B. New power networks in educational technology[J]. Learning, Media and Technology, 2019, 44(4): 395-398.

是信息化时代教育变革不可缺少的要素[①]。其一，注重数字教育资源长期可用指标体系的建立与完善，引鉴数字档案领域和计算机领域的新技术和新方法，构建数字教育资源持续可用的技术体系。其二，编制数字教育资源技术与使用基本标准，制定与之匹配的资源审查与评价指标体系，建立用户网上评价和专家审查相结合的资源评价机制，完善利益分配、知识产权保护和教育服务监管制度。其三，持续开展"一师一优课、一课一名师"等信息化教学推广活动，区域和名校通过组建教学或教研共同体，依托"名师课堂"开展"同步课堂""专递课堂"等"双师"教学，组织"集体备课""交流研讨"等网络教研，以此实现教育资源共建共享[②]。

4. 重视持续展开跨区域教学共同体专业团队的建设

事实上，市场上许多"教育技术开发者"并不具备教育理论基础，其教育背景多为理学或工学体系，知识系统多为计算机、信息技术等专业，缺少教育学、心理学、人类学、社会学及伦理学等人文社科的理论涵养[③]。因此，还应注意从下列四个方面推进跨区域教学共同体的专业团队的建设。

其一，中央电教馆作为项目领导和指导单位，要继续发挥项目指导者的作用，进行统筹规划，强化项目领导专家团队建设，巩固已有的教育合作，加强一线名师团队、教研技术专家团队、高校教育专家团队与试点县、试点校、试点校教师之间基于教研项目优化的专业合作。因此，加强项目实施专家指导团队的建设是改进教研项目实施的必然要求，也是项目实施的关键步骤。

其二，让专业的人做专业的事是亘古不变的教育律条。现时期信息技术是实现教育变革的内生变量，信息化建设正有力地冲击着传统教育格局，教育资源供给方式变化显著，教育秩序正不断被重构，教研方式发生信息化转型是必然趋势。为了迎合这种趋势，改进教研项目、加强教研实施团队建设是必然要求。

其三，教育技术专家网络的引入和建立是信息时代教育变革的一个重要力量源泉。正确理解和认识信息化产品、平台和应用程序尤为关键，要注重信息化建设专家咨询团队的专业引领，建立基于技术的合作机制，协助试点校和资源输出校开展教研活动。同时，聘请和组建教育信息化专家顾问团队与学校开展产学研合作，尤其关注欠发达地区教育信息化需求，以专家指导为引领，带动欠发达地

① 蔡慧英，陈明选. 智能时代数字教育资源建设与发展研究[J]. 现代远距离教育，2019（3）：74-81.

② 郭炯，杨丽勤. 教育信息化促进教育系统性变革路径研究——基于教育部首批教育信息化优秀试点案例的分析[J]. 中国电化教育，2019（5）：41-48.

③ 李芒，石君齐. 靠不住的诺言：技术之于学习的神话[J]. 开放教育研究，2020（1）：14-20.

区实施对教研结构的优化调整。

其四，注重跨区域教学共同体建设的教育专家团队建设。引入高校教育专业研究团队，从学理上分析信息化学校的优势与弊端，研判未来改进方向，把好技术引入的"入口关"，做好项目推进和改进的建言献策"智囊团"工作，将以人为本的教育思想落实到跨区域教学共同体建设的实践中，建立信息化建设的领导机构和职能机构，明确网络信息安全管理制度和信息化运维保障和应急处置机制，构建信息化建设工作的实施规划[①]。

（三）扎根一线与直面需求

有效性是衡量教育变革的价值尺度[②]，重构教育生态要以有效性作为评判标准。学校是教学改革的需求侧，一线教学场域需求的满足是跨区域教学共同体建设在微观层面必须关照的议题。在推进过程中，需要在传统教学向信息化教学转型过程中扎根一线，直面需求，立足教育过程本身，充分吸纳学习科学的研究成果，建构系统化、高关联、深度学习和可实现的学习系统，真正改善学校教与学的现状[③]，以此构建跨区域教学共同体建设重构教育生态的实践体系。

1. 强调教学与教研规划的编制

"当技术被用于教学之中并发挥作用时，就一定有学生和教师的参与，就一定会有人的活动，因此技术也就必须适应一定的活动模式，这些模式也应该符合和按照人特定的、有效的活动模式运动。"[④]因此，要强调教学与教研计划的编制及实施。第一，制定跨区域教学与教研共同体建设计划，发挥名师在教学活动中的专业主导作用，构筑名师与学校专业合作的专业教学与教研共同体，建立校际信息化教学的课程实施小组，持续推行"一校带多校""一点带多点"的教研改革模式，助力信息化教学背景下优质教学与教研资源的共建、共用、共享。第二，制定详细的教学与教研活动计划，名师团队负责的每个同步课程尽量固定某个时间进行，以便各参与学校根据活动时间调整课时安排或者提前换课，避免上课时

---

① Kerres, M., Heinen, R. Open informational ecosystems: The missing link for sharing educational resources[J]. International Review of Research in Open & Distributed Learning, 2015, 16(1), 24-39.

② Reynolds, D., Sammons, P., De Fraine,B., et al. Educational effectiveness research (EER): A state-of-the-art review[J]. School Effectiveness and School Improvement, 2014, 25(2): 197-230.

③ 吴刚. 从工具性思维到人工智能思维——教育技术的危机与教育技术学的转型[J]. 开放教育研究，2018（2）：51-59.

④ 李芒. 论信息技术的教学价值[J]. 电化教育研究，2007（8）：5-8.

间与同步课程或同步教研的时间冲突。第三，制定契合学情的教学与教研计划，名师应了解对接的一线教师的专业水平和专业需要，切勿"一刀切"，应增加与一线教师的交流与沟通，以及时掌握教师专业层次和专业需求，制定契合学情的教学、教研计划。第四，一线学校借助政府力量，与专业教研团队建立合作，重视第三方教研专业评估团队的介入，了解教研共同体实时活动的具体进展。同时，一线教师立足教学的技术基础，主动参与技术化教学，注重教学效果的技术诊断，让跨区域教研共同体建设深入一线教研现场。第五，立足教学成效评估与评价，通过学业质量监测为区域教育生态做"健康体检"，以丰富多元的"体检报告"揭示教育生态面貌，形成"监测结果→研读数据→精准诊断→合理归因→科学寻策→靶向改进→后测检验"的区域教育生态重构体系闭环[①]。

2. 培育教师的信息化教学能力

兴趣和自我持续学习是教育主体发展的催化剂，对于教学变革的兴趣和建立在兴趣基础上的自我持续学习力是教育生态重构的关键一环[②]。其中，能否有效推行教育信息化建设的主导因素是教师，"数字技术不会取代教师"，"考虑到信息和通信技术的潜力，教师现在应成为向导，引导学习者（从幼儿时期开始，贯穿整个学习轨迹）通过不断扩大知识库来实现发展和进步"[③]。这预示着传统的教育教学环境已经朝向信息化转型，注重教师信息化教学能力培育是必要的教改选择[④]。具体讲，要以线上与线下相结合的方式为教师提供信息技术理论课程培训，增进教师对信息化教学本质与优势的理解。同时，为教师提供线上或线下的跨区域教研机会，尊重教师的专业话语权，使其自主决定教学中是否以及何时运用技术设备。此外，为教师营造良好的信息化环境，规避教学过程的技术性故障，保证教师能够有序运用信息化教学技术和资源。

3. 设计与实施个性化教学方案

教学设计是教师专业知识的第一表征，学生的全面、全体、个性发展是教学体系建立要关注的基本点。设计个性化教学方案是运用信息技术加快人才培养模

① 罗强，宋一丹. 大数据：以质量监测透视区域教育生态——苏州市义务教育学业质量监测的实践探索[N]. 中国教育报，2020-10-17（003）.

② Barron, B. Interest and self-sustained learning as catalysts of development: A learning ecology perspective[J]. Human Development, 2006, 49(4): 193-224.

③ 联合国教科文组织. 反思教育：向"全球共同利益"的理念转变？[M]. 联合国教科文组织总部中文科，译. 北京：教育科学出版社，2017：46.

④ 杨磊，朱德全. 教师信息化学习力测评模型的构建与应用[J]. 现代远距离教育，2019（6）：20-28.

式变革，为学生提供"按需所求，量体裁衣"式的教学计划，实现规模化教育与个性化培养的有机结合。其中，教学设计的"预设"要考虑教学过程的"生成"，教学设计要以学生为中心，介入学生正当需要。同时，学校在教育部门的统筹协同下，要主动与教学科研专业团队建立合作，注重教学方案的技术诊断。再者，通过信息技术支持，教师可以利用智慧课堂交互技术与资源平台，以促进学生多元化发展为目的，重点关注师生互动与情感交互，分层设计教学方案。对于跨区域教学共同体建设，要设定明确的教学目标，动态监测朝向目标努力的教学过程，实时反馈基于学生学习状态的教学功效，以便教师及时进行教学调整[1]。

　　总之，在信息化时代，教学与信息技术深度融合是教育变革的必然趋势，不打破并重构既有的教育生态，信息化教学就很难发挥其应然价值，也使得教学信息化的教育成效难以彰显。作为信息化时代新型教学方式探索的产物，跨区域教学共同体建设迎合传统教学现代转型需求，对于教育生态重构产生重要影响，是重构教育生态的关键选择。一方面，"只有当信息技术广泛应用于学校日常教育教学活动中，成为系统有机的组成部分的时候，也就是使学校生态形成一个新的稳定的生态系统的时候"[2]。另一方面，"智能时代的教育不能陷入技术主义的窠臼，需要超越单纯的功利主义，回归到以智能技术促进人的健康自由全面发展、帮助人类实现美好生活的人文主义立场上来"[3]。为此，跨区域教学共同体建设重构教育生态既是让人心向往之的教育愿景，也是道阻且长的教育远景，亟待立足教学实践场域持续求索探问。道路可能漫长久远，但可期、可盼、可待！

（四）不可忽视的常见问题

　　"跨区域教学共同体建设重构教育生态"是在跨区域同步教学活动统摄之下产生的"教育硕果"，是与信息时代传统教育教学改革、教育生态重构等教育命题同频共振的教育议题。参与跨区域同步教学的试点县、试点校及试点班教师和学生的表现，验证了跨区域教学共同体建设重构教育生态的基本事实。但是，在为跨区域教学共同体建设重构教育生态的实践成效"点赞"的同时，还有必要存在"忧患意识"，直面跨区域教学共同体建设重构教育生态的常见问题。

　　[1] Van Geel, M., Keuning, T., Frèrejean, J., et al.Capturing the complexity of differentiated instruction[J]. School Effectiveness & School Improvement, 2018, 30(1): 1-17.
　　[2] 余胜泉. 教育信息化的生态观：信息生态系统[J]. 软件导刊，2006（14）：1.
　　[3] 范国睿. 后大流行时代的教育生态重建[J]. 复旦教育论坛，2020（4）：12-28.

1. 自上而下项目的局限性

跨区域教学共同体建设是一个典型的"自上而下"的项目式的教学改革实践探索,有明确的项目指导者和执行者。尽管通过协商确定了项目实施的具体方案,可是对于具体执行项目的一线人员,同样需要知其然并知其所以然。无疑,依托于行政指导的试点项目,在某种程度上可能附随于行政指导,而使教师丧失自身的能动性和主动性、创新性。要承认的是,跨区域教学共同体建设初衷实属善好,实施过程中平台开发和使用的主管双方沟通较多,但行政味道导致不少一线教师成为被动的项目执行者,缺少对于项目本身的深度理解和创新性执行。跨区域教学共同体建设过程中,少数参与其中的教师表示,接受这一项目任务是被动的,很少有自己选择的可能性及教学的发挥空间。

除此之外,跨区域教学共同体实践活动中很大程度上由行政指派占据主导。要看到,行政指派是必要的,不过需要注意方式方法。中小学阶段是一个充满情怀的教育阶段,一个充满良性教育生态的环境,教育管理更多的应强调协商,在协商中实现教育关涉各方教育愿景的统一。因此,跨区域教学共同体建设过程中行政指派过多,影响教师根据自身教学经验主动创新的空间,导致一些教师直率地为完成行政任务而做,并非纯粹地为学生更好地成长而做,工具性、机械性价值显著。

2. 双师授课缺少双向沟通

跨区域教学共同体实施过程中,"双师课堂"的价值毋庸置疑,远程授课教师为主,试点校教师配合为辅,双方合作完成一节课程。可是,同步教学过程中双师授课前后往往缺少沟通,仅借助微信消息、偶尔的语音通话、经常性的课中微信群的视频录放和传送,不能真正全面反映教师授课与学生学习的质量和效果。这些显见的要素往往是形式性的,是对表面现象的一种局部性映现,而其隐性的质量和效果绝不可能仅通过几句话和一些零碎的视频片段即可体现。显见的是,当前的同步授课往往是一位远程授课教师负责一节课的一个知识点的教授,另一节课的另一个知识点由另一位远程授课教师负责。显然,授课专家在变,试点校的教师不变,学生也不变,试点校的教师和学生不断在适应新教师的新授课风格的过程中学习。预期是完整的,可现实却是残缺的。课前,试点校教师需要和不同的专家沟通,课中需要录制和传送视频,这些任务足以将一位教师的心力耗尽,课后很难再要求其与远程授课教师就课中知识点及学生的学习情况等进行沟通。教育质量和效果出现折损也就意料之外且情理之中。

双向沟通不畅还反映在跨区域教学的课程选择与课堂教学上。比如，基本上所有科目课程的选择缺少连续性，前一节课授课知识点与下一节课授课知识点常常没有直接的关系，同步课教授内容的选择很大程度上是"方便"取向，或是时间方便，或是教师方便，或是知识点讲授方便。究其根源，课程选择缺乏有效规划是根源，当试点校和远程授课教师皆无法确认讲授具体内容之时，很难要求和期待学生能够在其中学有所得和学有所获。

3. 教师态度影响教学效果

跨区域教学共同体建设实施初期，很多教师对跨区域教学共同体建设在本校的推进落实抱有很高的期待，意欲从中学习很多的外域理念和方法，提高学生成绩。可是，当同步教学真正在学校"落地"，他们可能发现其与自身设想并不一致，久而久之就不再对这种课程抱有期待，继而产生"有它无它"皆可的教育心态。毋庸讳言，教师这种"无所谓"态度带来的结果一定是负向的。

跨区域教学共同体建设的推进，绝不仅仅依靠教育行政领导、教育技术设备公司技术人员、高校研究人员，它更多依靠的是一线试点校试点班的负责教师。作为一种多方努力共同完成的教育项目，它也是一个任何环节缺损皆会导致教学改革效果难以实现的范畴。当教师存在懈怠心态而未能全力以赴为跨区域教学共同体建设目标的实现而尽力付出时，跨区域教学共同体建设出现问题、真正教育出现折损也就是自然而然的。因此，教师态度有待适时调整，这不能是一句空话。

4. 教育技术及运用的局限

教育技术是一个中性的新生代范畴，其存在的价值及其产生的实际价值取决于技术使用者的教育智慧和本领，而且当下的教育技术处在一个不断优化、改进的过程中，短板渐现和改进重生并不会让人意外。而且，教育技术毕竟由人在创造和设计，它一定不同于人的智慧实践，虽然在教育技术层面，全景学习平台建设在技术硬件和软件两个方面都在不断进行更新换代，逐渐解决一些显见的应用上的问题。可是，系统卡顿、系统闪退、耳机噪声、声音传输中断、声音模糊、学生视力影响等，都是技术短板带来的对授课质量的折损，还可能会影响学生的身体健康。

在跨区域同步课堂教学实践中，还存在一些问题：一是个别学生的平板电脑多次出现系统卡顿，可是其并未主动向教师求助，仅目光呆滞地盯着平板电脑屏幕或者做其他小动作；二是课堂中教师不断地用手机拍摄学生的学生状况，当摄像头对准学生的时候，其他学生自然会将目光转移到教师的手机上而分散学习注意力；三是学生看不见远程授课教师，课堂互动效果较差，教师的提问与学生的回答中间有时间差，且惯常出现的对话是"你说的什么？我没听清楚，再说一遍好吗？"；四是教师在教室来回走动，学生时时处处被规制在教师的视野之内，教师的巡视重点是维持课堂纪律，对于课堂教学的帮助有限；五是下课后，一些学生用力地将耳机拿掉，而且显得很疲惫，用力地揉眼睛；等等。一般情况下，即便课中学生设备出现技术故障，授课教师的课程仍在继续，一些问题设备导致对应的学生无法正常听课；授课教师的设备出现问题，则直接导致授课中断，这意味着所有试点班的学生无法上课，而上课时间却依旧在流逝。这一切皆是教育技术运用实践中的局限。

第六章

跨区域教研共同体建设

　　"教研"是"教学"的"衍生品"和"辅助物"，优质教学来自教研创新，"跨区域教学共同体"与"跨区域教研共同体"是跨区域同步教学体系内相伴互成的教育存在。第五章已经对跨区域教学共同体建设进行论述，并就其重构教育生态的路径与方法予以叙说。本章对跨区域同步教学重构教育生态的另一支点——跨区域教研共同体建设进行系统性阐述。

　　信息时代，互联网技术为构建新型教研模式提供机遇，引发教研形态转型，尤其是在系列教育信息化政策的指导规范下，极大地拓展了教研活动场域，促成跨校、跨区教研共同体的建设，实现优质教研资源的跨区域流动，让教研条件相对短缺的教师受惠于信息化教研蕴藏的专业资源。跨区域教研共同体建设是重构教育生态的重要"抓手"之一，它主张以同步单元教研为基础，通过异步教研、同步教研、示范教学、专递课堂等形式，以国家级名师团队对接欠发达地区县级教研共同体，实现"输血+造血"的跨区域教研协同，达成重构教育生态的目标与愿景。

一、跨区域教研共同体建设的依据

　　马克思把科学知识视作"一般生产力"，哈贝马斯提到科学是"第一位的生产力"，改革开放之后我国更是提出"科学技术是第一生产力"。可以说，科技进步为社会各领域改革提供引领性的技术基础。回观中国社会发展，国人经历了从"传统"走向"现代"的过程，当下社会对于"技术"较为敏感，尤其是关涉创新频生的教育领域，教研创新越来越多地与富寓科学性的信息化联系起来，对于信息技术的崇奉成为部分群体进行教研改革的"向导"。在"技术为王"的信息时代，信息技术正在重构传统教研，信息技术的引入为传统教研改革提供了一种新的视角与可能,技术赋能让信息技术需要且能够重构传统教研,进而产生"跨区域教研共同体"。信息技术重构教研,要发挥信息技术在教研创新中的功用,让技术在教研中常态化运用,助力教育生态持续发展。

（一）国家教育信息化建设政策

教育信息化建设的政策目标在于基本建成人人可享有优质教育资源的信息化学习环境,基本形成学习型社会的信息化支撑服务体系,基本实现宽带网络的全面覆盖,信息技术与教育融合发展的水平显著提升。

2010 年,《国家中长期教育改革和发展规划纲要（2010—2020 年）》强调,要"把教育信息化纳入国家信息化发展整体战略,超前部署教育信息网络"[1]。为推进落实该纲要关于教育信息化建设的部署,教育部编制《教育信息化十年发展规划（2011—2020 年）》,指出到 2020 年"基本实现所有地区和各级各类学校宽带网络的全面覆盖,教育管理信息化水平显著提高,信息技术与教育融合发展的水平显著提升"[2]。

为科学引导"十三五"时期信息产业持续健康发展,国家先后出台了《国家信息化发展战略纲要》《国务院关于积极推进"互联网+"行动的指导意见》《国务院关于深化制造业与互联网融合发展的指导意见》等重大政策,尤其是工信部与国家发改委 2017 年 1 月印发的《信息产业发展指南》,明确了我国信息产业发展的主要任务和重点领域。其中,教育作为社会大系统下关键的子系统,社会改革的信息化趋势会引起教育领域的信息化转型,尤其是未来的泛在学习以及各种教育设备与系统的出现和普及,将会成为国家信息化建设关照的重点。可以说,信息技术的不断发展正在引领教育领域教学方式等范畴的升级转型,催生教研领域传统教研活动由线下走向线上,逐步搭建起教研共同体,以"双线混融"的方式在不同地区、学校实现区域间教研协同。

2013 年 5 月,《教育部关于深化中小学教师培训模式改革全面提升培训质量的指导意见》提出,"要积极推进教师网络研修社区建设,推动教师网上和网下研修结合、虚拟学习和教学实践结合的混合学习;开展区域间教师网上协同研修,促进教师同行交流……推动网络研修与校本研修整合……促进教研与培训有机结

---

① 国家中长期教育改革和发展规划纲要（2010—2020 年）[EB/OL]. 2010-07-29. http://www.moe.gov.cn/srcsite/A01/s7048/201007/t20100729_171904.html.

② 教育部关于印发《教育信息化十年发展规划（2011—2020 年）》的通知[EB/OL]. 2012-03-13. http://www.moe.gov.cn/srcsite/A16/s3342/201203/t20120313_133322.html.

合，切实发挥校本研修的基础作用"①。2013 年 10 月，《教育部关于实施全国中小学教师信息技术应用能力提升工程的意见》强调，"各地要根据信息技术环境下教师学习特点，有效利用网络研修社区，推行网络研修与现场实践相结合的混合式培训……积极推动网络研修与校本研修整合培训，建立以校为本的常态化培训机制"②。2019 年 3 月，《教育部关于实施全国中小学教师信息技术应用能力提升工程 2.0 的意见》再次强调，要"在培训团队指导下，采取校本研修、区域教研、教师选学等多种方式，将集中培训、网络研修与实践应用相结合，以学科信息化教学为重点，整校推进开展教师信息技术应用培训"，并且"围绕学科课程标准、专业教学标准，以问题为导向，以专题研修为抓手，推进相关教学设备和学科软件应用，开展教学案例研讨、课堂实录分析等信息化教学校本研修"。③

这些政策推进了跨区域教研共同体建设，倡导教研改革转型，为跨区域教研共同体建设重构教育生态提供政策基础。

（二）教研与教学共存共在关系

"教学"与"教研"是密切关联、相互促成的统一体，虽然"教学"远远早于"教研"出现在育人活动之中，但是缺少"教研"的"教学"，就丧失了提高质量与品质的关键一环，尤其是现如今信息技术融入教育现场带来的教育情境的复杂性远高于历史上任何一个时期，"教学"的提质增效不能缺少"教研"的创新。"互联网+"教育背景下，"跨区域教研共同体建设"让传统教学活动由"有教无研"到"教研一体"。

无数的教学改革事实已经证明，教学需要教研，教学创新需要教研创新，传统教学的范型发生改变，要求传统教研也要发生改变，教学与教研的附生关系推动着教研的改革④。当今的教育不再是"一支粉笔一块黑板"式的教学，教学形式、教学内容、教学场景、教学资源等都在发生巨大改变。传统的"分数中心论"在当今社会的教学中虽然依旧存在强劲势头，可是其"主导"地位被动摇，甚至随

① 教育部关于深化中小学教师培训模式改革全面提升培训质量的指导意见[EB/OL]. 2013-05-06. http://www.moe.gov.cn/srcsite/A10/s7034/201305/t20130508_151910.html.

② 教育部决定实施全国中小学教师信息技术应用能力提升工程[EB/OL]. 2013-10-28. http://www.moe.gov.cn/srcsite/A10/s7034/201310/t20131028_159042.html.

③ 教育部关于实施全国中小学教师信息技术应用能力提升工程 2.0 的意见 [EB/OL]. 2019-03-21. http://www.moe.gov.cn/srcsite/A10/s7034/201904/t20190402_376493.html.

④ John, P. D., Sutherland, R. Teaching and learning with ICT: New technology, new pedagogy[J]. Education, Communication and Information, 2004, 4(1): 101-107.

着人才评价体系的改革在未来会被替代。教学面临巨大挑战，就不能再对教研放置不理，要发挥其育人功用。也即，教学的形态变化决定了教研也必须要发生变化。传统教研以校本教研为主，信息技术的引入催生了跨区域同步教研。特别是，统编教材的推行让教师跨区域教研成为一种必要的选择，统编科目教研借助信息技术能够进一步提高教学的针对性和教学效果。现如今信息技术的发展可以让不同地区同一学科教师进行交流研讨，这让不是统编的科目也可以打破时空的限制，降低教研成本，扩大教研惠泽覆盖面。

跨区域教研共同体建设是打破区域间教研资源壁垒的重要选择，可以助推传统教研质量协同提升。在这个过程中，要明晰跨区域教研共同体的优势和成绩、不足和短板，让跨区域教研共同体建设乘着传统教研信息化转型的东风，为教育欠发达地区教育变革奠定基础、创造条件。因此，信息化时代的教学走向信息化，客观上让教研也朝向信息化转型，改变过去面对面的教研范式，实现跨区域教研活动的创生。在这样的背景下，教研借助教学信息化转型的时代机遇，主动将信息技术融入传统教研活动，由此促成跨区域教研共同体的萌生与创建。

（三）教研信息化转型升级要求

传统学校教研活动往往自上而下，教师在教研活动中处于非中心状态，教师、的积极性和自主性受限，导致教研在很多时候效率低下、流于形式。校本教研存在的前提是同一年级、同一学科的不同教师的存在，这对于学校班级数量和规模有要求。在一些小规模学校中，每一学科只有一名教师，不能开展同学科教师间的合作教研，不同学科教师间也缺乏合作教研的交流机制。有些学校组织了教研活动，但缺乏科学的规划与管理，使教研活动可能呈现无序、零散的状态。因此，传统教研必须与时俱进，必须借助外部力量或技术手段进行创新。信息时代，技术使得传统教研的信息化转型成为可能，用现代网络技术搭建教研新平台，改造现有教研模式，开创多主体、跨时空、低成本、高效率的教研新途径，以克服教研条件欠缺而对教研活动带来的阻碍。

教研是教师专业发展的源泉之一，网络教研是促进教师专业发展，以跨区域、开放性、多层面交流为特征的活动。教研是教学达至良性结果的必要环节，但传统教育中相对重教学、弱教研。信息化时代的"互联网+"教育正在推动形成以网络教研引领的教师专业发展新形态；跨区域同步教研是让信息技术祛魅与传统教研返魅，是信息化时代迎合传统教研信息化转型与创新的教研范型。

总之，跨区域教研共同体建设是在国家教育信息化政策的指导规范下，在信息化时代教学改革的推动助力下，在现实教研条件阻碍教学质量与育人实践提质增效的背景下，"千呼万唤"创生出来的教育范畴。它的出现，改变了传统的教研范式，为传统教学改革带来了新的契机，为传统育人模式创新带来了新的可能，在很大程度上借助信息技术带来的多维互联、共建共享、远程传输等优势，让农村的教师能和城里的教师共同探索教学问题，促进了名师效应向农村边远地区的有效辐射，促进了城乡教师教育教学理念的融合，促进了薄弱校教师教研水平的整体提升[①]，以此为基础颠覆了传统教研样态与生态，再造与创生了一种异于过往的、与时代同频共振的教育生态。

二、跨区域教研共同体建设的体系

2019年5月，中央电教馆组织启动"教研共同体协同提升项目"（本章以下简称"项目"），着力开展跨区域教研共同体建设，以同步单元教研为基础，通过异步教研、同步教研、示范教学、专递课堂等形式，以"中心校带教学点""一校带多点、一校带多校"等形式，将国家级名师团队对接欠发达地区县级教研共同体，县级教研共同体再以专递课堂、名师课堂等形式覆盖本县师资缺乏的教学点和农村薄弱学校，由此向欠发达地区输送优质教育资源，以进一步缩小区域、城乡、学校间教育发展差距。其中，跨区域教研共同体建设是项目落地转化为具象教研改革实践的关键选择。

跨区域教研共同体建设可堪是为我国欠发达地区薄弱学校的教师带来的一种福利，也是对这类薄弱学校教育质量和品质提高帮扶效果最明显之所在。按照既定教研改革计划与安排，项目以实现不同区域间的教师"教研协同"为重心，着力推进跨区域教研共同体建设，打破学校和班级的界限，整合区域名师力量，构建县级教研团队，对接发达地区教学教研名师，以"双师联手"的方式助力传统教研转型，推动教育发达地区与欠发达地区传统教研质量协同提升，尤其协助老少边穷地区、资源短缺地区基层学校解决教学教研工作的重难点，探索优化教育投入、扩大优质教育资源覆盖面的有效机制，构建教育新生态，推动区域教育均衡发展。跨区域教研共同体建设主要从教研平台、教研关系、教研内容、教研模式及教研评价五个方面（图6-1）展开，这五个方面也是重构教育生态的重要表征。

---

① 庄敏琦，庄菁玮，李明翔. "互联网+"背景下校际协作教研模式的研究与实践[J]. 中国电化教育，2015（12）：93-96+142.

图 6-1　跨区域教研共同体体系勾画

（一）教研平台扩展空间场域

技术主义滥觞之后，为提高教育质量和品质，人们不断地试图以技术创新引领教育创新，特别是引领教研形式的改革，为多元化的教研创新与需求满足提供专业支撑。其中，教研平台建设是建设跨区域教研共同体建设的首要任务。基于教研平台，教师可在教育教学专家的引领下，通过信息资源共享、信息交互沟通等途径参与教研活动，实现个人知识建构，促进专业发展[①]。要承认的是，没有教研平台作为教研活动支撑，一切的教研活动创新都是"空谈"。

由中央电教馆统筹协调，项目采用北京国发天元信息技术有限公司开发的全景学习平台作为教研平台，该平台为以教研创新驱动教育生态重构提供了关键保障。以全景学习平台为载体，试点校教师可利用电脑、手机等登录该平台，参与同步、异步教研，共享优质课程资源。比如，作为早期参与的试点县，雷波县、左权县将跨区域教研共同体建设资源与模式与本地的教学、教研相结合，将全景学习平台作为老师们常态化使用的技术工具，带动县其他村小等薄弱学校共同发展。可以说，全景学习平台为参与跨区域教研共同体建设的"双师"及学校提供了及时、得力的技术支持，满足了跨区域教研共同体建设的基本需要。

（二）教研关系凸显主体交往

网络教研是一种促进教师专业发展的新型教研模式，它促使教学资源共享与

---

① 赵昱.区域网络教研平台的功能框架研究[J].中国电化教育，2008（11）：57-60.

交流，提高教师科研水平，提升教师素养，使他们形成自己的教学风格①。为保证项目各环节得到有效落实，中央电教馆严格按照项目要求遴选学科县级教研团队成员，保证与国家级名师团队有效对接，使优质资源更好地落地。这些名师团队，既有来自教育发达省份的名师，也有来自教育欠发达地区试点校所在地的名师，充分考虑到了试点县的教情、学情，充分考虑到了名师团队的不同优势，充分考虑到了一线学校教师的专业基础，充分发挥了名师团队的主动性和积极性。

跨区域教研共同体建设依托中央电教馆从全国范围内选拔的、覆盖多个省市的教研团队，立足参与跨区域教研共同体的试点县的教情与学情，期待以教研关系建设重构传统教研主体交往型态。其中，试点班教师一般都是本校的骨干教师，日常会带领整个年级学科组学习主讲教师的教学设计，并结合自己的班级实际，走进课堂寻求改进，继而实现自我变革、自我成长。

此外，传统课堂信息化建设是教研名师团队开展教研活动的重心之一，团队引导一线教师发现、理解、改进传统课堂短板，再造与创生一种新的课堂教学体系与结构，建构一种指向教师专业教学能力提升、育人效果进一步增强的教研生态。其中，通过与带教名师团队建立交流合作，试点班教师学习了教育教学的新理念和新知识，获得了课程和学科的新知识，改进了教育教学实践。由此，一定程度上可以对学到的专业知识进行内化和转化。

（三）教研内容满足实践需求

为保证教研过程有序推进，各试点县建立组织保障机制，分别以县政府、县教育局、教研室等部门领导为责任人成立跨区域教研共同体建设工作小组，统筹推进，组织召开项目部署会，定期进行项目经验交流。虽然各个试点县都有自身特色和重点工作，但均着重围绕教研内容的选择进行优化，可以说，满足教研实际需求是跨区域教研共同体建设过程中每个试点县的重点工作。其中，"教研内容"是教研活动的"生命线"，在一定程度上决定教研的成效，以教研内容建设重构传统教研是以跨区域教研共同体重构教育生态的关键选择。因此，重组教研内容、满足教研实践需求是跨区域教研共同体建设的关键一招。

一方面，关注教情与学情实际，以"事实"为依据确定"教研内容"。跨区域教研共同体建设以县为单位进行组织管理，在县教育局下设教研共同体常规活动的组织管理部门与体系架构，及时了解、研判和把握教研活动的实效。其中，

---

① 肖正德. 网络教研：一种促进教师专业发展的新型教研模式[J]. 现代远距离教育，2007（1）：34-36.

名师与试点校教师的沟通交流是了解试点校学校教研水平与实际需求的重要途径，应重点关注学生现有的知识水平与学校经验水平，厘清不同年龄水平、不同学习水平及不同特质的教师个体、学生个体的认知特点与水平差异，以此明晰试点校学生的基本学习水平、教师的专业发展实际需要以及对于教学内容的可接受程度、层次。然后，名师以此为基础，向试点校教师传授切合不同学情需求的教育教学方式方法，立足内容建设充分激发学生的学习热情和获得感、满足感，助力教学活动的提质增效。

另一方面，跨区域教研共同体建设的常态化推进以教学内容建设为重点，聚焦内容研讨，深化双师之间的对话与沟通。跨区域教研共同体的常规活动实行网上教师群体共同针对一个知识点的切磋交流，立足教材与问题导向相统一，对于教研内容的选择及其内部的交流讨论，每位教师都可以通过发言贡献自己的教育智慧，通过与教育同行的研讨，提升自己对于教学、教研、教育的理性理解。总之，通过跨区域共同教研，让教师真正参与到学习中，在教研中深挖课程资源，善用教学方法最优化配置教学中的各种资源。

要注意的是，跨区域教研共同体建设立足教研内容建设，充分满足欠发达地区学校发展与管理、教师教学与专业进步、学生学习的真实需求与渴望，真正实现了"异地+同步"教研相结合，跨区域共享优质教育资源，使欠发达地区的教师足不出户即可与外界同行和专家积极交流、互相学习和教学互动，提升其职业素养和专业本领。这是教研内容建设的一大亮点。正因教研内容更加科学、有效且富有针对性，其对于教育生态的重构产生显著影响，改善了欠发达地区学校的发展样态与样貌。

（四）教研模式呈现行动范式

跨区域教研共同体建设有常规的教研模式。教研模式是指在一定的教研思想或理论指导下开展教研行为的框架结构，它具有比较典型和稳定的程序性[①]。跨区域教研共同体建设立足信息化技术，突破视频直播、录播、传输、存储等技术瓶颈，在传统教研领域实现人人、时时、处处皆可研讨交流，带来了传统教研模式的创新。技术导向的教研模式所带来的不仅是教研工具上的变化，更重要的是可能重新塑造现有的教研方式、方法、价值和观念，以教研模式建设重构传统教研

---

① 胡小勇，曹宇星. 面向"互联网+"的教研模式与发展路径研究[J]. 中国电化教育，2019（6）：80-85.

实践行动范式，由此推动教育生态的重构①。其中，教师参与同步教研活动，从教学语言、教学应变、课件制作、课程讲授、课堂互动、课程反馈、课后作业、教学反思等方面开展交流，通过集体式教学研讨，分析自身存在的不足和缺陷，探讨日常容易出现的弊端和易于忽视的短板，主动反思并寻得改进和规避的策略，以学生的学习所得、所获为靶心，以提高课堂教学的效率和学生学习的效率。

与此同时，教师可以多终端参与异步教研、同步教研、示范课等，手机、电脑和平板电脑等常态化设备成为教研共同体内教师交流沟通、彼此互评的主要媒介和工具。此外，跨区域教研共同体建设强调县域内教师选择多样的教研形式，借助示范课、同步教研和异步教研，推广以"名师带县级名师"+"县级名师带教学点教师"的教研模式，以实现对县级名师、教学点名师的培养。比如，云南省楚雄市结合县级语文学科工作室教研模式，定期举办语文学科网络教研，带动县级教师专业发展。福建省周宁县参照项目模式，在完成单元教研后在县内开展试点课，由县教研团队成员对其他薄弱学校以专递课堂的形式进行教学，实现"做中学、学中做"，并且利用"手机推流"技术使县内更多老师、学生获益。教师们普遍认为，在教研活动中，很多优秀教师奉献了完整、有创意的优质课堂教学模式；异步教研让他们了解了课堂的设计思路，同步教研进一步从理论上把握课堂设计思路，示范课展示了真实的课堂教学，都很有意义。

（五）教研评价注重持续改进

"评价"是改革质效的参考，评价提供的对改革主体过程性的事实反馈，能够为改革主体调整改革方案和实践行动提供精准的参照，进而使得教育评价活动的开展"有的放矢"。在这样的背景下，以教研评价建设重构传统教研成效的检验方式成为跨区域教研共同体建设的重要立足点。现如今，面向学校教育的信息化教育系统和平台已经有很多，信息技术设备已经逐渐渗透到学校教育的各个方面，教师群体在参与学校信息化建设过程中会产生一系列的数据信息。跨区域教研共同体建设作为信息化教研改革的一种重要尝试，教师参与其中，势必也会产生诸多值得关注并且能够体现教师参与教研实效性的数据。

随着各个学科活动的相继开展，参与跨区域教研共同体建设的教师的积极性不断提升。为了了解参与教研共同体对于教师教研的真正成效，跨区域教研共同体建设强调基于学校决策需求的导引，立足大数据思维，运用技术将教研数据收

---

① 钟柏昌，胡昭琼，李艺.走向生态型网络教研[J]. 教育理论与实践，2011，31（11）：21-23.

集平台进行统整，升级关于教研过程性、整体性数据收集的功能，设计若干教师教研评价决策需要的关键指标、重点指标，定期或者自动生成数据，为教育部门、学校管理者及教师群体了解教研过程与成效提供参考。其中，学校层面教研数据的收集要以决策结果为导向，真正使大数据运用于教研考评决策，运用于教研改进实践，而非单纯只为创建学校教研数据仓库。跨区域教研共同体的每一次教研活动结束之时，名师与试点县教师还会围绕教研活动实时反馈利弊得失，扎根教研实际过程进行双向互评以及个人自评，以"简报""美篇""推文"等形式分享与总结教研活动的收获和不足。

总之，信息技术引领教研改革已经成为一种不可逆转的趋势。以技术为教研改革蓄力，是信息化时代教育改革的重要组成部分，客观上带来了教育生态重构的结局。因此，跨区域教研共同体建设重构教育生态成为信息化时代教研改革的重要选择，也是传统教研信息化转型与发展的必然结果。由此，珍视技术的教育功用，并将其理性融入传统教研过程，已经成为重构教育生态不可或缺的重要一环。

三、跨区域教研共同体建设的实践

早在 1980 年 12 月，中央工作会议提出，"我们要改革，但是步子要稳……随时总结经验，也就是要'摸着石头过河'"[①]。显见的是，改革的发生总是充满不确定性，无法精准预测改革结果的功过与否，教育领域的改革也不例外。正是出于这样的考虑，针对跨区域教研共同体建设具体实践的实施成效，中央电教馆项目领导小组进行了一系列调查，以期从整体上把握跨区域教研共同体建设的成效与问题。对于成效与问题的系统性分析，就是对"摸着石头过河"的以跨区域教研共同体重构教育生态的"实践及其成效"与"影响因素与问题"的认识。

2019—2020 学年、2020—2021 学年，跨区域教研共同体建设在全国范围内展开。各省份的试点县、试点校、项目参与教师和名师团队四类主体都参与其中。在实践开展过程中，中央电教馆项目领导小组每学年都对跨区域教研共同体建设的情况即成效进行年度评估，以全面掌握典型性成效数据，并对其样态进行描叙，以为后续发展和改进提出建议。下面概要式陈述这两个学年的评估结果。

2019 年 5 月，中央电教馆在新疆阿克苏市启动项目，并在新疆选择 40 个试点县。截止到 2021 年 6 月，项目在线活动覆盖了 27 个省份 85 个试点县的 2700

---

① 陈云. 陈云文选（第三卷）[M]. 北京：人民出版社，1995：279.

多所中小学学校，基本指向我国教育欠发达地区的教育薄弱县以及县域内的薄弱学校。

2019—2020 学年的调查数据显示，以跨区域教研共同体建设为核心任务的项目已经覆盖 25 个省份的 52 个试点县，主要集中在中西部偏远地区。其中东部地区 9 个（北京、上海、广东、山东、河北、浙江、福建、辽宁、吉林），中部地区 4 个（山西、湖北、江西、湖南），西部地区 12 个（重庆、四川、云南、陕西、甘肃、青海、贵州、广西、宁夏、西藏、新疆、内蒙古）。

2020—2021 学年的调查数据显示，在此次接受调查的 35 个试点县中，从参与的学校数、教师数和学生数来看，规模相对说来已经比较大。35 个试点县中，超过 1/3 的小学和接近 1/2 的初中参与其中，参与的初中和小学教师约占全部的 1/3，受益小学生约占全体的 1/3，受益初中生约占全体的 1/5。跨区域教研共同体建设活动也带动了这些地区本地部分教研团队的参与。

（一）试点县的实施得力

在跨区域教研共同体建设过程中，中央电教馆统筹协调，省市电教馆协助，试点县负责人组织教师参加教研活动，并以不同形式召开项目推进会，保证项目落地生根。2021 年的调查数据显示，97.92% 的试点县成立了县级领导小组，由专人负责实施跨区域教研共同体建设活动；95.83% 的试点县对学校参与跨区域教研共同体建设的情况进行检查和指导；93.75% 的试点县为跨区域教研共同体建设提供技术支持；91.67% 的试点县结合跨区域教研共同体建设的实施情况开展线下研讨；90% 的试点县定期发布跨区域教研共同体建设简报，对活动进行总结和调整。

2020—2021 学年的调查数据显示，在 35 个参与跨区域教研共同体建的试点县中，有 31 个县有 2021 年项目实施方案；有 33 个县撰写了 2021 年上半年度工作总结，但都没有将这些材料上传给调查组；有 34 个县有专人负责项目的实施；有 25 个县的县级教育局召开了相关工作会议，其中，7 个县开过 1 次会，12 个县开过 2 次会议，3 个县开过 3 次会议，3 个县开过 5 次以上的会议。值得欣慰的是，这些试点县中已经有 14 个将项目活动纳入中小学教师继续教育之中，以学分形式认可活动；有 29 个县在 2021 年上半年组织编辑和发布项目简报，其中有 26 个县提供了上半年的简报数量（12 个县编辑了 1—5 期，5 个县编辑了 6—10 期，6 个县编辑了 11—20 期，3 个县编辑了 20 多期）。2021 年上半年，有 25 个试点县实施了项目检查与指导工作，其中，7 个县有过 1 次，8 个县有过 2 次，3 个县有过

3 次，4 个县有过 4 次，2 个县有过 5 次，1 个县则有 5 次以上活动。这说明参与跨区域教研共同体建设的试点县对于项目的组织有力且有效。

（二）教师参与满意度高

教师是跨区域教研共同体建设的主要参与者，教师满意度是体现跨区域教研共同体建设实施效果及其反响的重要指标。其中，参与跨区域教研共同体建设的学校有四种类型，即城市学校、县城学校、乡镇学校、村学校。2019—2020 学年的调查数据显示，参与跨区域教研共同体建设项目的教师占比由高到低为县城学校（50.7%）、乡镇学校（36.8%）、村学校（8.6%）、城市学校（3.9%）。鉴于项目的目的是为中西部地区学校，尤其是为欠发达地区的县城学校和乡镇学校提供更好的教育资源，跨区域教研共同体建设主要面向偏远地区县城学校，这些地方的一线教师对跨区域教研共同体建设及其活动总体表示满意，具体体现在以下方面。

第一，对于教研平台的服务满意度高。跨区域教研共同体建设依托先进的全景学习平台具备伴随式大数据采集、分析功能，及时的反馈很大程度上提升了教研效果，教师对于平台使用的满意度较高。其中，教师群体对于使用全景学习平台的满意度评价均超过 4.2（李克特五点量表赋分），对课堂数据反馈功能的平均满意度为 4.287，对作业系统功能的平均满意度为 4.210，可见，平台关涉教研的两项主要功能基本能够满足教师教研活动开展的需要。比如，雷波县的试点校在开展教研活动中撰写的新闻稿或者相关材料中，多次提到"教师利用先进的互联网矢量技术全景学习平台开展教研，老师们使用体验良好"等类似表述，这说明教师全体对于教研平台使用整体上是满意的。

第二，对于教研活动的形式满意度高。对于既有的多种教研形式，教师整体较为满意。教师对于跨区域教研共同体建设的组织形式的满意度均值大于 4，其中，满意度最高的跨区域教研共同体建设组织形式是示范课（4.478），其次是同步教研（4.456）、异步教研（4.390）。

第三，对于教研实践的收获满意度高。教师参与跨区域教研共同体的目的是"研有所得""研有所获"。教师认为教研设计的内容丰富（4.546），形式多样（4.472），还可以根据自身情况和需要选择教研形式，这使得教师对参与跨区域教研共同体建设的整体满意度较高（各项满意度均值均在 4 以上）。教师认为参加教研活动对改进教学有很大帮助（4.426），教师对教研活动的开展表示支持和满意（4.399）；学校要求教师要参与在线教研活动（4.096），并且教研活动的开展得到了多数家长支持（4.011）。教师表示，参与跨区域教研共同体实践活动提升了自身的教育教学能力，也使本地在领导实施、监督指导、设备支持等方面取得了一定的成效。

第四，对于教研的名师团队满意度高。名师团队建设是跨区域教研共同体建设的重点，教师认为名师团队授课水平高（4.674）、认真负责（4.688）、制作课件的水平高（4.678）。其中，王常亮名师团队、刘克臣名师团队、刘婧名师团队、宋浩志名师团队、张必华名师团队等开展的教研和教学活动，得到了试点县的充分认可。

（三）名师团队尽职尽责

2020年，中央电教馆在各省级电教馆的支持下，在全国近200个教研团队中选中与跨区域教研共同体建设内容贴合的28个国家级名师团队，并将北京市西城区教育研修学院、上海嘉定区教师进修学院作为教研资源输出单位，联合选择多个省份的教研团队，组建教研名师团队，承担教研实施任务。

名师团队与试点县教师结对，定向支持县域教师教研，打造和形成教研（学）共同体，以名师引领的方式，实现教研团队名师对县域教师的定向支持，助推县域名师的培养，再以县域名师带动县域内薄弱学校和教学点的教学教研改革和教育质量提升。

第一，计划提前发布。教研活动中，教研团队名师提前提交教学计划，各学科提前设计好教学内容，所有课程安排将在项目网站公布，便于老师们合理安排时间，尽量保证日常教学和跨区域教研共同体活动同时兼顾。正如雷波县的尔古衣散所说："参与李倩萍老师搭建的发展数学核心素养的自主探究活动，以及梁苑老师的培养迁移能力、内化运算意义等的教研项目活动，对自己帮助极大，我对以前的教学反思很多。他们的指导对于我如何更好地把握教材、解读教材，更好地完成教学任务有很大的帮助和启发。"

第二，因地制宜开展活动。2020年2月底，各名师团队克服自身困难，积极配合教研工作，由各团队负责人统筹，在无法面对面沟通的情况下利用微信群、QQ群等多种方式协调团队成员，分配教学任务。其中，根据不同区域教师的不同需求和不同水平进行分层指导，是名师团队指导教师开展教研工作的重要遵循。以此为基础，各名师团队可以根据教学大纲、学科特点和自身特长制定并开展教研活动。按照教研实施计划，2020年第一学期由名师团队优先开展教研活动，按照先异步后同步的教研模式，各县老师提前了解教研内容，授课名师汇总问题、掌握各县情况，以使每一节同步教研课达到最好效果。可以说，名师团队根据各地教情、学情需要，注重开展对一线学校教师的分层指导，是教研共同体协同提升的重要经验。比如，上海嘉定区教师进修学院作为资源输出单位，经过近三个学年的反思研讨、教学实践，嘉定区小学英语学科在"远程示范课和同步教研"中形成了定点、定时、定主题的常态化管理模式和实施流程。在小学英语学科名师共同体负责人、区教研员袁勇浩老师的精心安排和精准指导下，嘉定区封浜小学、古猗小学、德富路小学和真新小学四所学校认真开展了相关实践工作。再如，北京市西城区名师团队定向支持新疆的小学二、三年级数学，名师团队结合试点校的实际情况、需求及教学进度，以单元为整体进行教研活动，精心挑选教研课及示范课的内容，制订详细的计划，且每次都提前半小时到场试课件，与远程的老师打招呼、沟通了解情况。

第三，关注传统课堂建设。2020年4月，跨区域教研共同体建设项目组根据疫情动态和各名师团队实际情况，及时调整教研教学活动的方案，名师团队开始分批开展教研活动（即原有名师团队先开展教研活动，2020年新加入的名师团队结合自己实际情况选择合适时间开展教研活动），延迟开展示范课教学活动。疫情期间，各名师团队重点关注传统课堂建设，在双师互动的同步教学与多种形式的教研过程中，以传统课堂型态为基准，名师团队主动融入"在家上学"一线教师所需的课堂授课技巧、教学设计技能、师生互动方法、学生课后练习巩固的策略等内容，延续传统课堂教学效果，努力让一线教师即便"在家上课"也可以找到与传统课堂授课近似的"临场感"，让学生"在家上学"也能获得与传统课堂相同，甚或超越传统课堂的学习"获得感"。名师团队克服了种种困难，有序开展各项教研教学活动，并得到试点县学科教师的认可和肯定，取得的效果是非常明显的。比如，福建省周宁县现在自己开试点课；河北省威县、贵州省紫云苗族布依族自治县虽然加入晚，但是目前活动开展得很积极；湖北省孝昌县新增加了学科教研团队，积极参与教研活动；新疆维吾尔自治区岳普湖县、沙雅县和西藏自治区米林县、云南省楚雄市、河北省青龙满族自治县、四川省雷波县、山西省左权县等还是一如既往地积极参与，老师们在课后积极分享学习心得体会，给后加入的教师起到带头作用。事实上，这些参与的试点县，即便在疫情考验的情形下，其传统课堂的教学育人生态均得到不同程度的改观。

教研过程中，上海市嘉定区的名师团队重点实施"教研训"一体化，立足课堂，教中有研，研中有训，以训促教。在资源负责老师的帮助下建立学科教研共同体微信群。每个单元通过"三次推进"开展教研：第一次同步教研——单元教学设计说明；第二次示范课（同步教学）——课时教学样例实践；第三次同步教研——教学反思、评课研讨+下一单元教学设计说明。其间还会开展一次异步教研，目的是让试点校教师反馈教研过程的难点、困惑问题，为名师答疑提供参考。而且，教研过程主要采用"视听欣赏+现场解读与研讨"的方式，使教师之间教材分析和探讨更加生动，增强可听性。

第四，注重激发一线教师参与热情。名师团队在指导一线学校教师开展教研活动过程中，充分考虑到一线学校教师的教研需求，以贴地式的教研设计激发教师的参与热情。因此，不管何时何地，只要有教研活动，试点校的教师群体都会在第一时间参与，每一次教研活动后老师们都用心地撰写教研心得，每一份教研心得都是老师们最真感受的体现。其中，李娜、次尼曲珍、德吉卓嘎、周亚、张薪月、唐雪梅、阿旺拥珍（西藏自治区米林县），袁香、鲁琳（甘肃省天祝藏族自治县），张莹（江苏省邳州市），张刚（山东省平原县），蔡文菊（青海省大通回族土族自治县），徐光明、谭发荣（云南省楚雄市），杨晓莲（宁夏回族自治区固原市原州区），邵辉（河北省青龙满族自治县），王莉君（新疆维吾尔自治区库车市），孙世东（四川省雷波县），李桂芬（湖北省孝昌县）等老师的表现尤为突出，他们不仅参与每一次的异步教研并提出问题，而且很认真地参与同步教研，与讲课老师积极互动，通过一次次教研活动不断提升自己、完善自己。

四、跨区域教研共同体建设的策略

项目的关键选择是跨区域教研共同体建设，跨区域同步教学重构教育生态需要跨区域教研共同体作为重要支撑。2020—2021年，虽然存在疫情的影响，但是跨区域教研共同体建设并未中断，因地制宜采取的一系列教研活动举措有序有效，由此产生的成绩值得肯定。此次遍及全球的疫情也让传统教育的局限和短板暴露无遗，线上与线下教育的融合正在重塑教育生态系统，推动传统教育体系创新。在这种背景下，跨区域教研共同体建设采取了以下行动策略。

（一）创建责任分担体系

互联网的特色是多方参与、交流、互动。广域覆盖优质教育资源应用，推进信息技术与教育教学深度融合，是跨区域教研共同体建设的目标之一。在跨区域教研共同体建设过程中，强化政府统筹、扩大优质教研覆盖范围、实现责任分担非常重要。

1. 引入专业技术公司

中央电教馆继续在项目中引入北京国发天元信息技术有限公司开发的全景学习平台，参与跨区域教研共同体建设，弥补政府力量的不足。由企业提供专业技术服务，确保平台系统通畅，促进跨区域教研共同体建设顺利推进。

跨区域教研共同体建设依托的全景学习平台十分关键。跨区域教研共同体建设覆盖面广，技术公司须结合实践中不断出现的新问题，及时更新软硬件，不断完善与优化平台系统，力求在平台系统与设备的操作与使用上，降低对教师技术能力的要求，持续增强平台系统操作的便捷性。平台系统建设是保障跨区域教研共同体建设有序开展的前提，平台既是信息技术融入教研以重构传统教研的基础，又是以信息技术为传统教研提供助力的重要一环，但是这些信息技术需要务实和简单。技术公司还须注重与名师团队的联系与合作，及时吸收这些教师的合理诉求，将教学服务要求转变为技术产品的可应用性，不断地优化全景学习平台的各项功能及其指标，确保跨区域教研共同体建设进展顺利。

2. 探索经费投入机制保障

经费问题是教研信息化建设首先要解决的问题。缺少基本经费作为保障，教研变革很难推进和完成。在跨区域教研共同体建设实践中，中央电教馆提供少量项目运行经费，支付技术公司费用和全国性项目会议、国家级专家团队活动经费等，各试点县和学校分别承担项目运行费用，确保教研信息化建设经费来源的稳定，项目运行正常。在项目经费使用上，要求制定详细的经费使用计划清单，实行"专款专用"，严格监管经费使用。

3. 加强名师团队和试点县管理

中央电教馆作为牵头单位，负责对跨区域教研共同体建设进行管理与检查，注重对活动的指导，包括对国家级名师团队的管理与指导，及时帮助其解决工作开展中的实际困难，加强与其所在省级教育管理部门的联系和沟通，使其工作得到所在地方及单位的了解、理解、支持和指导。项目探索建立名师团队绩效反馈评价体系，实施基于活动数据的名师团队工作评价，实现对名师团队工作的全过程把控，并及时总结、交流，提炼成熟的教研模式。2020 年底，中央电教馆委托专家对国家级名师团队 2020 年工作进行绩效评估，并淘汰了 3 个团队。

中央电教馆始终坚持对试点县活动的管理和指导，积极调动县级名师团队参与跨区域教研共同体建设的积极性、稳定性和有效性，确保协同教研产生实效，产生辐射。疫情期间，除了对县级主管部门人员开展在线能力建设活动，中央电教馆还组织专家到试点县开展现场检查和指导。此外，中央电教馆还针对试点县开展工作评估，对于实施不得力、推进有困难、活动没效果的区域，不再纳入项目覆盖范围；对于取得显著成效的区域，则做好经验总结工作，并予以推广和宣传。中央电教馆协调地方教育行政部门加大项目支持力度，对于参加项目且表现优秀的教师在评优评先、职称评定、职务晋升等方面给予适当优先。

4. 试点县扎实做好教研共同体建设

县级教育部门在跨区域教研共同体建设推进上发挥骨干作用，将跨区域教研共同体建设与本地日常教研工作有机结合在一起，加强对本地名师团队的管理与指导，明确本地教研团队参与跨区域教研共同体建设活动的要求、任务并为其提供相关支持，使本地名师团队通过参与项目真正得到提高和发展，并在本地发挥影响、产生效果。

县级教育部门发挥统筹协调作用，理顺和协调本地名师团队成员参与活动的各种要求与条件，处理好这些成员本职工作与参与跨区域教研共同体建设之间的关系；为跨区域教研共同体建设提供地方性经费投入支持、政策性支持，如将其参与跨区域教研共同体建设的投入折算为适当的工作量，以提升其参与的积极性、实效性，不是只流于形式；注重加强学校网络与基础设施建设，完善以"三通两平台"为主的中小学信息网络建设，加速推进"宽带网络校校通""优质资源班班通""网络学习空间人人通"。一些县级教育部门还注意及时总结实践进展，及时发现并解决影响跨区域教研共同体建设的相关问题，并注重与中央电教馆的主动沟通和信息交流。

（二）体现名师引领作用

对绝大多数参与跨区域教研共同体建设的教师而言，这是一次难得的教育经历，即使对于国家级名师团队而言，也不只是简单的"输出"，而是工作中的不断"成长"与事业的"贡献"。为此，跨区域教研共同体建设是一线教师与名师团队合作完成的重要工作，双方共同参与、共同受益。

1. 名师团队主导教研

参与跨区域教研共同体建设的国家级名师团队分布在不同学科，其中一些学科如语文、数学、英语等有多个分布在不同地方的团队，且都有各自教育教学与教研方面的特长与优势。名师资源是跨区域教研共同体建设的宝贵资源之一，跨区域教研共同体建设取得阶段性成绩与名师团队的倾力支持、专业支持密不可分。

项目实施过程中，充分发挥名师团队的专业力量，强调团队与试点校合作设计与实施教研计划，让教研的实施更加有序、有效。同时，要求和支持名师团队在开展跨区域教研共同体建设活动中加强联系与协同、协调工作，突破各自为政的工作方式。例如，在活动设计、时间安排、活动主题等方面，加强相互联系与交流，努力形成一个整体。某个名师团队成员可以参与其他团队的跨区域教研共同体活动，取长补短，完善和改进自身活动。支持试点县名师团队选择与自身比较匹配的国家级名师团队，在协同教研上发挥更多的积极性，主动提出问题与要求，积极发表观点、提出意见建议，而不是一味地接受或质疑、指责。

2. 名师团队与试点县结对

跨区域教研共同体建设是开放式的，国家级名师团队原则上可以指导和服务于所有试点县，但在实践中难以实现对所有试点县的对接。鼓励国家级名师团队选择和联系部分试点县，基于这些县教情、学情和教研需求，借助教研平台，使双方建立更为密切的合作伙伴关系，努力使名师团队的指导和服务更有针对性和有效性，成为真正的教研共同体，推进多样的教研活动，进一步发挥名师教研共同体的影响力。在实践中，采取"国家级名师带县级名师"+"县级名师带教学点教师"模式，实现对县级名师、教学点名师的培养，具体形式有依托名师开展同步课堂、专递课堂等"双师"教学，组织集体备课、交流研讨等。在可能的情况下，还组织名师团队到试点县现场开展教研指导。有些试点县也主动邀请名师团队到本地观摩、调研和指导，为本地教研发展与教学改革提供外部智力支持。

3. 教师为中心的教研

教师是学校教育的主体，也是跨区域教研共同体建设重点关照的主体。跨区域教研共同体建设关注、服务每个参与教师，让教师拥有更多教育教学技能和手段，更好地融入跨区域教研共同体建设工作。

一是一线教师在项目中有发言权。即，赋予参与跨区域教研共同体建设的教师话语权，使他们可以自主提出基于个体实践感受而衍生的想法，提出对于教研内容的认识与要求。这样可以让教师在参与教研过程中有机会发表内心态度与想法，丰富教研共同体活动内容，密切名师与一般教师的关系。

二是树立教研共同体在教师心中的权威性。扭转教研过程中一些教师"不严肃"的态度，让其明确教研共同体建设不是信息技术与传统教研的重复叠加，而是一种教育变革的常理常规和必然趋势。跨区域教研共同体建设从创新教研组织模式、服务模式等角度出发，瞄准教师参与跨区域教研共同体建设的实际需要，明晰教师对于新信息技术、设备的心态变化。对于那些参与教研态度不积极、行动效率低的教师，早发现早清退，及时补充有意愿参与跨区域教研共同体建设的教师，以提高教研共同体建设的实际效益。

三是减轻教师不必要的负担。教师参与教研共同体是一种专业学习，学习过程势必会增加其负担。跨区域教研共同体建设过程中，应注意减轻教师不必要的负担，只要教师群体实实在在地参与每次活动即可，以学习为目的，不强行要求每次活动都写心得体会，注重教研实效。

四是注重教师教研素养培育与提高。项目实施过程中，为教师提供理解信息技术本质的理论培训课程，加强教师信息网络安全、数据伦理意识，增进教师对于信息技术本质与优势的理解；为教师提供线上跨区域教研机会，创建教师之间专业学习、研修的共同体，加强同一学段、同一学科教师的经验沟通；引导教师教会学生如何学习与如何思考，如何获取、鉴别和使用信息，如何提高解决复杂问题的能力、合作与沟通能力、批判性思考能力、创造力与想象力、团队精神等，即注重对学生高阶能力的塑成和终身学习能力的培养。

（三）依托数据实施考评

任何一项教育改革的成功都离不开科学、理性的评价体系，评价体系引入改革的目的是为改革过程与结果的是非利弊提供参考。其中，大数据运用于教研领域已经是不可逆转的教育趋势，也是挖掘教研潜在价值的重要手段。跨区域教研共同体建设考评体系也应引入大数据，为教研活动的教育科学决策寻找科学依据提供方向，使得教研决策及其实践科学化成为可能。

1. 注重收集项目实施数据

实践中，项目重视教师教研数据的动态更新。一是，确保数据来源是可信的。基于全景学习平台收集原始数据，保证数据的"原汁原味"；二是基于跨区域教研共同体建设实际需求，设计数据收集维度指标，避免收集不相关的信息；三是定期检验、清洗数据，以保证数据的准确性、动态性、高质量。

跨区域教研共同体建设依托技术支持单位，成立了专业的教师教研数据收集技术人员队伍，强化技术规范，避免因收集的数据过于异质化、分析过程的技术失范等而导致证据信息提取无效。中央电教馆委托评估组运营平台数据，对教研活动进行分析，2020 年底根据数据对名师团队活动进行评价。

2. 多维度实施教研评价

评价是教育管理的需要，是跨区域教研共同体建设的需要，也是教师参与教研活动的需要。在项目推进过程中，对参与跨区域教研共同体建设的县、学校、教师做好考评，不仅需要了解教研过程中产生的大量过程数据，也需要了解实际教研过程中一线的具体教研条件。唯有综合把握和处理教研共同体中县、学校、学校教师的投入、过程和结果的全程数据，才能够实施科学的教研评价。基于大数据、全过程、个别化的评价系统的教育评价可以提供教师教研的过程性数据，对这些数据的分析和反馈能够行之有效地评测教研过程的各个环节，借此以教研评价引领教研调整，为跨区域教研共同体建设提质增效。

在跨区域教研共同体建设过程中，多维度收集教学过程数据，涵盖名师示范课的听课评课，同步教研与异步教研课的课上互动、课后交流，教师实际需求满足程度等多个方面，深入明晰教研共同体实际运行概况和教师实际表现，以科学、全面评价共同体建设的实际效果。信息化时代的教研评价，从诸多过程性信息中选取合适的内容构成满足不同教师需求的评价方案，系统可将所有教师教研情况都反馈给教研共同体的创建者，便于管理者了解参与跨区域教研共同体建设的试点县、试点校、试点校教师的状况，进而为教研评价的调整奠定基础。

3. 注重专业引导与激励

激励制度是调动教师参与跨区域教研共同体建设积极性的关键步骤。实践中，有的教师积极性可能并不高，还有的教师将参与跨区域教研共同体建设视作一种行政任务，基于"完成任务"的心理去参与其中，导致教研成效低微。因此，跨区域教研共同体建设应注重建立激励制度建设，让参与的县、学校、教师有所得、有所获，更有获得感和幸福感。

为此，中央电教馆作为项目指导单位，在实施跨区域教研共同体建设时，不仅对项目县、学校、教师有行政方面的要求，还注重给予专业指导，与代行政管理形成合力。因为，"行政导向"的任务安排，一定程度上会为参与主体带来一定的"负担"，增加其日常工作压力，导致其"身在其内而心在其外"。因此，跨区域教研共同体建设优化管理方式，以专业指导辅助行政指派，实施教育的专业合作，减少强制性行政干预的负面影响，提高学校和教师对于共同体建设的接受意愿。通过对参与跨区域教研共同体建设的县、学校、教师进行专业指导，引领其接受教研改革，并以此激发其参与跨区域教研共同体建设的积极性和能动性。项目实施过程中，中央电教馆不仅邀请华东师范大学、云南师范大学和四川师范大学等校的专家、学者参与，还与地方教育研究机构和教师培训机构开展合作，共同促进跨区域教研共同体建设。

针对跨区域教研共同体建设过程中参与机构与教师投入的表现（包括投入的精力、时间和取得的效果），跨区域教研共同体建设项目适度开展了激励与表扬活动，体现出对参与者的肯定。首先，向地方教育部门与学校提出，将参与同步教学的教师表现纳入常规的教师考核与评价，尤其是教师绩效工资评价体系中；将这些教师的项目工作及其成效作为其在学校评优、评先、评职称的资料与证据。其次，对于参与教研共同体活动的教师，定期对其专业水平进行考评，根据其专业发展进度、投入度、参与积极性等指标，中央电教馆协同地方教育部门考虑给予相应的表彰与奖励，包括颁发相关证书，以增进教师参与跨区域教研共同体建设的荣誉感。最后，中央电教馆为国家级名师团队提供适当的经费支持，激发这些团队开展工作的积极主动性。对于未能有效开展工作与工作表现欠佳的国家级名师团队，设置年度弹性退出制度。

（四）发挥专家团队力量

中央电教馆作为跨区域教研共同体建设的领导和指导单位，实施统筹规划，强调专家团队建设，包括国家级名师团队、教育技术专家团队、高校学者专家团队的参与和贡献，并组织这些专业人员参与项目实施，与试点县、学校、教师在教研、教学上建立专业合作伙伴关系。

1. 国家级名师团队

专业的事情要专业的人去做。实施跨区域教研共同体建设，必须有来自一线高水平、专业的教研团队参与，确保教研共同体的正确发展。为此，中央电教馆在全国层面组建国家级名师团队参与教研共同体建设，形成了来自北京、上海、广东、江苏、浙江等教育发达地区，覆盖小学、初中两个学段不同学科的，相对稳定的 28 个名师团队，其在跨区域教研共同体建设中发挥了关键性作用。

2. 教育技术专家团队

随着教育技术和数字媒体逐渐嵌入教学系统、课堂和教研实践，教育技术专家网络的引入和建立成为信息时代教研变革与教育新生态创建的一个重要力量源泉。理解和认识教育信息化产品、平台和应用程序尤为关键，而这需要有教育技术专家的专业引领；建立基于技术的教研、教学合作，实施跨区域教研共同体建设与同步教学等活动，也需要教育技术专家的优势发挥。中央电教馆在实施项目中，不仅发挥了本身作为国家教育技术专业机构的优势，组织馆内专家参与，还与各省级电化教育馆和有关大学合作，调动地方的教育技术专家力量参与项目实施，委托这些地方力量为一线教师开展技术培训与技术服务。

3. 高校学者专家团队

自项目实施初起，中央电教馆邀请华东师范大学与北京师范大学等校的学者参与项目工作，委托华东师范大学团队实施项目监测与评估。2020年中央电教馆还组织开展课题研究，引入更多的高校教育科研人员参与项目研究，探讨跨区域同步教学与教研共同体协同等工作，做好跨区域教研共同体建设推进的研究工作，力求将以人为本的教育思想落实到教研共同体的内容建设实践中。项目还非常重视高校学者专家在实践中的引领作用，邀请他们参与项目年度顶层设计与具体活动的观摩与分析，力求使教研共同体建设有正确的理论基础和专业保障。

总之，教育变革离不开教学变革，教研变革带动传统教研信息化转型，以教研变革为"原点"和"圆点"的传统教研信息化建设生成的跨区域教研共同体建设，触发和带动教育场域的生态重构。遵照信息化的要求改造传统教研，生成新教研样态与生态，既有助于保留传统教研优势和教学特色，又能够为传统教研创造融入和适应信息化时代的更多可能。作为重构教育生态的典型范例，跨区域教研共同体体现了坚守以信息技术促进人的全面教育的人本立场，为信息化时代的教育变革贡献教育智慧。

五、跨区域教研共同体建设的挑战

唯物辩证法强调事物的"一体两面性"，这是一种基本的认知范式。运用其对项目进行分析，能够发现"成效"与"问题"好似一对"孪生兄弟"，即看到"成效"的同时也不回避"问题"的客观存在。历经两个学年的调查发现，跨区域教研共同体建设确实改变了传统的教育教学场景，取得了一些足以说道的成效，但同时也还有一些问题需要关注和解决。这些问题事实上是跨区域教研共同体建设的常见问题，在实践中应以解决这些问题为驱动，不断改进与推动跨区域教研共同体建设发展。

（一）教师队伍与学校设施

2019—2020学年，通过对教师群体的开放性问卷调查发现，跨区域教研共同体建设过程中有三个突出问题必须予以关注。

一是农村教学点和薄弱学校的教师多为聘任的代课教师或招聘的特岗教师，缺少师范专业培训和学科背景，有的仅能完成基础性的学科教学工作，满足学生发展性教育需求的能力较弱；试点校部分刚毕业的师范生缺少实践经验，无法很好地适应复杂的教学任务；参与跨区域教研共同体建设的试点县欠缺英语、音乐、美术等学科教师，导致其无法正常开足这些课程，不能很好地把握参与跨区域教研共同体建设的机会。比如，很多教师表示类似的观点："只学习他们的教学理论和方法，我们农村学校的老师一时还难以理解和运用。名师示范课有真实的课堂实录，让我们更真切地观摩、感受他们的教学方法，希望有对应的课件资源共享。"

二是参与跨区域教研共同体建设的试点县的部分中老年教师难以适应信息化教研活动，尤其对教研设备操作生疏，即便参与教师培训也不能很好地适应网络教研，难以融入基于教育信息化的新型教研变革，主动学习能力相对较弱。比如，很多教师表示，"网络教研太多了，没有时间和精力去学习"，"由于基础差，很多知识都跟不上，注意力不集中！可以内容减少点，速度放慢点"，"要适当考虑不发达地区的老年教师群体的不便，年龄大了，学习能力比较差"。

三是参与跨区域教研共同体建设的试点县经济水平相对较低、生活条件相对较差，部分教师明确表示正在寻找"跳槽"机会，这种因素的存在导致教师队伍不稳定，教师的流动性会直接导致教研共同体建设的初衷无法达成，目标无法真正实现。

整体而言，这三种问题的存在往往让教研转型陷入停滞。可见，不断提升教师专业认识、专业技能，尽可能改进和完善教育教学条件，成为跨区域教研共同体建设的基础性条件之一。

（二）教师参与和信息沟通

教研次数是反映教研活动开展动态积极性的一项重要指标。教研次数多，意味着教研活动的开展比较活跃；教研次数少，相对意味着教研活动开展的积极性有待进一步提高。

2019—2020 学年的评估显示，不同类型学校教师参与不同形式教研的次数存在差异。城市学校教师每学期参与教研共同体活动的次数多于县城学校、乡镇学校和农村学校。城市学校教师参与次数以"6—10 次"居多，而另外三类学校教师每学期参与次数以"1—5 次"为主，这说明城市学校教师参与活动的机会可能更多。调查还发现这四类学校参与示范课的最多的频次都是"1—5 次"。同时，教师参与跨区域教研共同体活动次数与任教学段呈负相关。教师任教学段越高，参与教研活动的次数越少，尤其是参与异步教研的次数更少，这可能与高学段教师自身学科内容难度高、授课压力重、时间冲突难以调整有关。

教研是教师之间的一种专业交流研讨，缺少交流研讨的教研则丧失其价值所在。从参与跨区域教研共同体活动过程中教师的表现行为来看，65.6%的教师较少主动提出问题和参与讨论，7.8%的教师不发言也不参与讨论，21.1%的教师总是愿意提问和讨论，5.5%的教师在活动参与过程中没有机会参与讨论。

从每次活动结束后参与跨区域教研共同体建设的试点县教师与教研团队名师单独交流的情况来看，教研活动结束后与名师交流的教师占 31.4%，与名师交流比较少的教师占 39%，还有约 30%的教师表示自己很少或者没有在活动结束后与名师有过单独的交流和沟通。

参与跨区域教研共同体建设的试点县教师参与教研活动的积极性可以从通常的行为表现中反映出来。总体上看，在教研活动过程中，城市学校、县城学校、乡镇学校和农村学校教师普遍较少主动提出问题和参与讨论。具体而言，城市学校教师总是提出问题、参与讨论的教师占比 29.20%，乡镇学校教师较少主动提问和参与讨论的比例最高（69.40%），农村学校教师不发言、不讨论的占 10%，没有机会参与讨论的比例占 10%。

同样，活动结束后与名师单独沟通的情况也可以反映参与跨区域教研共同体建设的试点县教师参与教研活动的积极性。其一，城市学校（37.20%）、县城学校（39.70%）、乡镇学校（39.20%）教师和名师单独沟通的比较少，而农村学校教师（36.80%）很少或者没有在活动结束后与名师单独交流沟通。其二，不同类型学校教师活动结束后与名师单独交流的情况也不一样，其中每次都有交流（28.70%）和交流比较少（39.70%）的情况占比最高的是县城学校的教师，大多数交流占比最高的是城市学校的教师（26.50%），很少或没有交流占比最高的是农村学校的教师（36.80%）。总体来说，教研活动过程中及活动结束后，城市学校和县城学校的教师积极性要高于乡镇学校和农村学校教师。

很多参与跨区域教研共同体建设的试点县教师表示，"与名师的沟通较少，想多与名师团队进行沟通和问题解答"，"教研学习收获还是很多的，如果能增加教师们的交流，提升会更快"，"因为网络问题，远程授课老师的视频互动少，学生和屏幕互动，相对趣味性差一些"，"网络示范课缺乏跟学生的互动环节，老师的讲解时间比较长，没有体现学生的学习主体地位"。

（三）教研共同体技术支持

在名师教研共同体和县级教研共同体之间，教研主要以异步教研、同步教研、示范课形式开展。从实际组织形式来看，同步教研、异步教研、示范课三种组织形式是参与跨区域教研共同体建设的试点县教师经常参加的。教师会使用全景学习平台的作业系统和授课数据反馈功能，但使用率并不高。开展教研所依托的全景学习平台满意度均值大于4，如全景学习平台操作的便捷性（4.246）、全景学习平台系统的稳定性（4.164）。在使用全景学习平台使用过程中，部分教师面临着网络技术上的困难。

调查发现，跨区域教研共同体建设有四点技术问题比较突出：第一，网络信号不稳定，系统卡顿、声音与图像延迟等问题较多。第二，教研活动大多面向经济发展较为落后地区，网络建设相对滞后，网络不稳定影响教师参与活动的积极性。第三，教师学习数据与系统平台统计数据不一致，无法直观地了解教师参学情况，给监督、指导带来不便。第四，教研开展依托的全景学习平台操作的便捷性、全景学习平台系统的稳定性还有待提高。

有参与跨区域教研共同体建设的试点县教师表示，"平台的普及面不够广，学校的电子白板有自清功能，下载好只要关机就会把这个软件删除，每次都要重新下载，用起来不方便"，"希望咱们这个系统能够更简便灵敏一些，好多时候不知道为什么点不开同步课程"，"同步和异步教研都在一个软件上就好了"，"希望设备再灵活些"，"平台不够稳定，学员登录网络平台经常卡断，甚至无法登录"，"网络不稳定，上课老师那边声音很小或没有声音，没有及时调整，导致有几节课浪费掉了"，"苹果手机不能下载客户端，操作困难。电脑下载后登录困难，不知道怎么操作"，等等。

教师还表示，"有的上课时间和我们上课时间冲突，很多时候我们也在上课就听不到同步示范课了。而且有时候没听完，平台上也没有记录了"，"能回放的时间太短，很多时候忙着上课来不及看"，"很多时候因为上课没有及时参与教研活动，没法看回放比较遗憾"，"有时教研项目安排的学习时间与老师们的教学工作有冲突，想课后回看却找不到资源"，"优秀名师的课件不能下载，如果我们日常教学能随时用就非常好了"，"建议开展同步教研或示范课时，将视频录制，并允许我们在一定时间内查看，这样就避免了与我们上课或其他主要工作相冲突，导致参加不了的现象"，等等。

（四）教研实施的可持续性

第一，教研内容的选择。教研内容一般使用的是部编版教材，而部分试点县除统编教材外，还有很多其他版本的教材，教材差异引起教研内容不一致，让教研效果欠佳。教师表示，"学生的学习接受能力有所不同，并不是所有的学生都能接受，希望也能以偏远山村或者乡下的学生为授课对象进行各种教研活动"，"我们使用的是北师大版教材，但讲授的是人教版的教材，在学习过程中，对知识点的把握、对难度的把握不尽相同"，"音乐课教研项目是以人教版为主，然而我校用的音乐课本都是湘教版的，所以说对于我个人来说这样的教研活动没有很大的实用性，希望能有湘教版的音乐课教研活动"，等等。

第二，地区间教师水平差异。一些教研活动缺少分层考虑，部分名师团队引领的教研内容为学科教学普及型，更适合薄弱学校薄弱教师，对于水平较高的教师帮助有限。比如，很多教师表示，"任何一个学校的教研，首先要研究学生，再研究教材，之外研究教学内容和教学方法，尤其是语文学科。不同地区的好课堂应该是不一样的，只有适合本地学生实际情况的才是好教法"，"部分课程内容不适合乡村教学，乡村学生基础一般，家长重视程度不够，导致这种授课方式一定程度上不适用于乡村教学"，等等。

第三，试点县的项目实施。一些参与跨区域教研共同体建设的试点县的信息中心仅一人负责教研项目，承担牵头、协调、汇报、技术支持等任务，教研运作效率不高。一些学校教研活动的开展没有专项负责教师，大多数是兼任教师，教师协调教研活动的主动性和积极性有待提高。而且，教研活动是线上进行，区域之间沟通不畅导致教研活动存在跟进、监督、反馈不及时等问题。再者，项目实施欠缺经费支持，导致跨区域教研共同体建设的推进困难较多，特别是涉及具体教研过程的细碎开销缺少经费保障，不时给教研过程带来阻碍。

第四，教研活动的时间安排。试点班的课程时间、进度不一致，导致教研开展进度不一致，让教研实施效率受损。教师反映，"教研活动有时候与课时安排冲突"，"同步教研在学习时间上与教课时间冲突，不能够很好地参与同步教研"；"时间安排上很多时候与课堂冲突，最好各年级学科统一时间开展，以便参与教师和学校统一安排"，"同步教研活动时间安排不合理，和老师们上课时间冲突，小学语数课安排在下午，音乐等课安排在早上，老师们参与活动的时间对了，参与度会高一点"，"时间不合理，在中午或者傍晚下班时间进行教研，老师们已经很累了，没得休息，还没吃晚饭"，"时间可以改一下，以加强教师间的互动"。

　　总之，跨区域教研共同体建设的过程中遇到了各种挑战与问题，对项目实施是一个考验，但也是项目改进和创新的机会。如果教研安排更加规范、教研内容更有针对性、教研过程更加合理、教研结果更重实效、教研评价全程参与、教研调整及时灵活，则跨区域教研共同体建设将更具成效。

第七章

国家级名师跨区域教研教学

基于"跨区域同步教学试点项目"实施进展及其成效，中央电教馆结合国家注重教育科研、全面提高教育教学质量的要求，于 2019 年在试点项目基础上提出了"教研共同体协同提升项目"（本章以下简称"项目"），作为大范围实施跨区域同步教学的延续。在中央电教馆统筹协调、地方电教馆协助下，项目于 2019年 5 月召开启动会，之后各地积极行动。到 2021 年底，项目在 25 个省份的 52个试点县实施，主要集中在中西部偏远地区；中央电教馆在全国组建 28 个国家级名师团队，试点县组建了 200 余个对应的县级教研团队。本章介绍这些国家级名师团队在参与教研共同体建设与跨区域同步教学方面的方式及其贡献。

一、名师团队基本情况

中央电教馆根据项目实施需要，结合前期试点教研，经过多方面的推荐和遴选，在全国组建 28 个参与项目实施的国家级名师团队（本章以下简称"名师团队"），其中小学 18 个名师团队，分别负责 4 个年级（二到五年级）的语文、数学、音乐、道德与法治、英语 5 个学科的教研教学活动；初中名师团队 10 个，分别负责 2 个年级（七到八年级）的语文、数学、道德与法治、历史等 5 个学科的教研教学活动。由这些名师团队指导和带领 52 个试点县的 200 余个县级教研团队，共同参与跨区域教研共同体建设与同步教学。

2021 年 7 月，项目评估组对名师团队实施问卷调查，共有 19 个名师团队提交学期总结报告。根据这 19 个名师团队提交的总结内容，可以整体概览项目发展的基本事实。其中，按照学科分类来讲，4 个名师团队承担语文学科，4 个名师团队承担数学学科，4 个名师团队承担英语学科，3 个名师团队承担道德与法治学科，

3个名师团队承担音乐学科，1个名师团队承担历史学科；按照年级分类来讲，这些名师团队散布在四年级、五年级、六年级、八年级，且以四年级和五年级为主。下面对19份名师团队的总结报告归纳如下。[①]

（一）高度认可项目

这些名师团队成员专业素养普遍较高，多个名师团队表示当前团队成员均为学科骨干、教研员。梁涛名师团队"以'中+青'的年龄梯队组建团队，形成不同年龄层次业务和信息化的优势互补；以'教研员+业务领导+教师+课题管理者'的成分结构组建团队，形成分工明确、专业引领、综合能力突出的优势组合"。陈凤葵名师团队则在名师工作室200多位成员中，优选了7位骨干成员组成了参与项目的核心成员。

显见的是，多个名师团队都挑选了最精干的专业力量加入到名师团队中，为试点校提供最优质的教学/教研资源，以期将教育相对发达地区的优质资源输送到教育相对欠发达地区的薄弱学校，实现教育资源的跨区域传帮带，推进教育均衡发展。

各个名师团队对于项目都持一种肯定的态度，对于项目出发点、推进过程以及最终的成果、成效都高度认可，多个名师团队均表示能够参与这个项目是一种"荣誉""幸运""肯定"。典型的观点有：

> 有幸继续参加由中央电教馆举办的教研共同体协同提升项目，对我们来说，这既是一种荣誉、一种责任，更是对我们此前参加活动的一种肯定。（姚铁龙名师团队）
>
> 加入中央电教馆（主导的项目）是我们团队的幸运，也是我们团队的幸福。（梁涛名师团队）
>
> 这个教研共同体，它就像一个温暖的大家庭，共同体的每一个成员都在书写着自己的教育追求。大家和而不同，但对课堂的凝望、对自我成长的期待，都透露出教育理念的力量。（许发金名师团队）

（二）积极认真投入

名师团队能够做到认真参与项目工作，对项目的每一次活动认真负责，保质

---

① 本章所涉案例的数据、材料均来自19份名师团队的总结报告，时间节点为2021年7月。

保量完成项目的日常安排。

为了保证教研的质量，名师团队成员克服教研教材与自身使用教材版本不同的困难，认真研究教材和教法，合理分工、责任明确、通力合作，每个单元的教研准备工作都经历三至五轮的网络备课、研课、磨课，前后经过确定 PPT 模板风格、制作审核修改定稿异步教研课件、制作并发布动态课件、讨论教研收到的建议和意见、同步教研课时补充的内容、审核修改每个课时课件的内容、模拟网络说课、再次修改并定稿课件等多个环节。（陈浩名师团队）

我们团队 4 位老师也非常充分地准备微课录制，为达到更好的录制效果，我们购买了专用的录制设备，每节课都是在认真备课、制作 PPT 的基础上反复试录，以达到更好的收听收看效果。（陈晓燕名师团队）

由此可见，多个名师团队对参与项目保持一种高度的热情，在实施项目计划过程中，能够倾情、认真投入其中，制定翔实且可操作的教学/教研计划，力争为试点校提供最优质的教育教学资源。调查显示，名师团队内部管理有序有效，能够在中央电教馆的统筹协调下，组织团队内部成员有序有效参与项目安排，达到既定的项目目标。

在项目开始之初，我们设计了一份简单的调查问卷，以了解试点县老师们的实际需求；还整理了贵州省、重庆市近三年的中考试卷，分析、研究两省份多地的中考命题和知识点分布，以及老师们的需求，有针对性地选择了本学期 18 个课时的具体教学内容。团队拟订好教研教学内容后，再次发给试点县参与班的老师讨论，经过协商，最后形成正式版本的教学计划。（王碧峰名师团队）

名师团队成员分成四个小组，由小组长奏响集备三部曲：选定主题—探讨思路—设计方案，从确定主讲教师、研讨课题和授课时间，到所有教师参与备课、磨课，反复打磨试点县需要的授课内容，深挖教材指导教法，做好在全景学习平台的授课准备。（林秀芳名师团队）

学期初，团队成员积极制订新学期工作计划，明确各成员的工作分工和职责，教研教学工作有条不紊地顺利开展。同时，每一次教研活动之前，利用腾讯会议、钉钉等网络工具进行内部研讨，认真对团队成员所承担的内容进行分析、审核并提出修改建议。（刘婧名师团队）

总之，名师团队自主调整项目参与、推进的节奏，适时改进教学/教研的方式方法，推进项目成效的最优化。名师团队与试点校对接开展教学与教研工作过程中，还会得到技术支持。全景学习平台为名师团队参与项目实施提供及时、得力的专业技术保障。

> 每每遇到难题，全景学习平台的闫老师、秦老师总是热情又耐心、细致地帮助我们解决，成为团队坚实的技术后盾。特别感谢全景学习平台的技术支持和服务。（梁涛名师团队）
> 在全景学习平台技术人员的指导下，我们每次都提前和试点校联系调试设备，以确保在线教学活动的有序开展。（周雅芳名师团队）

全景学习平台已经为名师团队及其对接的试点校提供及时、得力的技术支持，基本上满足了项目推进的基本需要，故得到名师团队的肯定和赞赏是一种自然而然的结果。

（三）受到学校肯定

在项目实施过程中，名师团队直接对接一线试点校，普遍受到试点校的肯定。名师团队开设同步教学课堂，打破了网络空间的隔阂，让不同地区不同民族的孩子同在一个课堂中互动交流，促进教学改进，提高教学成就。

> 一是项目主题方向明确，项目组能结合统编教材的特点来制定教研主题，以区级重点课题为引领，提出并实施了详细落实单元语文要素目标的切实可行的语用训练措施和方法，具有前瞻性、科学性。二是项目实施过程合理规范，课题组的老师们能够认真学习项目活动开展要求，并严格执行。三是上课赢得了对接学校师生们好评和认可。孩子们上课积极认真，发言踊跃，与授课老师保持着良好的互动。对接学校的老师们也积极参与异步教研和同步教研，并在录播视频下方发表自己的见解和看法。（学校对周雅芳名师团队的评价）

鉴于以往名师团队与试点校老师交流不足，名师团队意识到这个问题，主动创新与试点校老师的交流方式，了解其专业发展需求，积极主动向试点校靠拢，满足试点校发展需求，推动项目取得卓越成效。

> 我们开展了教研教学的问卷调研，就试点校音乐课程和师资、在教

研共同体项目中对教研教学中的需求、期待的收获等进行了解，以为后期的工作开展提供参考意见。同时建立了五年级跨区域教研共同体交流群，在每次教研教学活动中热情邀请大家积极参与和互动。（陈浩名师团队）

我们主动将学期计划发给试点校，然后由其选定上课内容。应湖北麻城要求，为配合试点县教研时间，我们统一将示范课时间安排在每周三上午9:00—9:40。（陈晓燕名师团队）

为使教研教学效果最优化，项目执行人赵建英老师每次活动前，会及时发出开课通知，与试点班的任课老师沟通，确认是否可以正常开课，必要时尽早做出调整；与全景学习平台的技术支持王硕老师联系，一起完成上课老师和试点班的设备测试，直至确保无误。（王碧峰名师团队）

由此可见，多个名师团队已经意识到与试点校交流不够的弊端，主动创新与试点校的沟通交流方式，了解试点校的所需、所想、所求，以此为基础尽最大努力满足试点校的发展需要，以优质、有效的教学/教研资源供给帮助试点校的可持续发展。总之，试点校对于名师团队非常认可，相互之间保持着良性的交流与合作，名师团队的教学/教研促进了试点校的可持续发展，得到试点校的肯定、赞赏。

（四）期待改进方面

参与项目的名师团队在提交的总结报告中对于项目本身及其团队工作计划与进展都给予了较高的肯定，也对项目推进提出了一些期待。

1. 加强统筹协调机制建设

中央电教馆组织不同名师团队参与跨区域教研活动，由专人负责对名师团队进行检查和指导，对名师带教教研活动、次数进行总结和调整；组织团队成员到发达地区学习，多一些现场学习和观摩的机会，采取分析教材与教学活动设计相结合，加强对教研共同体的指导；中央电教馆协同地方教育部门，让当地教育行政部门加大对试点校项目团队成员，特别是授课教师工作量的认可。

希望在中央电教馆和团队负责人的共同指导下，团队的各项工作能开展得更好。尤其是与参加项目的老师有更多、更有效的交流，了解他们的需求和试点班学情，提供既高于他们现有教学水平又不脱离当地实际的服务，能真正为参加项目的教师团队的专业素养和学生的语文素养

的提升做点实事；制订更完善的教研教学计划，能较好地引领参加项目的老师具备"造血"功能，实现自我成长。（王碧峰名师团队）

为了提高研讨工作的针对性、全面性和实效性，是否有可能适当减少线上活动的次数，利用假期对有需求的县级教研团队增加适当的线下研讨活动，面对面地进行全方位的交流与指导。（王碧峰名师团队）

2. 增强名师团队与项目校沟通

重视名师团队成员与试点班教师的专业交流与沟通，能够指导一线教师立足教材内容分析，依据学情确定教学内容，进行基础性课程备课；引领一线教师常态化专业学习，为一线教师答疑解惑，使他们既看到自身短板也明确今后努力的方向，以实现对县级名师的培养。

受统编教材精读课文 2 到 3 课时的限制，有很多比较重要的知识要点无法在 1 课时内上完，项目组要与对接学校的老师进行更为深入的互动，尽量将 2 到 3 课时完整的教案和课件给到对接学校的老师，以便进一步落实课程教学的完整性，让学生更为连贯、更为系统地进行学习。（周雅芳名师团队）

由于名师团队面对 2 个试点班，2 个班级的学生来自不同地区，学习水平及当地的教学进度都不一样，因此名师团队在制订教学计划时要多方协调，要尽量和 2 个试点班的教学进度保持一致，有一定难度。（盛肇靖名师团队）

3. 加强名师团队工作的评估与反馈

对于名师团队建设来讲，完善对授课成效的评估与反馈十分重要，名师团队也希望及时了解自身工作成效与结果。实际工作中一般从教研资源与内容、教研过程、同步教学等维度评估实际效果。

本学期安排的教研和示范课数量都不少，但不知我们团队的讲座质量能不能得到相关参研老师的认可，是否符合各（试点）县教研团队的学习期望，能否帮助他们解决一线教学中的困惑和需求。（张必华名师团队）

项目推进过程中，中央电教馆协同全景学习平台的技术支持团队，系统采集名师团队的教学与教研工作数据，且以数据为分析基础，强化对名师团队工作的不断研究、交流与总结，提炼成熟的教研成效评价方法和教研模式进行推广，促进区域整体性教研和同步教学活动实施。

此外，名师团队也希望平台单位及时做好教学技术系统以及各类教学设施设备的技术规范与维护，满足操作便捷化、智能化的实践需要，研制突发教学事件处置预案和操作指南，为名师团队提供稳定、持续的技术支持。

二、小学教学教研案例

名师团队来自不同地区的不同学科，他们在参与项目过程中采取了不同的教学教研思想与实践举措，对于发展跨区域同步教学和教研共同体协同提升树立了典范。

（一）小学数学：共研·共享·共生①

小学数学刘克臣名师团队由北京市西城区教育研修学院小学数学教研员和区域骨干教师组成，形成"刘克臣老师+"的团队研修模式，即由刘老师统筹、设计，对应年级教研员执行。从 2017 年参加项目之初，就明确了"共研·共享·共生"的目标。共研，就是和试点校老师一起开展研究，主要内容包括教材的研读、学生的实际情况、教学活动的设计与实施等，力求通过研究、解决教学的真问题，有效促进试点地区教学质量的提升。共享，就是共享研究成果和资源，即在项目推行过程中共享依据试点校教学实际开发的教学资源和形成的教学策略。共生，通过这样的合作活动，实现双赢，在帮助别人的同时提升自我。

1. 过程导向和实践引领

参与项目的很多地区教育资源匮乏，但老师们有极高的参与热情，学生渴望有机会和外界进行沟通。基于"共研·共享·共生"的团队理念，在开展实践的过程中坚持"理念先行、实践为先、基于问题、重在跟进"的研修和实践思路。经过几年的实践构建了如图 7-1 的研修路径。

每学年活动启动的第一项工作，就是和试点班教师对接，了解老师们的需求和学生的实际情况，和试点班教师一起确定本学期的研修计划，这是保证实效性的重要基础。在教研过程中，强调集体备课和课前试教，这是保证质量不可缺少的环节。

---

① 该案例由刘克臣名师团队提供。

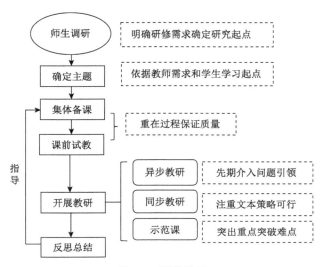

图 7-1　研修路径

研修活动过程遵循一体化设计思路。异步教研主要是围绕上位理念、教材深度理解、教学中的问题等进行预热，试点地区老师先期介入，围绕异步教研提出的问题思考、参与讨论、提出新的问题。同步教研聚焦教材和异步教研中老师们的问题而即时展开，通过讲解和互动，理解教材、答疑解惑。示范课则是针对单元的重点课和老师们认为比较难把握的课，通过课堂教学示范，提升老师们的实践能力，同时让边远地区的孩子有机会和北京的优秀教师学习，开阔视野。

2. 基于网络的研修模式

几年来，团队研修已经覆盖了二至五年级的教学内容，形成了许多优秀案例，探索出了基于网络的研修模式，这些均成为项目的宝贵资源。

（1）"见"到了更多学生

跨区域同步教学课堂模式与传统课堂完全不同，老师并不与学生真的面对面，而是通过网络与学生共同学习。课堂上学生也不再是一本书一支笔地参与学习，而是人手一台平板电脑并佩戴耳麦，通过网络与远在千里之外的从未谋面的老师、同学一起交流学习。这种学习模式对学生来说是新奇的，学习兴趣一下子就被激发出来了，学习的积极性更高了。

（2）学习方式发生变革

项目实施过程中，技术人员和老师不断沟通，根据老师教学和学生学习的需要不断调整，开发出许多有趣又实用的功能，为远程教学提供了便利。实践中，技术人员多用摄像头帮忙，开发板书功能和教鞭功能；教师紧密围绕教学实际，开发使用多种策略，如巧妙运用画图、手写等教学工具，提高师生互动、生生互动的学习效果；运用投票工具，及时帮助教师掌控学习状况等。

（3）"遇"到更实的同行

远程的示范课，要面对很多学生，如果没有试点班教师组织，教学过程无法展开。表面看来，是北京的老师在远程上课，其实试点班教师也是推动整个教学活动不可缺少的一部分。没有他们前期每一节课的稳扎稳打，以及课堂上默默的指导，就没有远程课堂的有效落实。

在教研活动中，试点班教师热情高涨。他们在繁重的教学工作之外，为了自我提升而想方设法克服困难参与教研活动，并努力将所学体现在日常工作中。名师团队为这些试点班教师的热情所深深感染，一直认为唯有组织好每一次活动才是对这些老师们最好的回报。

（4）改变，哪怕一点点

随着项目的不断推进，如何让研修活动更加深入、有效，是摆在团队面前的一个重要课题。团队及时组织教研员和试点班教师召开研讨会，了解情况，解决问题。比如，在实施异步教研中，通过事先录制好的视频，让远程老师学习上位的理念，促进对实践策略的深入理解。

实践显示，团队给试点班教师提供了下列帮助：通过教研，更新其教育观念，把最新的理念及时传递过去；提高其研究教材、学生和教法的能力，特别是教学设计、学习活动设计等核心能力；通过同步示范课和观摩优秀教师的课堂教学，提高其课堂实践能力。此外，团队的工作也增强了学生学习的积极性、主动性、专注性、自主性，开阔了学生的视野，促使其思维更活跃，实现了知识、能力、情感发展目标的有效达成。

在推进项目的路上，团队与试点班教师一起欣赏风景，一起共度风雨，一起实现"共研·共享·共生"的理想。

（二）小学语文："输血+造血"[①]

北京市东城区宋浩志名师团队聚焦教学、聚焦课堂、聚焦质量，以边远地区为侧重点，与新疆、四川、福建等教育教学水平相对薄弱的学校或区域进行结盟，充分发挥教育先进地区名师教研共同体的优势，以同步单元教研为基础，通过异

---

① 该案例由宋浩志名师团队提供。

步、同步教研和示范教学等形式，依托中央电教馆搭设的网络平台，将名师教研共同体对接边远地区教研共同体。自 2020 年 9 月至 2021 年 7 月，团队共完成 16 次网络异步、同步教研活动，以及 4 节同步课和 17 节示范课。

1. "输血+造血"教研

团队关注单元整体教学，不管是教研活动还是课堂教学，都是基于单元整体设计，让试点班教师能充分享受最前沿的教学研究成果，更加明晰每个单元的语文要素和人文主题，清晰把握住使用教材的目标，从而精准选择合适的教学策略，让边远地区的学生能学有所获，全面提升语文素养。与此同时，团队还将在教研、教学中所使用的相关课件、视频及时上传至全景学习平台，以实时共享教学资源，并集中解答异步教研活动中试点班教师们的疑问。

团队成员通过坚持不懈的探索与实践，不仅促进了与结盟地区教研的深度协作、长期合作与协同发展，也逐步形成"输血+造血"的教研新格局。2021 年 4 月 9 日，教育部部长陈宝生在北京市调研教育综合改革及党史学习教育情况时，听取了北京景山学校相关团队成员对于参与教研共同体协同提升点项目的工作汇报，充分肯定了项目对于推进当地基础教育课程改革、全面提高教育教学质量、切实促进教育优质均衡发展的积极作用。

2. 教学的关键环节

在教研与教学活动中，团队充分发挥成员智慧，准备了丰富的教学资源，立足整单元的解读，有针对性地举办讲座指导和示范课展示。这里以统编版语文三年级上册第一单元第二课"花的学校"为例，当时参与网络示范课的对象是广西泮水小学三年级（1）班的学生们。

（1）课前沟通

团队执教老师先从单元整体教学出发，对"花的学校"进行详细备课。同时，积极与试点班教师取得联系，多方面了解当地学生的实际情况和班级教学进度，针对试点班学生的学习基础、学习需求与学习重难点进行详细分析，思考适合当地学生的学习方法与教学策略，在此基础上对教学设计进行多次修改。除此以外，远程执教老师还随时将备课思路和试点班教师进行沟通，交流教学思想，这是为了促成教师层面的互助和能力提升。

（2）课中示范

在教学时，远程授课教师先是利用课件上各种鲜花的图片，激趣导入，带领学生欣赏生活中的花，拉近他们与课文的距离。再借助课后资料袋和有趣的小视频，了解作者泰戈尔。在指导学生朗读课文时，每当遇到学生读不准或读不通的情况，教师都会耐心帮助学生结合拼音的发音和拼读纠正字音；引导他们先根据句意进行断句，再尝试读好长句。面对学生的点滴进步，教师都在第一时间给予肯定和鼓励，一字字地纠正读音，一句句地指导泛读，一段段地落实朗读，一节课下来，学生在朗读这篇课文时，发音的准确性和语句的通顺连贯性都有了很大的提升。

对于语言和情感的品位，教师请学生通过默读课文，互相说一说看到了怎样的画面，引导他们学习抓住文中写花的词语，初步把握课文主要内容，并鼓励学生提出疑问。学生们的问题五花八门，教师及时进行归纳、梳理，形成核心问题：花的学校什么样？再围绕核心问题，一步步引导学生画出相关词句，关注其中有新鲜感的词句，结合插图、联系自己的生活与阅读经历展开大胆的想象，并通过有感情的朗读将其表达出来。就这样边想象，边交流，边朗读，泰戈尔笔下的花儿们仿佛有了生命，与学生们一起亲密舞蹈、聊天。学生们读得开心，想得丰富，完全沉浸在这美好的意境之中了。

在指导学生识字、写字时，远程授课教师充分利用全景学习平台的功能，让汉字"活"了起来。结构复杂的字，可以利用动画进行解析与提示；笔画多的字，则可以由电脑小老师带着大家一笔一画地进行书空。这样活泼多样的识字形式特别吸引三年级的学生们。他们都纷纷表示，还想再有更多这样的机会来进行识字、写字的学习。

就这样，学生们通过网络平台，跟随老师学习朗读、质疑、想象、探讨……妙趣横生的语文课就这样走进每个学生的心。短短的一节课，师生远隔千山万水，隔屏相见，实现了共同学习。

（3）课后研讨

课后，两地老师第一时间深入交流课上学生的表现、老师的教学设计等情况，进一步探讨教学策略的选择，探讨教学的实际效果，探讨如何指导学生有更大的进步。这样的异地教学，拉近了北京、西藏、四川、福建老师的距离，让异地教学研究和网络教学走向了常态化。正可谓"教研无距离，共同成长快"。最直接的表现就是，经过这样的坚持与努力，西藏、四川、福建等地学生的普通话有了明显的进步，学习成绩稳步提升，试点班教师的教学理念也不断更新和提高。

未来的日子里，团队的教师将在特级教师宋浩志的带领下，团结协作，一如既往地和各地的老师们手拉手，在教学改革研究的大路上，更加关注各地老师的需求，加强实践，积极探索跨区域教研共同体建设的更加有效的活动形式、活动内容，继续推动教改经验、科研成果的共享、共生，致力创新，以共同发展创造新成果，共建教育教学新生态。

（三）小学语文：范本语文，协同发展①

许发金名师团队共有核心成员 14 人，协同发展成员 26 人。团队紧紧围绕基于"范本语文"跨区域同步教研资源的设计与应用模式，在顺利完成单元整体解读的同时，启动远程同步示范课教学，为甘肃、贵州、云南、内蒙古等地的学生上课。

1. 研究驱动，创新课型

团队以"小学语文育人价值范式统领范本教学理论体系"为引领，探究"核心素养视域下的小学语文范本教学"，构建了"一个统领，双轨并行，三种范式"的范本教学理论框架和实践模型，从"质"上提升语文学科"立德树人"的实效性。在教学策略上，以"关系思维"代替"实体思维"，对提升语文学科育人水平更具针对性。

团队以"范本语文"教学主张为研究方向，围绕同步、异步教研和示范课开展活动，两翼并进，主线明晰。团队教师培训以教学设计和磨课研课为杠杆，围绕帮扶主题，设置学习任务，将集中研修的理论学习、教师个体思考和实践操作整合，强化团队教师的做中学，面对面解决研究中遇到的问题。团队成员的科研意识和专业素养得到提升，为教师深入推进课程改革、转变教学观念提供了重要思路和宝贵经验。

2017 年以来，团队成员先后主持"小学语文范本教学研究""基于'范本语文'的跨区域单元同步教研资源的设计与应用模式研究""统编范本育人视阈下语文要素教学策略研究""基于统编语文教科书的引子范本教学研究""基于语文要素的单元范本教学研究"等多项省级课题，并在区域内开展了落地实践研究，取得了明显的成效。研究成果"创造性教育理念观照下的灵性语文教学""小学语文范本教学的探索与实践"分别荣获 2018 年、2020 年福建省基础教育教学成果奖一等奖。

团队因地制宜进行了单元范本教学的探索，在实践中总结提炼出了"十字形"教学原理，从单元纵向和横向上落实"教读—扶读—放读—用读"的教学时段目

---

① 该案例由许发金名师团队提供。

标，强化实践取向和教学成果转化，打造特色教学，促进帮扶增值提效。

同时，结合单元特点和教师个性，形成如下创新课型：①精教细学课，旨在举例子、给方法，引导学生对文本中的精妙之处进行品读赏析；②自主品析课，即学生将精教细学课学得的方法，迁移到略读课文中进行自主实践；③运用创作课，旨在为单元习作"蓄能"，让学生完成从读到写的"华丽转身"；④诗词拓展课，即运用对比阅读的方式来学习古诗词，带领学生走进中华传统文化的"百花深处"。

2. 单元教学，四个时段

团队进行单元整体教学设计，依据众星拱月式的单元结构，将整个单元划分成教读、扶读、放读、用读四个教学时段，再进行单篇课文教学设计，使单篇课文服务于整体目标，不再是"看一篇备一课"的传统教学。不同的教学时段对应不同的教学课型。这里介绍团队以六年级下学期第二单元为例开发的单元范本教学规划。

第一时段：教读课。要求讲的比较细，要举例子、给方法，举一反三，促进学生对新知识的直观认识与领会。可以运用画面直观法、例子直观法、视图直观法来教学。教学板块设计：①理内容，抓场面。以课后第一题为任务，在梳理课文内容的基础上，辨析哪些内容是场面描写，哪些内容不是场面描写。②以第二自然段"痛击来敌"为范本，初步学习"点面结合法"。

第二时段：扶读课。在学生形成初步的认知结构的基础上，引导学生学习重组后的第二篇课文，进而抽象概括认知结构，使认知结构概括化，从而具有更广泛的适应性与迁移力。教学板块设计：①自读课文，依次找出场面。②指导学生尝试运用初步形成的认知结构，分辨本课与上一课运用"点面结合"的异同，进一步明确"点""面"以及如何结合。③总结抽象"点面结合"这一规则的含义及辩证关系。④进一步引导学生领会"点面结合法"的作用。

第三时段：放读课。教师提出学习目标，学生自主阅读，自主运用认知结构解决问题。以泛读和自主性阅读为主。教学板块设计：①自读课文，想一想课文讲了一件怎样的事？②自读自悟：天安门前璀璨的灯光、郝副营长书上插图中的灯光和战场上微弱的火光，三者之间有什么联系？它们与课文题目又有什么联系？找到相关句子，批注自己的感受。③根据阅读提示（"读一读，注意场景和细节描写，体会蕴含的感情"），自读"阅读链接"中的《毛主席在花山》《狱中联欢》，完成自学单。同时也可以延伸课外开展"唱红歌"等主题实践活动。

第四时段：用读课。根据学生表达实际，与学生一起建构操作模型，描述每一个步骤，整体活化认知结构。如"口语交际：演讲"的教学步骤是：①创设情境，学习拟题；②提供支架，试写讲稿；③了解演讲技巧，感受演讲的表现力；④共同制定评价标准；⑤小组代表依次演讲，评选"最佳演说家"。

在项目推进过程中，团队以"互联网+"教育为平台，以"基于'范本语文'的跨区域单元同步教研资源的设计与应用模式研究"为抓手，通过全景学习平台，利用先进的互联网技术，将名校名师引入资源相对短缺地区的试点校课堂，面对学生和教师，通过示范课堂引领、同步教研等方式，协助试点校解决现实工作中的重难点，快速促进城乡教研共同体形成。几年来，团队深入研究，整合资源，跨区域远程帮扶全国 70 多个试点县，启动远程同步示范课教学，为甘肃省天祝县炭山岭镇金沙小学、贵州省桐梓县花秋镇中心小学、云南省楚雄市北浦小学、内蒙古自治区巴彦淖尔市乌拉特后旗第二完全小学等学校的学生上课。

团队还创办"宁川小语"微信公众号进行更大范围的示范引领。自创办公众号以来，已发布 300 多篇原创文章，开展"周三云教研"活动 60 多场次，促进了"数字资源+教学服务"模式城乡教研共同体形成，促进新的教育生态形成与发展。

（四）小学英语："趣–智–美"课堂①

广东省陈凤葵工作室是全国 3 个小学英语名师团队之一，由著名特级教师、正高级教师陈凤葵老师担任负责人，有专家顾问 13 人、核心成员 14 人、培养对象及研修学员 200 人。自 2019 年起，在陈凤葵老师带领下，在中央电教馆全景学习平台技术支持下，该团队直接连线 25 个省份的试点县学校，共同探究小学英语"趣–智–美"课堂，让小学英语教学从实效走向高效，实现名师跨区域的引领示范作用，促进试点县师生共研共进。特别是在疫情防控期间，名师团队积极响应"停课不停学"政策号召，开展教研教学直播，惠及试点县 50 多万师生，用实际行动建设新型教育生态。

1. 聚焦"导→学→做"课堂模式

陈凤葵名师团队以 5G+智能教育示范校为基点，围绕"如何应用互联网创新技术优化课程教学资源、转变传统学习方式，促进城乡教育均衡发展"这一核心

———————————

① 该案例由陈凤葵名师团队提供。

问题，结合英语教学时代要求和现实问题，将核心问题分解为"重构英语整体课程""变革英语教学方式""构建跨区域教研共同体"三个关键问题，上承课改理念目标，中至课堂教学实践，下接协同教学研究，共同指向课程、教学、评价和教研等方面体系建构；通过每周教研与教学指导，有效促进先行示范区与全国试点县英语教育质量的均衡发展，形成协同育人效应，真正实现课程共创与智慧共生。

团队本着"关注教、关注学、关注人"的教育愿景，围绕"导→学→做"课堂模式，从语言学习全过程去实行单元整体教学，从设计中去落实学习过程的整体性。每一节课，每一个讲座，陈凤葵老师都和团队老师们一起认真研讨，团队成员在线上集体备课、积极研讨。从学情的预设，到学生的指导与互动预设，再到教案、课件设计，还有微课程版头的完善，团队成员都认真思考，反复讨论，力求打磨出最佳方案，为试点县教师进行更高效的教学示范与专题教研指导。

2. 实行教研与教学的结合

团队以"趣-智-美"为教学追求，围绕着"导→学→做"的课堂模式，在全景学习平台上，与项目试点校一起开展跨区域的异步教研、同步教研、示范课教研活动。下面是团队以人教版五年级英语上册 Unit 3 What would you like? 为例而开展的实践案例。

第一步：异步教研，共析单元教学。针对英语教材单元编排与板块分布的建构方式，团队成员对单元整体教学进行理性分析，力求课堂更高效。在异步教研环节中，主讲教师围绕单元话题进行单元教学内容分析、学情分析、单元主题意义、单元整体教学目标、单元课时划分、单元教学整体设计等，引导老师整体了解单元教学，提升教师的教材分析能力。

第二步：同步教研，共议案例设计。在同步教研活动中，主讲老师以 Unit 3 What would you like? 为例，为参与同步教研的老师们进行这一课的课例设计分析。主讲老师从教材分析、学情分析、教学目标、重点难点、教学过程、学习评价、设计特色这七方面进行分析，与老师们共同研讨对话教学，并解答异步教研中教师们的疑问。

第三步：同屏示范，共建创新课堂。为了让项目试点校对课例有更深入的了解与学习，在"示范教学"环节中，团队通过全景学习平台，以直播方式，同时与多个试点县的试验班级进行连线，同屏示范，让多个试点班学生共享创新形式的"趣-智-美"英语课堂教学。教学过程是：①热身活动，以歌激趣；②新课呈现，问题导入；③任务促学，学中显智；④情境应用，活学活用；⑤巩固运用，分层作业。

第四步：隔屏反思，共享教研心得。名师团队成员在云端授课之后，屏幕那端立刻传来试点班老师们的学习和观摩心得："今天参与了示范课教研活动，关于对话教学，我又有了新的收获……"两端教师开展交流与分享，共同开展教学研究。

3. 团队特点及其影响

团队的培养对象及研修学员 200 人，均参与了各项同步教研活动，教研活动也获得了广东省各市的高度好评与肯定。通过全景学习平台，团队努力推广"一校带多点、一校带多校"、实践"跨域同行，协同提升"的教学和教研组织新模式，致力跨区域同步教学背景下小学英语智慧课堂的研究与实践，对教育新生态的重构具有深远的研究意义与借鉴意义。

团队构建了"线上+线下""异步+同步"的协同教学与协同教研模式，并通过互联网技术进行名师跨区域同步教学实践，促进教与学的有机互动和多元沟通，真正实现课程共创与智慧共生，为各地区的城乡协同教学教研提供了丰富的理论支撑与实践范式，实现了名师跨区域教学示范，试点县师生共研共进。

在实践中，团队主动联系帮扶试点县，对接全国欠发达地区薄弱学校，通过异步教研、同步教研、示范教学、专递课堂等形式，实现跨域共研，师生齐长。2019 年 12 月至 2021 年 7 月，通过全景学习平台，共开展教研活动 100 场，为全国试点县学校举行异步教研 24 场，同步教研 30 场，专题讲座 16 场，全国直播公开课 30 节；先后为重庆、河北、山西、西藏、宁夏、新疆等 25 个省份的 52 个试点县进行直播教学与教研指导，受到了众多试点县教育部门及一线教师的高度好评与留言致谢。

三、初中教学教研案例

（一）初中语文：混合式教学[①]

浙江省王碧峰名师团队参与教研共同体建设，积极探索全景学习平台与团队工作室平台深度融合，让教研共同体在全景学习平台的授课内容能同步到工作室

---

① 该案例由王碧峰名师团队提供。

网站，促进教研共同体全体成员的学习成长，促进优质资源的深度推广。混合式教学是面授教学和计算机技术辅助的网络教学相融合的一种教学形式。混合式教学的形式不固定，具有多样化的特征，教师与学习者可以根据不同的需求和情景混合，灵活运用。面向不同类型的学生，利用在线课程实施混合式教育的不同方法、手段和模式。基于此，团队致力于进行跨区域同步教学环境下的混合式教学模式研究与实施。

团队依托全景学习平台，按计划有序开展异步、同步教研和同步示范课教学。2020 年 3—6 月，完成 12 个课时的教研活动；2020 年 9 月—2021 年 1 月，完成 24 个课时的教学任务；2021 年 3—7 月，完成 10 次教研活动，有学员 245 名。

1. 提升团队成员能力

团队认为，理论阅读非常重要；没有理论上的成熟，就没有真正意义上的专业成熟。为了提升教研共同体的教研质量，为教学提供学理依据，王碧峰老师每年的元旦就给全体成员开出书单，规定一个月共读一本书，还要每周写读书笔记，每月举行读书会。团队先后系统阅读了王荣生教授主编的"语文教师培训资源"丛书（8 册）；潘新和教授著的《语文：存在与表现》（4 卷本）；还有一些心理学书籍，如《内在动机：自主掌控人生的力量》《为什么我的青春期孩子不和我说话》等。专业的阅读开阔了共同体成员的视野，教学变得更加理性和科学，同时，这些先进理念也传递给了试点县的老师。

为提高团队的单元整合设计的能力和同步教研、示范课的质量，团队成员两两组合成 6 小组，采取线下分工负责单元教材分析及教学设计、线上团队集中讨论的"线上线下混合""个人与集体混合"的研磨形式，借助钉钉平台，在线集中研磨教学设计。主备老师须提早一周提交单元整体教学设计方案，团队成员须在视频会议前认真学习相关的教学设计，人人发言，人人须"发现"问题并提出改进措施。

2. 混合式教学的形态

（1）跨省同步混合教学

团队在异步、同步教研的基础上，选择一个课时的内容，给贵州省紫云苗族布依族自治县第一中学九年级（1）（2）班和重庆市巫溪县白马中学九年级（2）班的同学开设示范课。结果显示，开出的 7 节示范课，收到较好的效果：既直接服务试点班的教学，也将混合教学的理念、单元教学设计"落地"到课堂中，给试点班教师进行了示范。

（2）省域内同步混合教学

团队依托浙江省"之江教育广场"搭建的平台，面向浙江省内师生开展线上同步教学。自2021年7月24日开始，王碧峰老师带领团队开设"写作指导"主题直播，短时间内访问人次就达到13万。

（3）县域内同步混合教学

2020年2—4月，为响应"停课不停学"的政策，在特殊时期为学生的学习提供强大的支持，王碧峰老师带领团队成员及青田县骨干教师，利用钉钉平台开发了105节线上课程，直接面向全县七至九年级近1.3万名师生开展同步课堂教学，有效地保证了"停课不停学"，让孩子们在家享受到了优质的教学资源。

（4）跨校同步混合教学

依托县域同步课堂的平台，青田县第二中学与青田县海溪乡中心学校结对开展同步课堂教学，教师们观摩、参与县域内的"跨区域同步教学环境下的混合式教学"实践活动，并不断反思、完善混合式教学模式，形成团队自己的跨区域同步教学模式。

3. 发展的设想

在实践取得成果的基础，团队计划在今后不断完善，下一阶段的设想是：

第一，继续强化理论学习，特别是对混合式教学、教育生态相关理论研究等理论的学习，进一步更新教师的教学观念，提升教师的专业素质。

第二，重视收集"跨区域同步教学""混合式教学""双师教学"等课题成果，以及师生调查、课后反馈、学习效果等数据相关的资料，加强数据积累、整理、提升，充分挖掘数据，加强实证与理论研究。

第三，在实践中继续探索混合式教学模式，使之多样化、有实效，真正达成项目预设目标，服务参加项目的学校和老师。

（二）初中语文：心之所向，素履以往[①]

江苏省连云港市朱卫文名师团队于2019年组建，团队的核心目标是提高课堂教学质量和促进教师专业发展，旨在利用教研共同体所具有的强大凝聚力、内驱力、研究力，引导教师进行自觉教研和深度教研，更加准确地理解语文学科本质，把握语文学科课程标准及变化，尝试对语文学科课程进行改编、扩充、整合和拓

---

① 该案例由朱卫文名师团队提供。

展，使符合教的课程走向适合学的课程，从而从内涵上引发教育教学的深层变革，形成长效的质量保障体系和独有的教研风格。

1. 一人主备，全体参与

（1）主备+复备：彰显团队力量

为确保每一次异步教研、同步教研和示范课做到优质高效，团队坚持以认真、负责的态度对待每一次同步、异步教研活动，坚持"一人主备、全体参与"的原则，发挥团队的力量与集体的智慧，扎实地开展教研工作。主持人朱卫文老师统一部署，每位成员每次都要结合对应课题设计出自己的教学思路；主备人进行详细设计后，及时传达给全体成员，其他成员结合自己的思考对照主备人的设计方案，比较分析，反复研磨，提出建设性的意见。

（2）同步+异步：体现优化过程

主备人整合大家的合理化看法，进一步完善设计方案。负责异步教研的教师最终形成课件，之后发主持人和负责同步教研的教师再次审核，最后由同步教研教师负责上传平台。公开发布后，全体成员与相关地区的同仁一起参与学习和评论，积极解答大家的疑问，在同步教研前，把全体教师的评论进行梳理、分类，逐个环节研究，再次完善教学设计方案，以更加成熟的思路、充分的准备和多元的实施路径开展同步教研。

所有成员必须参加同步教研活动，边听边研究，通过远程网络对话或者现场对话，保障同步教研的教师科学准确开展活动，在每次同步教研活动尾声，现场的其他成员即时把自己的听课反思与大家交流，进一步优化教学教研设计方案。

2. 高屋建瓴，指向素养

教研活动中，团队从单元教材分析、单元教学建议和单元教学设计三方面进行讲解。在教材分析时，老师们从文体到线索、从语言到艺术手法都做了详细的分析，并且还通过比较，让学习目标更清晰，学习方法更突出。采用整合策略与联结策略，帮助大家在求同中找规律，在求异中明特质，充分尊重学生的主体地位，思考学生学习中的实际困难，指导解决问题的方法，形成解决问题的能力。在实践中不断提升教师的学科素养和学生的语文素养。

文本细读是课堂教学智慧的源泉，团队老师在文本细读上下足功夫，让课堂设计精彩纷呈。例如，《秋天的怀念》是史铁生写的一篇怀念母亲的散文，团队王元老师根据这篇课文的特点和七年级学生的认知规律，围绕着"我"不好好活和母亲要"我"好好活进行教学设计，让学生逐渐沉浸其中，接受一次情感洗礼。又如，《记承天寺夜游》记述了作者苏轼夜游承天寺的经历，团队李珍伟老师由"闲"字入手，通过"一件闲事""一番闲景""一种闲情""一颗闲心"四个层面进行教学设计。

3. 团队特点与影响

团队注重研究、探索、创新，坚持以终为始，关注单元的人文要素和语文要素，以此为目标逆向设计课堂教学、学生活动，做到有的放矢。实践与探索对于执教者、团队成员、听课老师都是一种有益的促进。例如，群文阅读是当前语文课改的全新尝试，许东杰老师主持教研活动"立足'群文教学'，探究散文阅读"，从群文阅读的定义、结构形式、群文阅读的组织方法对部编版七、八年级语文阅读进行详细的解读，对群文阅读和传统文本阅读的异同展开了详细阐释，并就群文阅读教学的学生评价做了讲解。又如，现代诗在教学中常常被人忽略遗忘，李珍伟老师主持的教研活动"且读且品，意象传情"，从让兴趣成为诗歌学习的源泉、让意象成为诗歌学习的支点、让朗读成为诗歌学习的要领、让语言成为诗歌学习的抓手、让群文成为诗歌学习的翅膀、让背景成为诗歌学习的助推、让创作成为诗歌学习的升华七个方面进行了细致的阐述。

在教研共同体实践中，由于受教方涉及地区、单位比较多，条件设备参差不齐。因而，团队加强与受教方的联系，在开课之前了解教学背景，明确需求和交流时间节点，形成一个有计划有针对性的需求"清单"，保障实践效果。在实际教学中，团队充分考虑远程学生的接受能力，线上授课注重优化教学设计，加入趣味环节，降低难度设计，适当放慢语速，以提高每个学生参与互动的概率，增强学习兴趣。

（三）初中英语：携手共进，合作共赢①

重庆市冯丽名师团队从2020年1月正式参与中央电教馆试点项目以来，通过全景学习平台，对接浙江省云和县、河北省青龙满族自治县、山西省隰县、山东省东明县、广西壮族自治区百色市右江区、贵州省紫云苗族布依族自治县、江西省上犹县等县域教研团队，展开协同教研来帮助试点县教师专业成长、推动教学改革。

---

① 该案例由冯丽名师团队提供。

1. 基于课标，创建模式

《普通高中英语课程标准（2017 年版）》指出：主题语境不仅制约着语言知识和文化知识的学习和文化知识的范围，还为语言学习提供意义语境，并有机渗透情感、态度和价值观。由此，团队提出了"大单元视角"的概念，即以一个主题为核心，贯通学习情境、学习任务、学习活动和学习评价，关注单元教学内容内在联系。以建设"研究的平台、成长的阶梯、辐射的中心、师生的益友"为总体目标，发挥名师示范和引领作用，把先进的教育理念、精湛的教育教学技巧，辐射到县域共同体的教育教学中。通过跨区域同步专递课堂，与县域教研团队实施异步、同步教研，共建共享优质资源，促进教师共同进步。

（1）"一平台三环节"

通过全景学习平台，团队向试点县输入高质量的教研与教学，将教研资源生成环节、教学课程呈现环节、教师互动参与环节融为一体，循环进行，乃至无限深入（图 7-2）。

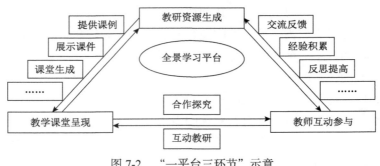

图 7-2 "一平台三环节"示意

（2）单元整体教学模式

按照高中英语新课标提出的英语学科核心素养和六要素整合的英语学习活动观，团队努力探究"基于主题意义的单元整体教学"。即，以主题单元为依托，深挖单元主题教学主线，重组单元教学内容，整体建构英语主题单元教育教学活动，使之成为整合、关联和发展的课程，更好落实立德树人的根本任务。整体思路如图 7-3 所示。

团队研读课标，梳理并提炼主题意义下的语言知识、文化知识、语言技能和学习策略；精心提炼单元主题，以教学内容为依托，优化课堂教学环节，组织有助于培养学生思辨能力的课堂活动；认真研读语篇，进一步加深对主题意义的整体理解，提取和整合主题目标；准确把握中考复习方向，制定了中考英语专题复习研讨

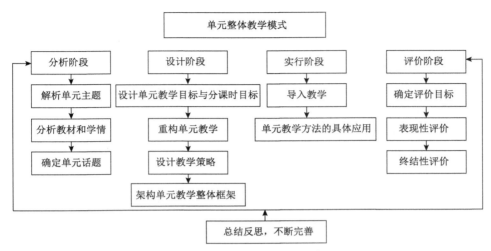

图 7-3 单元整体教学模式示意图

计划，重点关注听力测试、完形填空、阅读理解、书面表达四个专题。团队还积极开展语音教学，关注起始年级学习过程，开发多种课程资源，丰富教学内容。

2. 躬体力行，教学教研

2021 年 6 月，团队杨勤心老师带来了主题为 "Make it beautiful" 的中考写作之 "美化文章" 策略示范课。为了更有针对性和实效性，团队老师们用了近两周时间共同讨论、设计这堂课，所使用的文本素材都来自对口班级不同层次的学生。开课的 "火眼金睛" 活动中，学生在一个整洁和一个凌乱的房间找到信封，打开便是学生在课前写给父母的英语感恩信。既开门见山引入主题，又快速激活了学生学习动机。这堂课，让学生和观课老师感受到了一篇美文的 "三美"。

（1）美于形——书写美观，要点齐全

两个房间就好比书写好和书写乱的作文，教师提问："哪封信会让父母更开心？"毋庸置疑，作为读者，都会喜欢字迹工整的，由此引出第一个策略：注意书写（be aware of handwriting）。紧接着，呈现中考书面表达评分标准，明确本课目标，即达到优秀档。学生发现，要点是否完整是评分的重要标准。回顾写作题目后，学生转换身份，作为教师评判同学作文，首先看要点是否完整，引出第二个策略：包含所有要点（embody key points）。

（2）美于行——行文流畅，结构清晰

接着，逐段剖析一篇有较多时态和词性错误的文章，这是团队发现的对口班级写记叙文时普遍存在的问题。学生在纠错和观察文章分段后，得出了第三个策略：分析结构、语法（analyze structure & grammar）。为巩固训练，学生立即给另外一篇较多时态错误的文段纠错。

（3）美于心——修辞巧妙，细节感人

感恩信表达正确是不够的，还要打动人心。教师分别从另外两篇学生作文中选取了修辞使用和细节添加部分，让学生作为欣赏者，感受与之前文章情感表达上的差异，并总结出增强情感的策略：使用明喻/暗喻（use simile/metaphor）和简述故事（tell a story）。然后教师启发学生用比喻句抒发对父母的感激，学生说出了很多优美感人的句子。考虑到远程教学不方便展示学生作品，教师提供了一个中文片段让学生共同翻译，文段需要运用到简述故事和运用比喻这两个策略。

从作为读者到作为老师，再到作为欣赏者，学生体验并运用到了五个美化文章的策略，最后教师寄语学生：成为自信的写作者（you will be a confident writer）。由此，五个策略的首字母 B-E-A-U-T-Y 组合构成了 beauty（美）。

回首过去，借助全景学习平台，冯丽名师团队和试点县团队的老师一起经历了教学观念的革新与转变，开展了听说、语法、阅读、写作等不同课型的一系列活动。通过主题化、结构化、活动化的单元整体教学，指引学生围绕单元主题意义，获取了主题语境的相关信息，发展了语言能力和提升了思维品质；通过围绕单元目标的整体性、学习活动的关联性等进行的活动，促进了学生语言能力和学习能力的全面提升。

单元整体教学任重而道远，需更好地思考单元教学内容，围绕主题语境更深层次地将学情分析、语篇分析及主题语境分析作为着力点，引发学生更多的深度思考，才能更加有效地落实英语核心素养培养。

第八章

跨区域教研共同体县域模式

正如习近平总书记所说，"一个县就是一个基本完整的社会"，"在我们党的组织结构和国家政权结构中，县一级处在承上启下的关键环节，是发展经济、保障民生、维护稳定、促进国家长治久安的重要基础"①。信息时代重构教育生态，要发挥县域教育主体在教育创新领域的实践智慧，汇聚县域教育主体资源，凝练县域实践模式，总结县域教改的经验与教训，为其他地区同类教育改革提供参鉴。2021 年底，"教研共同体协同提升项目"（本章以下简称"项目"）选择在 25 个省份的 52 个试点县实施，主要集中在中西部偏远地区。同时，在这些试点县组建了 200 余个县级教研团队，共同参与跨区域同步教学实施。在实施项目过程中，已经呈现出了比较成型的同步教学县域模式。②

一、云端教研，深耕质量

贵州省紫云苗族布依族自治县（以下简称紫云县或紫云自治县）位于贵州省西南面。全县辖 3 街道 8 镇 2 乡，有 162 个行政村，总人口 12.05 万户、40.02 万人，少数民族人口占总人口的 65.3%。全县总面积 2284 平方千米，耕地面积 66.03 万亩，耕地面积占国土面积 19.27%，曾是全省 16 个深度贫困县之一。

在党和政府的坚强领导下，近年来紫云县坚持精准扶贫、精准脱贫的基本方略，始终把抓实教育保障作为脱贫攻坚首要任务，全力助推脱贫攻坚。2020 年 11

---

① 习近平. 做焦裕禄式的县委书记[N]. 学习时报，2012-09-07（001）.
② 这一章论述四种县域模式的基础性材料，主要由对应试点县的项目领导单位提供，分别是贵州省紫云苗族布依族自治县教育和科技局、湖北省竹溪县教师学习与资源发展中心、湖北省麻城市教育局教育技术装备站与电化教育馆、云南省楚雄市教育科学研究所，时间节点是 2021 年 6 月。

月顺利通过贫困县退出专项评估，实现整县摘帽，但教育发展仍然面临很多困难。为弥补教学点和农村薄弱学校，协助老少边穷地区、资源短缺地区基层学校解决现实工作的重难点，实现"输血+造血"教育扶贫，促进办好每一所学校，帮助每一位学生适应信息时代的全面发展，紫云县教育行政部门着力探索优化教育投入、扩大优质教育资源覆盖面的有效机制，构建教育新生态，实现教育均衡发展。2020年4月以来，紫云县通过实施项目，努力将全国名校名师优势资源引入中小学课堂，通过异步教研、同步教研、示范教学、专递课堂等形式，将名师教研共同体对接县域教研共同体，再以专递课堂形式覆盖本县师资缺乏的教学点和农村薄弱学校，同时，依托全景学习平台实现伴随式大数据的采集和分析，提升教学效果。

（一）六个实施步骤

按照中央电教馆项目实施的相关内容及要求，实现"输血+造血"教育扶贫，促进办好每一所学校，帮助每一位学生适应信息时代的全面发展，全面组织实施的项目。

一是启动阶段。为全面抓好项目实施试点工作，制定印发了《紫云自治县"教研共同体协同提升试点项目"实施方案》，组建了县级教研团队，共29个教研组，6个试点班级，选拔158名中小学教师参与中央电教馆的学习。成立共同体领导机构，明确项目实施目标任务，确定职责，落实学科年级负责人。召开全县校长及教务主任、全体共同体成员参加的工作部署会，明确项目要求，安排工作任务，确保项目实施工作有序推进。

二是培训及硬件安装。开展县级教研共同体及覆盖学校相关教师的业务培训，使教研共同体成员和相关参与教师熟悉项目流程，注册账号，熟悉平台操作，明确各自分工及职责，分工协作做好项目的前期工作。由县教育和科技局统一采购摄像头和一拖二的麦克风，为远程异步教研、同步教研、示范课堂做好准备，为专递课堂做前期的铺垫。

三是初步实施阶段。由教研室牵头，专人负责项目实施全部过程。做好全景学习平台的课程发布、对接排课、日常管理、共享服务、研讨交流等工作，提供教学支持和资源展示。建立有效协同的工作机制，形成督导、教研、电教办协同工作机制，发挥各自优势，推动信息化的教学创新活动深入开展，保障项目工作的整体协同发展。确定助教人员，积极开展双师教学与教研活动，探索以"互联网+平台"教学应用教研模式，形成适合本县实际需求的管理、教学、教研、应用模式，进行推广、完善、交流。充分发挥名师、名校的辐射带动引领作用，结合教研室安排的教研活动，让更多乡村学校通过项目搭建的平台组织远程教学，共享优质资源，提高教学效果。完成过程性材料收集、活动效果分析等相关材料，按学期进行总结和归档。截至 2021 年 7 月 2 日，各教研组人员撰写学习心得 2165份，开展小组讨论，形成小组学习简报 848 份。

四是应用实施阶段。借助项目为教师提供丰富的数字化教学资源、网络研修资源和信息化教学支持服务的教学管理支持保障体系。充分发挥名校、名师的示范引领作用，大力开展一校带多校、一师带多班的同步教学氛围。建立基于教研共同体的名师网络工作室，以有力地补充教研团队，深入开展网络研修及培训活动，缩小城乡之间、学校之间的差距，也缩小老师与老师之间的差距。开展跨区域同步教学应用对教师教学、专业成长、校本研修、区域网络教研等领域的应用实践与效果评价，初步形成跨区域同步教学的评价机制和推进策略。

五是创新方式强推进。为使项目实施试点工作落实落地，项目开出实施"方子"，采用"专家负责、团队协作"的方式，即由资深教研员或副高级教师领衔，负责设计教研框架，进行团队分工，总体把握教研质量，团队成员按单元分配任务，组织教研和示范教学。以国家名师团队带县级教研共同体，提升县级名师水平。强化手把手带薄弱学校教师的帮扶模式，以提升薄弱学校教师教学能力，鼓励全县教师参与教研，观摩县级同步教学课，带动中等水平教师进步。

六是激励先进出成效。在项目实施试点推进工作中，为表扬先进、激励后进。制定印发了《紫云自治县教育和科技局关于表彰紫云自治县"教研共同体协同提升试点项目"优秀学员教师、优秀样本班、优秀组织者的决定》，对伍洪志等 57名优秀学员教师、陈小会等 2 名优秀样本班、王尚英等 4 名优秀组织者给予表彰。

（二）六项行动举措

紫云县紧扣《紫云自治县教育综合改革实施方案》《紫云自治县教育提质行动方案》文件要求，以"学习的主动性、思维的批判性、能力的创新性、课堂的高效性、评价的科学性"五大标准工作体系为蓝本，不断创新工作方法，履行"研究、指导、服务、评价"的工作职能，规范教学管理，深化课程改革。对照县教育和科技局开出的提高教育质量的"方子"，认真对工作进行梳理。依托项目的实施开展，为推进项目实施一些改革举措。

一是联片教研。为提供教师教学交流平台，使广大教师能相互学习、互相借鉴，取长补短，根据全县学校地域的分布特征，小学部和初中部各以南、北及中片区为单位，为三个片区开展教改研讨活动，要求片区内各校各年级学科教师全员参与，每个学区、独立中学及县直学校各选派一定数量的教师作代表，可作交流发言，也可为在片区交流的教师上示范课。

二是构建三级教研共同体。三级教研共同体即县级教研共同体、城乡教研共同体、校本教研共同体。县级教研共同体加强对城乡骨干教师培训和教材培训，开展教学调研，举行专题研讨活动，总结和推广先进经验。城乡教研共同体开展片区内骨干教师的培训和校际研讨活动，推广先进教学模式和优秀教学方法，推进片区内学科教研的均衡发展。校本教研共同体面对全体教师开展基于本镇实际的集体备课、"三备二磨"等校本研究活动，促进中心小学和村级小学的均衡发展。三级教研共同体的建立，由一个教研员引领转变为"一个团队"共同引领，让学校教研由原来的"一校一研"转变为"区域共研"、合作共赢、多元同构，让所有成员在彼此交流和探索中参与共同的教研活动，在相互学习中相互启发、在共同研究中共同提高。

三是着力打造四支队伍。四支队伍即县教研员、乡镇教研员、教研组长和骨干教师队伍。抓好县教研员队伍，实行教研员联系学校制度。教研员深入基层参加学校的集体备课和片区教研活动，进行现场研讨、指导，完善学科教研模式，探索总结和推广高效的课堂教学模式。抓好乡镇教研员队伍，加强对乡镇教研员的培训。每学期组织 3—4 次学习、研讨活动，提高兼职教研员的理论水平和独立开展教学研究工作的能力，强化对乡镇教研员的管理和考核，激励督促乡镇教研员认真履行工作职责，鼓励他们创造性地开展工作，确保片区教研取得实效。抓好教研组长，定期组织农村学校教研组长进行培训，开展基本功比赛，为他们搭建学习和交流的平台，拓宽他们的研究视野和工作思路。抓好骨干教师队伍，通过名优教师送课下乡、城乡骨干教师课堂教学交流活动，逐步建立起一支覆盖全县各级学校的骨干队伍，促进教研队伍专业化发展的一体化。

四是着力提升教育教学质量。制定下发了《紫云自治县教育和科技局关于开展 2021 年中考备考教师指导学生复习工作培训的通知》《紫云自治县教育和科技局关于印发紫云县中考命题改革研讨活动方案的通知》，聘请了贵阳市教育科学研究所各学科专家，以项目为契机，对全县初中语文、数学、英语、物理、化学、道德与法治、历史学科教师（1186 人次）进行了两次中考命题改革、学生复习指导培训。

五是教学常规督查开新局。为进一步规范学校的教学管理，制定下发了《紫云自治县教育和科技局关于规范中小学作业布置与批改常规工作要求》《紫云自治县教育和科技局关于印发紫云自治县教研共同体协同提升试点项目"专递课堂"

教研活动实施方案》，对全县 200 所中小学开展教学常规工作检查和专递课堂收看督查。老师们利用项目的优质资源，通过观看直播课堂，与名师团队老师现场交流解答在教学中遇到的困惑，用课余时间观看回放课堂，提升了自己的教学能力，实现了资源共享、优势互补，加快了教育一体化进程。

六是丰富教研活动内容。充分利用全景学习平台，通过线上线下共同计划、共同研修、共同备课、共同上课、共同说课、专业引领、送教下乡、共同总结等形式。让老师们有不一样的教学设计理念和教学风格，对相关单元备课要分析透彻，遇到问题要及时解答，从教学分析、教学建议等方面建构整个单元的知识体系和脉络，让老师们更加清楚一个单元要教什么。聆听专家老师的示范课后，老师们深切地感受到新时代确实有必要提升自己的教学能力，顺应新的课改需求。

（三）三大积极变化

通过交流、探讨、互相学习等方式，教师工作态度、工作能力和工作成绩取得"三突破"。

一是教学态度获得改进。在教研共同体中的异步教研、同步教研、示范课活动中，老师们都全程参与，在交流、合作和共鸣中，积极进取、团结奋进的工作态度得到全面强化和提升。无论教学工作怎么忙，大家都会抽出时间观看课程回放，专心聆听，认真做好学习记录，上传精致图片，撰写学习心得，随时在群里分享教学经验，互相取长补短，相互鼓励帮助，积极努力上进，营造和谐共进团队，在相互尊重中学会了交流，在虚心中学会了吸纳，在努力中学会了反思，在合作中获得了成长。

二是教学能力获得提升。项目实施过程中，全县各教研团队所有成员在每次活动中都用心去感受，思想认识得到了质的飞跃，将学得的新理念、新方法实践于课堂中，提高了课堂的生机和活力。教师具备了大单元的备课观，从横纵两个方向体会教材编排螺旋上升和梯度发展的精髓，教学行为发生了一些根本性转变。教师引领、探讨合作、尝试运用、目标检验等四种课型落实于教育教学活动中，全面带动了每个学校教研活动，形成了众人拾柴火焰高的良好氛围，真正把学习的主动权交给学生，让他们的知识与思维训练得到同时发展，从而提升学生的综合素养。2020 年 8 月 27 日，在中央电教馆组织的项目实施阶段性总结中，紫云县教育和科技局的代表作了题为"优质教育资源，助力脱贫攻坚"的发言，得到了与会专家的赞扬。

三是教学成绩取得突破。项目实施以来，各教研组成员在教学上都取得了一

定进步。参与小学教研的郑锦绘、王尚英等老师分别任教的语文、数学学科，在
2020 年秋季学期全县期末质量监测中，分别取得全县第一；于芳等 16 位老师通
过全景学习平台，在安排的县级试点课"专递课堂"示范观摩活动中，所承担的
教学示范课得到领导和参与老师们的好评；紫云县民族高级中学各学科教师积极
参加当年中央电教馆组织的全国名师实施的高考复习专题讲座，并应用于实践，
使全县高考取得新的好成绩：县民中 2021 年一本上线率比 2020 年提高了 1.16%，
二本上线率比 2020 年提高了 2.47%，文、理科的一本、二本上线率均比 2020 年
有提升。

　　紫云县教研团队教师本着"学习与交流相结合、教研与观摩相结合、反思与
实践相结合"的理念，牢牢抓住每次学习的机会，工作之余积极投入到异步教研、
同步教研、示范教学研修活动中，认真观摩每一节示范课，认真参与每一次教研
活动，积极与全国各地的老师交流，虚心向他人学习。全景学习平台打破传统学
校、班级模式界限，有效整合县域名师力量，构建县级教研团队，实现城乡教师
线上同步面对面对话交流，有效突破区域限制，降低教研成本，提高教研效率，
缩小城乡差距。

　　通过全景学习平台的支撑，全国名师教研团队能常态化帮扶县级教研团队，
偏远农村地区的老师能经常性得到名师教研团队的引领，与全国名师进行面对面
交流，促进全县教师迅速成长和提高。"输血+造血"教研新格局正在形成，跨区
域"共享、均衡、发展"的教育新生态，正在推进紫云县基础教育课程的改革与
教育教学质量的全面提高。

二、便捷研训，建设常态

　　湖北省竹溪县位于鄂、渝、陕三省交界的秦巴山区，西接陕西省平利、镇坪、
旬阳，南交重庆巫溪，东邻本省竹山。竹溪县域内交通不便，信息闭塞，教育发
展中师资方面问题比较突出，存在师资力量薄弱，骨干教师偏少，年轻教师多，
教师专业发展动力不足、教师队伍整体专业素质不高等情况，线下集中研训面临
诸多不便，而且县域内乡镇间因交通不便（较远乡镇到县城需要四五个小时），
线下集中研训时间与资金成本较高，乡镇内教师的专业引领能力不够。2017 年，
竹溪县将教研和师训两个机构进行整合，实施研训一体。加强教师专业成长的研
究，全面提升教师的专业水平，成为教师学习与资源发展中心的重要职责。

　　竹溪县从 2018 年开始开展双师教学，培养了一批网络教学教研的先行者，全

县各校有了千兆宽带进校、百兆宽带进班的网络基础。2019 年底，中央电教馆将竹溪县选定为项目试点县，借助全景学习平台，提供全国范围内的名师线上教研引领，名师带领县内骨干教师开展线上单元教学研讨，为试点班孩子远程上示范课，课后再进行针对性研讨。这种全新的方式打破了地域限制，教学、研讨和指导直达课堂教学这个核心环节，非常实用。

（一）三个层面内容

有了网络、平台的基础，又有中央电教馆提供的教研方法上的指导，在县教育局的支持下，教师学习与资源发展中心与教育技术装备站携手组建、管理、运行县内教研共同体，借助全景学习平台、竹溪教育云平台等，开展全县同学段同学科教师共同参与的单元教研活动，以主题研训、示范课研讨等形式，形成县内骨干教师对本学段学科引领的常态机制。

1. 组建三个团队

（1）组建教研共同体团队

全县以学科、学段为单位组建教研共同体团队，成员由全县本学科同学段所有教师组成，大家按要求参与团队组织的教学研讨活动。教研共同体实施周期为学年度，每学年初制定实施计划、变更成员信息、安排部署研训任务。

（2）组建教研共同体骨干团队

根据学校上报的教师信息，学科研训员遴选本学科各学段的骨干团队成员。每个骨干团队由 2—5 名本学科同学段的优秀教师组成。各学科教研共同体骨干团队在 18 位专兼职研训员的带领下，提前拟定"学科教研共同体任务分工及职责要求"，安排好骨干团队成员的具体分工、单元研训活动、学习情况督办、宣传任务等。可以说，骨干团队成员"人人有事做"，教研共同体内"事事有人做"。

（3）组建教研共同体信息技术指导团队

该信息技术指导团队成员由县级指导团队成员和校级指导团队成员组成，在教育技术装备站领导下负责教研共同体平台管理、信息化技术指导工作。

2. 组织三大活动

（1）组织培训

在活动实施前，首先组织了两个培训，一是培训平台使用方法，二是培训单元教研方法。请北京的专家给教研共同体骨干团队老师进行单元教材解读的现场培训，学习如何进行单元教材解读、教学设计。所有学科的第一次同步教研由学科研训员示范，也是培训的延续。

（2）对接学习

部分学科、学段组建的教研共同体骨干团队，对接中央电教馆的项目，参与中央电教馆在全国范围内邀请的名师组织的线上单元教研和示范课观摩活动，完成相关学习任务。

（3）传递落地

借鉴项目资源和研讨方式，组织县内教研共同体活动。首先是异步教研，团队教师提前将单元教学分析建议的 PPT 上传到平台，供全县范围内同学段同学科的老师根据自己的时间安排下载提前预习，同时在平台（或群内）提交至少 200 字的点评或建议。其次是同步教研，全县范围内同学段同学科的老师集中在同一时间段与主讲老师在线上研讨，先由主讲老师主讲，再互动研讨。同步教研后，每位参与老师提交至少 200 字研讨心得与大家分享。有的老师同步教研时实在没有时间，错过了，还可以利用其他时间登录平台回看学习。研讨活动让一线教师能够得到常态、持续的教学指导，团队教师的教研水平在展示交流中也得到了提升，达到"双赢"。

3. 提供两个保障

（1）明确职责

成立以分管领导为组长、县教师学习与资源发展中心主任和教育技术装备站站长为副组长的教研共同体工作领导小组，统筹协调全县整体工作的协调推进。教师发展中心各学科研训员、信息技术指导团队、骨干团队成员各司其职，学校从时间、经费、机制上为本校学科骨干团队成员、教研团队成员提供足够的便利条件，保障教研共同体各项活动的有效开展。

（2）建立机制

建立激励机制，鼓励学校及教师积极参与。领导小组适时监督检查教研共同体开展情况，对各校、教研团队、教师参与情况进行定期检查评估，学校、教师积分均采用得分制积分进行评价，学校积分纳入学校年度综合目标考核，教师积分纳入教师绩效考评。对骨干团队成员参与的主讲、研讨活动，按照相关培训制度核销费用。

（二）常态运行机制

经过上述努力，全县在实施跨区域教研和创建教育新生态方面已经取得了一些初步成果，具体可以概括为以下内容。

1. 培养学科骨干团队

各年级学科骨干团队认真研读教材，精心搜集资料，精心准备和反复修改单元解读的课件，并组织研讨和教学示范。2020年秋季学期，全县组织同步教研、示范课近两百次，骨干团队成员通过学习、借鉴、设计、打磨、展示、反思等环节的磨砺，业务素养得到普遍提高，团队意识明显增强。

2. 提供常态教学研讨

以县为单位组织的教研共同体活动，建立了常态教研大平台。同学段同学科教师聚焦教学中的共性问题、核心问题，开展线上为主的研讨活动，跨越了地域，节省了参与活动的时间及资金成本，给老师们搭建了一个常态教学研讨平台。做单元教学分析、讲授示范课的老师是全县范围内的优秀教师，引领作用明显。

3. 促进课堂教学提效

项目引入的单元整体教学设计理念，有助于引导老师们整体理解与把握学科主要内容、学科本质、体系与结构、思想方法、核心概念、独特的育人功能等。从单元整合的切入口，根据教材内容的不同特点，设计不同类型的主题教学，有利于促进学生学科素养的全面提高。单元教研有设计理念、方法的交流，也有课堂示范的研讨，能把老师们的关注点聚焦到如何在课堂教学中落实新课改理念上来，促进了课堂的提效。

4. 建设单元教研资源库

以学段、学科为单位的单元教研可以形成较系统的单元教学设计建议（包括示范课、教研心得交流）资源库，经上传平台后，可供教师借鉴共享。

三、精准发力，实践提升

麻城市地处湖北省东北部，曾是国家级贫困县，经济社会发展相对滞后，地方教育资源相对匮乏。2021年各级各类学校440所（含教学点118个），在校学生14.2万人，其中义务教育263所（初中29所、小学115所、教学点118个、特教1所），在校学生8.7万人。2018年通过了国家级义务教育均衡县市验收，城乡学校在硬件建设方面的差距逐渐缩小，但在学校管理机制、教师专业水平、课程资源建设、课堂教学改革等方面还存在较大差距。主要问题是，农村薄弱学校教师结构性缺编、老龄化严重，尤其是农村薄弱学校和教学点，缺少师资、开不出开不足开不好国家规定课程、教师教学能力不强、专业发展水平不高等问题还较为突出。

2012 年，麻城市被教育部确定为国家级教育信息化区域综合试点县市，确立以教学点数字教育资源全覆盖项目为切入点，积极推进信息技术与教育教学全面融合，建设麻城特色的网络研修文化，取得了初步成效，有一定的实践基础。然而，以名师工作室为龙头的网络教研仅仅局限在小学语文一个学科，虽然也以专递课堂的形式将城区学校与乡镇学校进行了结对帮扶，但一所学校的师资力量终究有限，集体教研和送课的数量也有限，无法形成规模化效应。2019 年 11 月，麻城市被中央电教馆确定为项目试点县，借助项目，努力缩小区域、城乡、校际之间教育质量差距。

（一）统筹项目管理

麻城市教育局成立了项目工作领导小组，系统部署项目实施，统筹与协调项目管理，全面推进项目实施。

1. 各方协同

麻城市教育局就年度项目工作进行详细周密讨论，制订出年度工作方案。对参与项目的麻城市电化教育馆、麻城市教育科学研究院、麻城市教育局教师管理科进行调整和优化，力争科室责任明确，整合科室资源，为项目推进提供机构保障。麻城市教育局基础教育科牵头起草《麻城市教研共同体协同提升试点项目考评细则》，从项目校、学科、教师等层面分别提出了工作目标和考核依据，为项目的可持续推进提供了制度保障。

各管理部门落实一月一次线上碰头会、一期一次全员总结规划会。明确麻城市教育科学研究院、麻城市电化教育馆、麻城市教育局教师管理科的管理职责和工作目标，明确教研共同体各级成员的职责和工作目标，制定激励评价制度。依据实际情况调整课题组成员，进一步明确课题管理分工，在教科院的统一协调下共同完成好课题实施过程的各项工作的规划、推进、总结、评价。

为了督促教师上线学习，确保学习的参与率，项目组采用"行政+业务"双管齐下的管理渠道。各试点校负责人摸清各校参与人员名单，要求在各校内部开展创造性的教研管理和研究工作，不定时督促落实，确保学习的参与率。各学科牵头人及时收发各自责任学科的教研通知，并要求各年级组长督促学员落实教研任务，收集教研图片，增强学习的有效性。

2. 课题引领

为了借助项目平台实现麻城市教育的均衡发展，尤其是提高农村薄弱学校的教育质量，麻城市教育局实施"教研共同体支持下的农村薄弱学校教学质量提升研究"，以课题为抓手，统筹协调科室、学校、教师等多方力量，着力推进试点项目的实施，以达到加强教师队伍建设、提升教育质量、促进教育公平的目标。2020 年 8 月 28 日，麻城市教育局召开课题论证会，邀请湖北省教育信息化发展中心（省馆）宗敏副馆长、姜新华主任和华中师范大学王继新教授等专家参与。2020 年 11 月，麻城市教育科学研究院牵头在全市范围实施市级课题"教研共同体背景下的教研模式研究"，组织学校开展深入研究。

3. 构建平台

为了更好地鼓励项目组教师积极参与教研学习，由麻城市电化教育馆牵头，以麻城市教育局教育信息化工作推进办公室名义，每月编发一期工作简报，给教师提供展示的平台。简报以图文并茂的方式，刊登工作动态、教研心得、学习感悟等方面的内容，电子版推发给每位教师，纸质版分发给教育局领导、相关科室和试点校校长留存。同时，在工作群中，每月通报后台统计的教师学习的数据，评选教研之星，激励教师积极参与。

为了将项目实施引向可持续发展，促生良性教育生态建设，在两年实践过程中，麻城市教育局不断创新评价机制，及时发现典型和先进，通过一系列的评价表彰，有效地激发了教师持续参与、主动参与的热情。2021 年 8 月，麻城市电教馆在全市范围内组织开展了"麻城市第三届微课大赛"，大赛内容中就涉及教研共同体的学习成果展示，教师们将在该项目过程中的所学所得所思所感以短视频、课件等形式展示出来。麻城市教育科学研究院每学期都组织专递课堂比赛，为项目校的教师提供课例展示实践平台，此外还组织优秀简报评选、优秀学习感悟评选、优秀教学设计评选、优秀项目教师评选等。各种评价机制的落实很好地反馈了项目实施的广度、深度和效度，更为项目的持续良性推进创建了好的生态环境。

（二）建立县级团队

围绕"城乡联动，同伴互助"的项目教研理念，更好地体现"输血"和"造血"功能，麻城市着力加强县级教研团队建设，并与国家级名师团队对接。

为此，麻城市在全市组建分学段分学科教研团队，各学段学科均有专属学校负责，如麻城市第一实验小学负责小学数学和道德与法治，麻城市第二实验小学负责小学语文和小学英语，等等。

为了既便于管理，又能扩大县级教研团队的影响力，学科负责人来自牵头单位，成员则来自其他试点校。比如，小学数学学科是由麻城市第一实验小学牵头，二到五年级的年级负责人也是该校老师，但五名团队成员是来自其他四所试点校和帮扶的乡镇学校。学科负责人组建工作群，督促团队成员积极参与教研活动。十所试点校引领，对应帮扶两个乡镇的学校：五所小学试点校对应帮扶黄土岗镇的小学，五所初中试点校对应帮扶木子店镇中学。

为了确保各学科"全面开花"，各学科负责人制订了专递课堂计划，计划中明确送教年级、内容、授课人以及具体的授课日期。然后由麻城市教育科学研究院统筹安排，组织实施，以"专递课堂"为重点，开展区域教研活动，活动内容形式丰富，有听课，有学生反馈，有专家评课，有教师议课，使专递课堂更具"专业"性。

项目开展以来，各学科教研组坚持按时参与活动，异步教研、同步教研、课程资源，各项活动都有县域名师团队的"身影"。他们提前学习课件、发表评论、认真撰写学习笔记、实时参与线上讨论。尤其是小学音乐组，学科原总负责人李亚玲对团队成员的引领和示范做得很好，该组学习氛围浓厚，她本人多次被国家级名师点名表扬，并被指名参加国家级名师团队组织的在线教研发言。又如黄土岗镇，除了项目组成员外，所有教师都在网站上进行了注册。还有项目试点以外的学校，主动申请加入到项目试点中。像麻城市第六小学、顺河中心学校，其校长原来都在试点校工作，被调到新的学校后，主动要求学校的老师参与教研共同体活动，参与跨区域在线教研，以提升学校教育质量。

2020秋，麻城市启动了县域名师团队专递课堂活动。如2020年10月28日，麻城市第二实验小学牵头的小学语文组率先向黄土岗镇中心小学送了一节肖芳兰老师执教的示范课"精卫填海"。2020年11月4日，中央电教馆网络部项目组领导、国家级名师团队专家和教育信息化发展中心研究部领导来麻城进行工作调研，观摩了东莞市莞城步步高小学与黄土岗镇中心小学五（1）班的专递课"可能性"，县级教研团队白果中心学校给木子店镇中心学校八年级学生上了一节语文课"句子成分"。2020年11月，县级教研团队的中学英语组、小学道德与法治组、小学数学组、小学英语组都分别开展了专题课堂工作。一学期，由县域团队自行研究落实的专递课共10节。

（三）实现四个统一

实践显示，麻城市项目团队立足开放共享思想，借助互联网教学平台，超越传统时间与空间限制，连接不同地区、不同学校、不同水平的教师开展教学互动与交流，推动优质教育教学资源传输与流动，从教学培训、教学内容、教学方式、教学评价等方面超越传统教育教学局限，具体效果表现为四个统一。

1. 常规研训与线上培训相统一

同步教研之前，麻城市教育局组织试点校教师集中学习如何开展同步教研，以线上培训的方式引导教师明晰教育前沿地区如何进行教学改革、如何进行课堂教学、学生学什么、学生应该怎么学等内容；聚焦试点校教师现已遇到或可能遇到的课堂教学问题进行讲解或研讨，以专项培（研）训扩充教师课堂中教学的知识储备、实操能力和视野格局。

2. 立足教材与问题导向相统一

通过参与教学共同体建设，教师明晰了如何以教学内容建设为主轴，立足教材与问题导向相统一，解决教学中的重点和难点问题，推动农村薄弱学校教学质量提升。项目聚焦教材分析，延伸教学知识点，重点剖析并解决试点校存在的"顽疾"，依托试点校教材内容与教学具体安排，以点带面解决教学与课程难题。对于师资短缺和未正常开设英语、音乐和美术等课程的试点校，县级学科名师结合试点校的教情学情，打造基于教学平台的"专递课堂"，弥补试点校学科课程总量不足、教学质量偏低的短板，充实其教学内容。

3. 线上教学与线下实践相统一

推进教研共同体建设改变了传统"一支粉笔一把戒尺"的教学，立足全景学习平台，施行1位名师带动若干教师的"1+N"教改模式和"同一课堂+两位教师"的双师教学，推进线上教学与线下实践相统一，发挥授课名师线上与本地助教线下的教学优势，以优质的课堂覆盖农村薄弱校与教学点。授课名师将教学设计及课件上传到学科群，供试点校教师和学科工作坊教师线下研讨，以完善教学方案，为线上教学改良与线下教学实践优化提供帮助。

4. 数据评测与同行互评相统一

教研共同体建设将信息技术嵌入教学评价，强调数据评测与同行互评相统一，多维度收集教师备课、讲授、反馈和学生听课、练习等数据，实时掌握课堂中教师的教与关涉学生学。平台自动采集双师教学过程数据，汇总参与教学活动的学生数量、发言次数、被提问次数、发言正确率和教师授课时间等，对课堂效果进行分析，以此作为评价教学的重要指标。同时，引入互动智能作业系统进行课后答疑、辅导、训练，学生在线答题形成统计数据，教学管理者依据教学过程的师生数据评价教学成效。此外，教学结束后主讲教师将录制的课程及课件上传至教学平台，同行教师会对其课程进行评价，主讲教师可浏览同行教师的评价，了解自身教学的优缺点与改进的方向，同时整合、积累、内化课堂教学经验。

总之，项目一方面优化了教师课堂教学，推动这些学校的教师课堂教学转型升级、提质增效，整体提升县级名师的专业素养和教研能力，并带动薄弱学校的教师和年轻教师快速成长；另一方面优化了学生课堂学习，"专递课堂"让学生能够学习到"名师"与"名校"的"名课程"，在不断接触新知的过程中丰富认知视野，引导学生培育自我调节的学习技能，增强学生计划、管理和控制自我学习过程的能力。

四、丰富教研，持续跟进

楚雄市地处云南省中部，隶属于楚雄彝族自治州，是一个县级市，也是楚雄州府所在地，教育发展具有一些优势条件，教育发展水平在全州居领先地位，在全省居中等水平。近年来，在义务教育均衡发展政策推动下，全市初中和小学教育教研活动发展较大，教育教学质量和教学科研有所增强，但仍存在一些问题，主要表现为均衡性不足。城区主要学校如鹿城小学、北城小学、金鹿中学、北浦中学的发展水平较高，而山区学校的发展则相对滞后，发展最欠缺的是坝区学校，教育教研及各种考核均处于落后状况。整体上，全市教研水平不高，教研活动仍处较低水平层次。

2019年12月楚雄市参与项目实施，成立了以市教育局局长为组长，副局长为副组长，市教育科学研究所所长、市教育体育技术装备管理站站长、试点校校长、市级专家团队和学科组长为成员的组织机构，分工明确、各负其责。楚雄市组建县级团队成员，负责各学科的活动，对参加活动的教师进行指导，确保活动顺利进行。全市有初中语文、数学、英语、历史、道德与法治、小学语文、数学、道德与法治等学科参加教研共同体，并组织高中参与高三备考专题活动。试点校与学科充分利用全景学习平台，通过中央电教馆提供的优质资源学习，积极推动优质资源转化。实施同步课堂教学给城乡校际优质教育资源共享带来契机，试点校与手拉手学校的"结对帮扶"活动，使两校之间互惠双赢。

（一）丰富教研模式

在项目实施中，楚雄市大部分学校的教研共同体模式是以"异步教研、同步教研、示范课、试点课"相结合的方式实施。参与校借助教研共同体这一平台，紧紧围绕课题，认真按照市教育科学研究所的要求开展学习活动，分享发达地区优质教学资源，提升对统编教材的理解；通过示范课引领、同步教研等环节，协助解决学校现实教研工作中的一些问题，提升教师的教研教学水平。

每周市教育科学研究所下发活动安排表，学校教科处及时发到学校教研工作群中，提醒、督促教研组长按时间组织本组教师进行集中学习，并及时在教研组内进行交流研讨。如果学习时间与教学有冲突，则要求教研组长及时督促、提醒老师看回放。坚持每周一次的异步及同步教研活动，并形成了良好的运行机制。每次活动都有策划人、主持人，活动前精心统筹安排，包括确定活动内容、制定活动方案、明确活动的负责人，保证开展的活动既有清晰的方向又有层层落实的执行力。

每次学习活动都及时反馈学习情况，有独立的教研共同体学习记录本（《"教研共同体协同提升项目"实施手册》），有相应活动的记录和心得、反思。学习后及时反馈学习、教研情况，做出学习简报存入学校"腾讯微云"规定文件夹内。组织教师撰写学习项目的心得体会、总结、论文、案例及分析。

各学科活动十分注重于交流学习，使得结对双方在教育教学等方面都有所得。基于这样的认识，共同体成员之间十分重视研讨活动和专题活动，如举行了"如何进行集体备课""毕业生工作研讨""班级管理的有效措施"等主题的研究会。

注重利用全景学习平台开设双师课堂和专递课堂，发挥骨干教师的示范引领作用，促进年轻教师在活动中迅速成长，形成在课堂教学中以教材为本、重视知识形成等共识，促进不同学校协同发展。

2020年在学校停课期间，市教育科学研究所开展了统编版小学语文一至六年级下册教材的线上全员培训，小学语文教研员、本地名师通过全景学习平台线上直播授课，全市所有小学语文教师通过听课端在线上参加了培训。参与项目以来，很多学校把"教材研读"作为研究抓手，对初中语文、数学、英语、历史和道德与法治的教材进行了深度研读，既有从整体层面对一册书、一个模块、一个章节的研读，又有从局部对一节课的研读，还有针对教材研读方法的专题研讨；具体形式上，个人独立研读与小组合作研读相结合，分组研讨与集中交流相结合，专题讲座与公开课相结合，还有教研共同体各学科组的集体研讨。这些活动既有理论的引导，也有课堂实战演练，效果较好。

项目使教师可以对自己的备课实现借鉴、修改、整合、提升。首先，从全景学习平台上学习他人的优秀教学设计，找到对自己有启发的东西。其次，教师在查阅平台优秀教学设计后，再结合自己的教学经验和预设的教学程序，进行科学合理的整合，然后写出自己的教学方案。这样，教师的备课资源就会丰富起来。与此同时，教师的教学也随之发生改变。

在教研共同体推动下，楚雄形成市、学校、学科组三级教研网络，使优质教研资源成为楚雄本地教师可以熟练运用的资源，培育了一批能够将跨区域教研资源熟练转化为本地教研资源的示范型教师和教研骨干。开展区域教研、在线教研、同步教研、视频案例研讨等多种形式的网上教研活动，提高教师运用跨区域教研资源的能力。编辑各学科跨区域教研资源本地转化后的教研手册，使学科教师能够长期利用这些手册开展常规教研活动。努力提高本地教师教研水平，利用跨区域教研资源推进楚雄市名师工作室、教研组长工作室、中心备课组等教研机构的建设，使本地教研活动进一步提升本地教学质量，增加教研活动对提升教学质量的贡献率。改变了楚雄市教研水平的落后局面，进一步缩小了楚雄市与全国教育先进地区教研水平之间的差距。

（二）助力中考高考

楚雄市利用全景学习平台，加强毕业班备考工作，开展面向农村学校的优生培养工作。

一是精心设计中考关键专题，聘请全市学科名师执教，利用全景学习平台组织了5个学科20个专题讲座，该活动惠及15个乡镇16所农村学校，实现了城乡师生同上一节课，让农村学校学生也能聆听名师讲授，在同一片蓝天下共享优质资源。

二是助力学校开展学生心理辅导工作。根据楚雄市农村学校实际，每年五六月在学校教育教学关键期、学生心理问题多发期，选聘优秀心理教师利用全景学习平台开展心理辅导，有效弥补农村教育的薄弱环节。

三是积极组织网上中考研讨会，主动适应"离校不离教，停课不停学，线下转线上"要求，积极调整备考策略，及时开展省初中学业水平考试学科的网络教研活动。2021年楚雄市依托全景学习平台开展了两次中考研讨活动，从学科研讨拓展到学科研讨+管理研讨，中考指导更加细化全面。

四是组织开展全市统一模拟测试后的分析，指导教师充分利用测试大数据发现教学中的疏漏点、薄弱点，加强对学校的备考指导，帮助学校找出解决问题的教学策略，提升测试实效性。

五是精心组织东兴中学、紫溪中学、龙江中学等三所高中九个学科的教师，全员参与中央电教馆组织的教研共同体项目"高考专题研讨"，在讲座结束后立即组织各学科教师开展线下研讨，对直播内容进一步反思、交流，寻找所学知识与自己教学方法的结合点，找准切入点，不断改进教学方法。"高考专题研讨"实现了跨区域教研，共享优质教研资源，极大提高了高考备考效率。

总之，同步教研活动实现了学科内的"四统一、一突破"（即统一进度、统一考试、统一阅卷、统一成绩分析，教学重难点的突破），达到了优质教学资源共建、共享、转化和辐射的目的。各教研组都有各具特色的绝招，如英语教研组的思维导图和在广场上的晨读、数学组一直坚持的"错题重考"、音乐教研组的实操性教学研讨、物理教研组的教师实验技能竞赛等。语文学科王碧峰名师团队的"小说阅读"等创新型课堂演示，使老师们从中学到了更多、更好的专题复习策略与方法，对语文教学实践，特别是毕业班的复习工作起到了很好的指导作用。数学学科张必华名师团队的"图形与图形的变换"等系列复习建议，提供了高水平的中考复习课，让老师们深刻领悟到只有扎根课堂、立足教材、深耕教材，教研水平才能有所提高，专业技能才能有所长进，课堂教学才会更加游刃有余，才能向高效课堂攀登。

项目实施以来，楚雄市教育教学质量明显提高，全市小学学年末学业水平检测成绩逐年提升，特别是农村学校的教学成绩也大幅度提高，城乡差距明显缩小；初中的"学本课堂"教学改革也获得发展，教学效益显现。楚雄州教育局对全州10个县市的初中教学质量进行综合考核，2018年楚雄市获三等奖，5所初中学校获奖；2019年楚雄市获三等奖，13所初中学校获奖；2020年楚雄市获一等奖，市属20所初中学校全部获奖。2021年，楚雄市普通高考，在全省600分以上人数大幅下降的情况下，楚雄市仍然有76人过了600分线；一本人数532人，较2020年473人净增59人；本科以上人数1910人，较2020年1648人净增266人，本科率也由2020年63.9%上升到77.2%。[①]

（三）形成基本共识

通过一年多的教研共同体项目实践，楚雄市广大教师和教育部门对项目有了

---

① 本段数据由楚雄市教育局提供，时间节点是2021年8月。

新认识，并形成了共识。

一是，项目实施推进了楚雄市教育教学改革与发展。教研共同体有计划地定期开展跨区域教研活动，把丰富的教研经验、教学方法、教育理念等教研资源在各学校之间分享，通过示范引领，以不断提高教师的教育、教学能力，从而共同提高教学质量和教育教学水平。通过全景学习平台将先进的教育教学理念、教学资源进行集中、优化和转化，扩大优质资源覆盖面，共同提高教师专业素质和教学质量。通过不断的学习、教学交流、经验互通、学习研讨等方式，进一步促进教师高效能的专业成长。通过平台的学习和教研活动，不断提升教师对现代教育技术的使用能力，进一步强化教育技术和教育教学的有机融合，使系统和教育模式更加完善。

二是，不能回避项目实施中存在的问题。楚雄市也认识到，在项目推进过程中还存在一些问题，需要在以后时间中引起注意和不断改进，这就是：①要协调好全景学习平台国家级名师团队活动时间与本地学校教育教学的时间，解决教研组或备课组教师不能全员参与学习的问题。②要处理好学校各类活动比较频繁，项目实施之中有的学习和交流不够认真、扎实，学习简报做得不够及时等问题。③要处理好试点校面及其学科面扩大的问题，以及建设区域学校和教师参与项目的激励机制问题。

三是，继续改进和完善项目实施。楚雄市表示将继续推进项目实施，更加认真地组织教师积极参与学习观摩、交流研讨活动，把教学、科研工作落在实处，使教师更加清楚地认识到项目对课堂教学和教改、教研带来的积极影响。借助项目进一步促进老师们教育教学水平的提升，建立学习型团队，让团队成员在学习、交流、合作与竞争中，共同进步和成长，形成教师与学校整体和谐发展的共生机制，促进城乡教师专业成长，提升区域教研、教学水平，以实现教育均衡发展。紧跟教学改革步伐，围绕各学科课程标准和学科核心素养，把教学改革的重心放在"教什么""怎么教""怎样学"三个层面，努力探索教与学两者契合点，为课堂教学呈现出"高效率、高效益、高品质"新样态而奋斗。

总之，楚雄市将持续推进常态化跨区域的"互联网+教研"工作，通过对现有网络环境的升级改造及对课程内容的优化，完善跨区域常态教学实践、跨区域教研模式，开展好异步教研、同步教研和网络双师课堂，让不同区域的学生和教师在更广的时间维度上进行合作，建设新型区域教育生态。

后　记

　　2017 年 5 月，"跨区域同步教学应用试点项目"正式启动，直至今天已经 5 年有余。过去的 5 年，项目组经历了两轮探索：第一轮是单维度的推进"跨区域同步教学应用试点项目"，主要围绕"同步教学"活动的展开进行了项目试点与总结；第二轮是在"跨区域同步教学应用试点项目"基础上，以开展"教研共同体协同提升项目"为重心，持续推广与深化"跨区域同步教学应用试点项目"。2019 年 7 月，项目组在既有的项目实践基础上，申报并获批 2019 年度教育部重点课题"互联网+教育背景下跨区域同步教学对教育生态的重构研究"（DCA190331），着重以课题研究为中心，汇聚项目参与各主体专业优势与力量，推动项目实践与课题研究的有序开展。

　　课题立项之后，课题组经过专家论证，对于课题本身预研究的 4 个子问题进行分化，分别围绕"数字资源+教学服务"模式促进农村学校教学质量提升研究、"互联网+"教育背景下跨区域同步教学的教与学方式重构研究、基于教学过程数据的跨区域同步教学课堂有效评价研究、跨区域同步教学分层管理机制研究，共设计以"跨区域教研服务对县级教学质量提升的研究"为代表的 26 个子课题，邀请全国所有"跨区域同步教学应用试点项目"的参与县市、参与学校以及相关高校进行申报。2020 年 4 月，126 个课题通过审批，"1+126"的项目研究模式，推动了课题以及项目的持续深入与发展。本书以此为基础，展开行文写作。

　　围绕"跨区域同步教学应用试点项目"与"教研共同体协同提升项目"的实践过程，本书主要聚焦"'互联网+'教育背景下跨区域同步教学对教育生态的重构研究"项目研究，将二者有机融通，深入探讨"'互联网+'教育生态建构"。整体来讲，本书的主要贡献是分析了教育现代化建设、"互联网+"教育及智能技术与教育深度融合等大背景下，重构教育生态的必要性与可能性，并且通过覆盖全国超过 27 个省份的"跨区域同步教学应用试点项目",以及之后的"教研共同体协同提升项目",提供了一个重构教育生态的"中国样本"。深度诠释了以"教育共同体建设"推动教育生态重构何以必要与如何可能。同时也不能回避,本书对于国际视野下,西方发达国家关于重构教育生态的实践关注稍显不足,暂时还留有值得填补的论析空间,有待在后期深入补充。

这本书的完成,在文字上是作者的思考产出,在研究层面则更多是集体攻坚智慧的结晶。它的完成与出版,既离不开财政部与教育部联合立项推动项目试点工作的鼎力支持,也离不开中央电教馆相关领导的专业指点,还离不开以麻城市、楚雄市、青州市、桐乡市、邳州市、大通回族土族自治县、青龙满族自治县、孝昌县、平原县、米林县、天祝藏族自治县、雷波县、竹溪县、紫云苗族布依族自治县、沙雅县、库车市等试点县市相关负责人的认真参与,更离不开刘克臣、冯丽、刘婧、宋浩志、朱卫文、周雅芳、盛肇靖、张必华、陈浩、陈晓燕、梁涛、陈凤葵、姚铁龙、许发金、王碧峰、林秀芳等众多名师团队,以及次尼曲珍、德吉卓嘎、阿旺拥珍、袁香、鲁琳、徐光明、谭发荣、杨晓莲、邵辉、王莉君、孙世东、李桂芬等老师的专业贡献。北京国发天元信息技术有限公司作为项目的技术支持单位,持续提供专业且有效的技术支持,保障了课题研究与项目推进。项目组的主要负责同志洪文秋、张博、齐琳、刘珠花、彭楚风、张雪、韩晓燕、刘洋等,也对研究做出了重要贡献。科学出版社的编校人员为了本书的出版贡献了许多专业意见和建议。在此一并表示感谢。

本书由曾杰负责设计整体框架,并对各章进行修改和完善,撰写后记。各部分撰写人员为:刘玉光主任(项目总负责人)撰写前言,李茂菊(华东师范大学博士研究生)、曾杰撰写第一、二章;赵冬冬博士(南京师范大学)撰写第三、四、五、六章,曾杰、朱益明教授(华东师范大学)撰写第七、八章。

本书的出版,不是研究的完结,而是朝向深入研究的另一个开始。笔者将抱着边探索边学习、边研究边总结的思路,围绕"重构教育生态"主题,持续推进跨区域同步教学与教研朝向纵深方向发展,以求为新时代中国教育现代化建设以及教育高质量发展,提供一种重构教育生态的"中国方案"与"中国智慧"。道路可能漫长久远,但我们已经在路上,面向未来再出发,前景可期、可盼、可待!

曾　杰

2022 年 8 月 16 日